天使之書

A Book of Angels

Sophy Burnham蘇菲・柏涵 著 沈台訓 譯

紀念珍・馮內果・亞摩琳斯基（Jane Vonnegut Yarmolinsky）

在群星之後，如果危險的天使長竟再踏出一步，朝我們飛下：我們的一顆心怦怦跳著，愈跳愈激昂，將至死方休。你到底是誰？

——萊納・馬利亞・里爾克（Rainer Maria Rilke），
《杜伊諾哀歌》（*Duino Elegies*），第二首

目次

作者中文版序

二十年前，當《天使之書》首度在美國出版，出乎意料地大爲轟動。我驚嘆於這本書的力量；曾有讀者對我說，他們買了十本、十二本送給朋友，而這些友人也繼續買了十本、十二本去送給他們自己的朋友。一位朋友告訴我說，她在香港的書店裡看見這本書。本書迄今已經售出二十四種語言版權，包括克羅埃西亞文、芬蘭文、波蘭文、日文和韓文等等。而《天使之書》的繁體中文版如今在台灣誕生，我的感激與惶恐之情簡直難以名狀！願以這本書祝福所有台灣的讀者。

祈願這本小書可以成爲一個催化劑，觸發您去注意生命中那些無法解釋的巧合事件，去留意某些神奇的時刻——那或許是一則夢境、一縷音聲或某種直覺的感觸——讓您發現，有某種化外的力量正在眷顧著我們。而且，這股力量是守護在我們這一邊的；它希望我們獲得更多、更好，遠非我們天馬行空的想像力所能及於一二。

我們如何知道天使是眞實存在的，而非僅是我們想像的產物？這是一個至爲關鍵的問題。我只能這樣告訴您，此刻，您捧於手中的這本書，其中所陳述的故事都是眞實發生的事件；要不是我親身經歷過的事情，不然也是來自於與我相當親近的人所發生的事，而我知道他們不會對我說謊。關於這些事件的發生因由，我一無所知。但是，當你聽到有個女人說，有一隻無形的手把她從著火的車子裡拉出來；當你注視著一個男人散發光彩的臉龐，而他正講述著一系列不可思議的巧合，如何挽救了他的性命；當你目睹一位金光燦爛的天使現身眼前，內心漲滿了振奮和鼓舞……在這樣的時刻，你會先把所有來自理性意識的判斷想法擱置一旁；你會在難以解釋的眞實之前，低首沉吟其中的奧義。

而如何去說明所有那些天使並未現身搶救的悲慘時刻呢？親愛的讀者，這正是悲哀所在，不是嗎？

沒人可以承諾我們的生活不會有壞事發生，但可以保證的是，當慘事發生之際，我們並不孤單。我希望這本書可以感動您，可以提醒您，回想起您所感受到的那些天使羽翼輕拂的時刻。而出於我個人的願望，如果您有一個故事，想要與人分享，我很願意一聽。請不吝與我聯繫，我的網站是www.sophyburnham.com。

願天使永遠與您同在。

前言：我的感恩禱詞

本書寫作的初衷，一開始如同一種屬於個人的故事集，寫來只是爲了自己與身邊的朋友而已，因爲，我在四十三歲左右，發生了許多奇妙與神祕的事情，無法再擱置一旁予以忽略，也無法用常理邏輯加以解釋。我只是想要把這些事情記下來，收在一起，讓我可以像把玩手中的石頭般，反覆琢磨，看看它們會透露出什麼眞相。

由於，我並非從小生長在一個相信玄怪事物的環境中，以至於臨屆中年之際，心中頗感疑惑。對於自己奇蹟式的獲救經驗，或是那種似乎經常碰到的奇妙巧合事件，我是再也不能視而不見。

本書於是由一連串的故事鋪陳開來；這些故事宛如項鍊上一顆接一顆串結的珍珠。而其所敘述的內容，若不是我親身經歷過，不然也是我的友人所遭遇的事情——都是一些很熟稔的朋友的故事，所以我可以保證當事人個個心智清明，並不會胡言亂語——每一則遇見天使的經驗，都是眞實的。

如今，這本書卻也成長茁壯起來，而且擁有與昔日相異的面貌，就如同我自己這些年來的歷練一般：現在它還納進了，來自世界各地的人們遇見天使的故事。有一些是來自於知名人物、先知與預言家的經歷，然而大多數的故事都發生在一般人身上，而且就在此時此刻，就在當今的時空裡。在我聽聞這些事情，並且愈加專注於我的研究之中，我就愈想深入了解。眞的有天使嗎？他們的模樣爲何？爲什麼每一個文化似乎都擁有有關天使的神話，也相信存在有能保佑我們的守護精靈，而這些信仰有時甚至與宇宙的物理法則相牴觸？天使有腳嗎？有性別之分嗎？不同文化間所指涉的天使是相同的嗎？天使會顯現在誰的面前？比起其他人，爲何兒童更容易看見他們？

所以，你可以將本書的內容，視爲是有關天使的「基本」資訊手冊；我將在歷史的脈絡裡，審視有關天使信仰的現象，並詳述天使造訪不同文化所留下的足跡。而縱貫全書，出之以比較不明顯的方式，則將提出更爲基本的一些問題：我是誰？我爲何在這裡？死後還有生命嗎？世間眞的存在有那種無形的力量，可以潛入我們瑣細的日常生活之中嗎？

這些問題，彼此環環相扣；如果在面對其中的任一個問題上，我的回答是「肯定」的話，那麼，我還必須繼續追問：我對自己的責任是什麼？我對你的責任又是什麼？而我對上帝的呢？

然而，我卻無法給予這些問題提供任何答案。我所能做的，只是將我所了解到的，記錄下來而已。對於我所寫下的，與我所想要分享的點點滴滴，我以無比歡欣、充滿希望與感恩的心情，將本書獻給大家。這本書猶如一支讚美詩歌，用以謳歌生意盎然的每一天。我也將本書視作一篇感恩禱詞，讓我們無須恐懼死亡——因爲我們並

奇蹟，並非以違反自然法則的方式發生；它只與我們所以為的自然法則，相牴觸而已。

——聖奧古斯丁（Saint Augustine）

不會死！這正是我所學到的；這正是我以自己的雙眼所一分一毫見識到的；我了解其中所關涉的道理，而如果有人在讀完這些眞實故事之後，心中有關死亡的恐懼與苦惱也能一掃而空的話，那麼本書可謂不負使命。

若無法達成上述目標，讀者卻也能從本書體會到，這個世界充滿著令人費解的奇異事物。我並不自認爲，已然完全掌握其中奧義，但我將這些事情記下來，以便讓也擁有類似經驗的人們，可以知道自己並不孤單。

• • • •

威廉・布雷克（William Blake）在樹林間看見天使。當時他只是個十歲大的小男孩，有一天抬頭往上看，就看見一群天使，而此後一生，他始終描畫著天使，並寫下充滿狂喜意味的詩文，表達他對天使的敬意……雅各（Jacob）與一名天使摔角互鬥……天使向亞伯拉罕（Abraham）走來……喬瑟夫・史密斯（Joseph Smith）在遇見天使莫羅乃（Moroni）之後，創立了摩門教……而在今天，小朋友可能看見天使，或者，天使會不預期地疾衝而下，以挽救一位大人的性命，就如同發生在我身上的例子。

這似乎難以想像，但我卻永遠忘不了：有一位天使，曾經救過我的命。我看見他，一如你看著這一頁的白紙黑字：五彩流光四射，看到他時，我的心怦怦跳得好厲害——當他從死亡之路上將我搶救而出，我的靈魂大喊：「到家了！」但我並不確定，這位天使是否比走進我母親醫院病房的牙買加裔清潔女工，更具奇蹟式的力量，因爲，她走進來的時間點，分毫不差，恰恰就是讓我獲得某種預感的時刻，就發生在我母親過世的幾天前。人們都說，天使會透過聲音、夢境、徵兆、異象來顯現自身，以帶給我們訊息。但神祕難解之處依然是，爲何他們要現身？爲何會以這種或那種形式現身？爲何某種形式比較少？爲何會改變現身方式？即便其魅人的力量絲毫未減。

想當然爾，有一些人堅稱，天使並不存在，他們也從未目睹過天使的身影。而有些人則想知道，爲何天使只對某些人顯現，雖然還是有人信誓旦旦指出，每個人都會看見天使。在這裡，該問的問題是：當天使降臨眼前，誰可以認出他們來？

別擔心接待陌生人到自己家裡，
因爲，有些人因此意外款待了天使。

——〈希伯來書〉（*Epistle to the Hebrews*），13：2

導論：與天使密談

自從《天使之書》首次出版以來，十五年流轉而過，我也已經不復當初執筆時的我了。

現在翻閱此書，感覺頗爲驚訝：文章內容少有需要更動的地方。不過，我個人與過去的差異卻是，如今我更有信心、更有把握——雖然這不見得是種優點。因爲，一旦你自以爲已經發現眞理，卻也是眞正的危險即將萌生之際。卡爾・容格（Carl Jung）有一次在接受英國國家廣播公司（BBC）的訪問時，被問及：「容格博士，您相信上帝嗎？」

「我並不相信。我知道。」——容格這麼答道。隔天早上，他在《泰晤士報》（*Times*）上，發現自己所講的話被錯誤引用；該報遺漏了關鍵性的一個句點：「我並不相信我知道」。然而，時時提醒自己，個人的見解與客觀的知識兩者之間有所差別，卻毋寧是比較睿智的；謹記我們所知甚少，才是上策。

而就我所知的部分，則如以下所述：我們生活在一個充滿聖靈的場域裡，如同魚兒在水中悠遊一般，可是在大部分的時間裡，我們並不會想到這件事，甚至無所知覺——「醒悟吧！」——如果以佛家之語來耳提面命的話。不過，在我們的意識陰影裡的某處，我們卻記得這個狀態；我認爲，正因如此，所以我們才喜愛天使，喜歡聽到有關天使的事蹟。因爲，我們喜歡被愛，我們也喜於去愛；甚至，想著天使，即是憶起那一段段被深不可測的愛意所圍繞的時光。

然而，在覺醒的道路上，卻有重重的阻礙。我們生活在充滿壓力的時代之中；每一代人都過著壓力沉重、氣喘吁吁的生活，但我們的這個時代，卻幾乎沒有讓自己能夠獨處、靜默與反省的時間存在。我們的日子充斥著「必須去做的事情」；如果我們忘了，其他人也隨時準備好要提醒我們，有多少務必去做的事情，而且要立刻去做！帳單必須在十五天的期限內完成繳納（加上帳單寄送的時間，也許可以有二十天），以免因爲延遲又被扣上一筆利息；要爲小孩準備三餐、要記得餵寵物；而暖氣故障、水管破裂、電線短路、電腦當機——我們忙來忙去，上氣不接下氣，就像在棋盤上的愛麗絲，最終只是原地打轉。（這還沒有提及那些眞正的災難，如土石流、地震、龍捲風、颶風，一夕之間可以造成數千人傷亡，留下滿目瘡痍的廢墟景象。）

如果我們沒有留給自己一點空閒的時間，我們如何能期待自己看見在身邊出沒的天使，或希望自己可以感知宇宙力量的起伏動靜？然而，正是藉由有意識的努力、規律的訓練，我才養成靜默與獨處的習慣。

這些日子以來，我很容易看見天使。我會看見一團氣暈浮現。我從事靈氣療法（Reiki）治療師的工作，可以藉由雙手的碰觸，將療癒的能量傳送給受痛苦折磨的人。我也會藉由通靈或直覺來算命。這一點也不難。作爲一位預言師，我可以一手握住屬於某個人的東西，就進入某種意識些微改變的狀態，然後知道這個人許多過去與現在的事情，而且在某種程度上，也會知道他在未來所面臨的選擇問題。

然而，我是經歷了一段時間之後，才能將這些天賦視爲正常，或說視作上帝給予的禮物，而不再認爲只是自己胡思亂想、想像力發達，或更等而下之，認爲我的靈通只是來自一個飢渴的自我，不斷企圖超凡入聖而產生的扭曲妄想而已。當上帝的法則與人間的法則相衝突時（發生的機會所在多有），或當你超越了那些無法有效解釋事情因由的社會與文化的制約式想法——可想而知，我曾經因此度過了一段疑惑叢生、自暴自棄，有時也惶恐不安的顛簸旅程。

• • • •

多年以前，當《天使之書》出版上市之際，所有人都備感意外。突然之間，許多完全不相識的人打電話給我、寫信給我，想要將他們自己的故事告訴我。我曾經出門一個鐘頭，回到家後卻發現答錄機上有二十七通留言；都是陌生人打來的，他們都說很想跟我談談。寄給我的信件堆積如山（當時還沒有電子郵件）。一切都來得太突然、太讓人不安；在短短幾個星期之間，我從原本自己塗塗寫寫、如同一隻鼴鼠的寧靜生活中（而且，很明顯地，從我爲數不多的讀者群可以看出，我寫作也只是寫給自己讀讀而已），變成一位公眾人物。

出版商也始料未及發生如此的狀況。他們一開始並不認爲這本書有多重要，所以首刷只印了不算太多的五千冊，結果他們發現，很多讀者一買就是十本、十二本，爲了送給友人；而收到書的人，也同樣回到書店購買十本、十二本，繼續分送給自己的朋友。到底發生了什麼事？爲何會一時洛陽紙貴？書店則碰到另一個難題：這本書該歸類於哪一個分類之上？這本書並無相似書種，該怎麼上架？有些書店於是放到「哲學類」，有些則收到「宗教類」內，不然就是「新時代」（New Age）或「勵志自助」——因爲並不存在有關天使書籍的專區（但一年後就有了）。

對我而言，我則震驚於我的新角色與人們投射在我身上的想法；我有點昏頭轉向，狼狽地去尋求心理醫師的協助。正在此處，我發現到，成功總是伴隨著失落的痛苦——我原本的平靜、平衡、身分認同與自我想像一概都失落了。自此以後幾年，我接納了我作爲老師、演講者、性靈導師、「天使女士」與「專家」等的角色。但一開始，我還是侷促難安。我不清楚事情怎麼會如此發展，我也不知道該如何去面對。

想當然爾，這樣的知名度跟我一點關係也沒有。經典乏人問津，而一些亂七八糟的書則莫名其妙地躍居暢銷書排行榜。而就我的書來說，出版的成功則屬於上帝，屬於天使。從以下的段落，我們可以一窺事情發生的原委。

在那段時間中，有一天，我接到《華盛頓郵報》（*The Washington Post*）一位記者的來電。他想要就有關天使的問題來訪問我。於是我們幾天後坐在我家廚房的餐桌邊，他還帶著女友前來，一起談了大約兩個鐘頭的時間。當我問他如何得知這本書的訊息，他說，是女友送了一本給他，而他讀了之後，興趣盎然，於是跑去說服他的編輯，讓他做一篇採訪，來訪問這位居住於華盛頓特區的在地作者。編輯有點勉爲其難地說，只能分給他一塊報紙的小角落，至多只能寫個兩三段文字的篇幅空間而已。

然而，當文章刊出來，加上照片，占了生活風格版的首頁上半頁，並且還有內頁的一整頁。其他報紙隨後也跟進報導，包括《洛杉磯時報》（*Los Angeles Times*）、《芝加哥論壇報》（*Chicago Tribune*）、《華爾街日報》（*The Wall Street Journal*）

等。然後是雜誌專訪，如《新聞週刊》（*Newsweek*）、《時代週刊》（*Time*）、《時人雜誌》（*People*）、《麥考爾女性雜誌》（*McCall's*）、《仕女家庭雜誌》（*Ladies' Home Journal*）等，再加上電台與電視的節目報導，一時之間，話題性十足。在《紐約時報》（*New York Times*）上有一首離合體詩（acrostic，是一種詩的文字遊戲，基本形式爲，結合每行詩的首字，也能拼出另一個句子來。有多種變款形式），即選用了《天使書》中的一個句子來做文字遊戲。提醒你一下，出版社並沒有任何廣告預算；所有以上的媒體效應，皆來自於聖靈的恩澤使然。

我慢慢學會了如何演講，如何在週末時安排一個工作坊的活動。今天，我所寫的論文被收藏在喬治城大學（Georgetown University）中；一想及此，我還是難掩驚訝之色：啊，老天，我寫的東西，居然有人要收藏起來！我很開心見到這樣的好事情，但可別會錯意，我還是有點大惑不解。到底怎麼會發生這些事的？

而當其他人也跳進這股風潮，手裡揮舞著一本又一本有關天使的書籍，或到處推銷著一些小玩意，賣起天使馬克杯、天使T恤、天使玩偶——面對著將天使這麼崇高莊嚴的聖靈瑣碎化的現象，我是既覺得好笑，又有點氣憤。我有時覺得很羞恥，對這一切愚蠢的商業操作——對神聖事物的貪婪剝削——感到很難堪、很受辱。不過，我隨即會聳聳肩、笑一笑，提醒自己：每一個人都從自己此刻的所在位置來接近上帝，所以方式或有不同，這其實無傷大雅，而且天使的心胸也夠寬大，足以容納我們的資本主義；那些小玩意，盡皆是我們表達對他們愛意的媒介。

我以上所要指出的是，我不再質疑日常生活中所出現的天使事物。我如今也寫作了其他討論靈性的書籍，我承認這種種的商業化作法讓我侷促不安，但我卻也厚著臉皮想邀請你來讀讀這些書，因爲，每一本書都是對於奧祕的進一步探索，或者討論其他有關神聖的議題：比如，《狂喜的旅程》（*Ecstatic Journey*）一書的主題，涉及了當你有了某種靈性或神祕體驗後，會發生什麼事，之後會有何影響。而《祈禱之路》（*The Path of Prayer*）一書，則談及祈禱，討論如何適切地來禱告；當你傳送出一個心底的願望，（從科學上觀察）會發生什麼事，因爲禱告是一項很有威力的工具，藉由禱告，我們可以引來神聖的力量——可以召喚天使來助我們一臂之力。除此之外，我也寫作了八齣戲與三部小說；我希望自己可以嘗試去完整地捕捉人類經驗的全貌。所有這些作品皆有精神層次上的企圖心，都在探索幽暗不明的面向，並試圖釐清在外人眼中的自己與眞實的自己兩者之間的矛盾。我也重新回到童年時代的教堂服務，擔任靈性指導員，協助人們探求生命的眞意。

但我之所以不同，主要是因爲，我現在可以感覺到天使——基督——一種神聖的存在體，在我身邊移動（這會不會聽起來很誇張？很像妄想狂？）；我向來都同時透過兩雙眼睛觀看世界，一雙是我自己的眼睛，一雙則是靈魂之眼。我瞥見氣暈，我看見天使，我預見未來，我看到影像浮現。然而——還是不要誤解我——我仍然有所疑惑。我會害怕、焦慮、沮喪、苦惱，我會感覺失落。我依然漂泊在晦暗不明的疑惑中；這是人之所以爲人所要承受的痛苦。

雖然在我身上發生了這些奇妙非凡的事情，但我還是常常忘記它的存在！當疑惑或恐懼占上風的時候，我就會經常忽略它。我們的心智的功能，畢竟專長在分析、批判、檢查、比較、質疑、測試、實驗；換句話說，即是我們那些理智思考的天賦能力在起作用。然而，能夠目睹天使，卻是來自於內在的寧靜空間、詩人的夢境，那些從驚訝到接受到釋懷等等不帶成見的思緒漫遊。我們一直擺盪在「理智」與「想像」兩端，游移不定。

這是否也意謂著，天使是我們的想像的產物？答案亦是亦非。當你聽到有位婦女被一雙看不見的手，自著火的車子裡拖出來，你知道那裡有個什麼東西讓我們死裡逃生；然而，想像卻也扮演著一定的角色。在蕭伯納（George Bernard Shaw）的劇本《聖女貞德》（*St. Joan*）裡，一位貴族人士對貞德的言論嗤之以鼻，他堅稱：「那些都只是妳的想像罷了。」而她卻回答道：沒錯！她說，來自上帝的訊息，正是透過我們的喜悅、記憶、渴望、悲傷與想像，降臨到我們身上。

所以，天使，是怎麼一回事？

天使是上帝的使者。「天使」（angel）這個字的原意，即意指「傳送訊息的人」。他們到來的方式，是以訊息能被我們接收的形式出現：比如夢境、意外事件、巧合、靈感——他們拍拍你的肩膀，然後說「往那裡去」或「別往那裡走」。我們每個人都有過這樣的經驗；我們常常會說：「我『知道』應該走那條路，但我卻沒在『聽』！」他們會隱身在我們所閱讀的書裡，或是以動物（似乎經常是狗）或人類的形態現身。某個人可能會來到你的面前，一字不差說出你在當刻需要聽到的話，或者，你也會做出「天使的行動」——天使藉由你去向某人適時提出忠告。你可能對此毫無所悉，但有時當你做出天使的行動時，你的手毛會立起來或者身體會起雞皮疙瘩，或者你會感覺周身被一股暖流與亮光所包裹。我認識一名女士，她去向一位靈性老師請教一個她始終耿耿於懷的問題，因爲她當時有點無所適從。當這位老師在回答她的問題的時候，她感覺到他們兩個人被包藏進一團寧靜的氛圍當中，所有周遭的嘈雜人車聲響頓時消散而去。她只聽到老師的說話聲，老師的雙眼凝視著她，而在這團軟茸茸的寧靜裡所傳來的答案，則直接穿入她的心裡。

隨後，她興奮地轉頭詢問陪同的友人：「你聽見老師所談的嗎？」原本以爲友人的答案可想而知，但友人卻回答：「我沒聽到。雖然我站在妳的後面，但我一個字也沒聽到。」

啊，有時候——相當罕見——天使會以其自身的形式現身：光輝四射、明亮奪目、美麗絕倫，遠非筆墨所能形容。他們可能有翅膀，也可能沒有（因爲他們確實並不像一般所認爲的，必須藉助翅膀來作爲快速移動的工具）。他們可能是男性或女性、年輕人或老年人、小孩或成人、棕髮或金髮。不管他們的外貌爲何，他們都會帶來安慰與喜悅。他們充滿著亮光；有些目睹天使的人會說是金黃色的光，有些人則說是純白色，而也有人指稱說，天使全身覆滿五顏六色，也可能是粉紅色、藍色或綠色。有一位婦人則指出，她看見天使一身紫衣，兩肩散落點點星光，背影顏彩斑斕。

在一場於波士頓市所舉辦的大型研討會上，一位溫文儒雅、相貌堂堂的非裔美國人起身問我問題，由於這個問題令他頗費思量，所以他講話的聲音聽起來微微顫抖。「爲什麼您從未聽人說過看見黑皮膚的天使？」他問道：「爲什麼天使都是白人？」

當時我並未能好好回答這個問題，但他的疑惑已然盤據我的心底。

我當時說，天使能以任何外貌現身，包括黑膚或棕膚的人。我請他去參考我所編寫的《天使書信》（*Angel Letters*）一書，書中有一則年輕人的故事；在經濟大蕭條時期，這位年輕人被迫離鄉背井到各地打工營生，但旅行的方式是偷偷去搭火車。他跳上一部開動中的火車，整個人吊在行李車廂外半空中，幾乎就要掉下來，眼看就要滑到火車車輪之間，但剛好有一名像他一樣流浪打工的黑人，在千鈞一髮之際，將他拉進空蕩蕩的車廂之中。年輕人精疲力竭，頹坐在地板上。他花了點時間緩過氣來，現在已經安全地處在一列疾駛的火車中，他抬起頭，想謝謝這位搭救他的黑人，但卻發現車廂裡空無一人……「我的守護天使，」這位見證者寫道：「是名黑人。」

說起來這也不是多麼差勁的回答，但我希望當時我可以這麼說：當天使以其自身的形式現身時是純白的，因爲他們是純粹的神靈，就如同人類不管膚色爲何，人類的靈魂也是純白的一般。

天使有腳。這點很有趣，因爲鬼或精靈並沒有腳。在本書中，並沒有太多的篇幅來談鬼。我只能說，我從未遇見過邪惡的厲鬼。我所看見的鬼魂，皆屬於感情至深的鬼，他們因爲關心或眷戀他所留在身後的親友，於是仍緊緊守在人間。他們回來，是要告訴我們，他們一切安好，或者由於他們在人世間還有掛念。比起天使來說，他們的變形能力較差，他們可以形成稀薄的白色靈體，讓人們看見，但能做到這樣的現身方式已屬不易，所以他們並不介意膝蓋以下一片空無。

有時候鬼魂並不會以其原有的形貌現身，而如同天使一樣，他們會托夢，或者布下徵兆。不久前，在一場宴會當中，有一位賓客講述了有關母親過世的故事。「她曾經回來過嗎？」——我問他；他對這樣的問題頗感驚訝。他說沒有，他並沒有任何與母親的「對話」……除開之前，有好幾個晚上，他夢見她，夢境如此栩栩如生，讓他很吃驚：母親微笑著，告訴他，她現在很快樂。「這樣算是嗎？」——他突然困惑地問道，此前他從未想過這個可能性。不過，是的，這就是了。

水對於鬼有特殊的意義，他們經常使用水作爲傳送訊息的媒介。我有一位很親近的友人，她的女兒死於一次可怕的意外事件——可能是他殺或自殺——從陽台上墜落而死。之後，在她的掃除用具間裡的掃帚，就一直沾滿了水。我的友人是位理家能力甚佳的主婦，她總是倒放掃帚以免帚面變形，但在好幾個月中，不管她什麼時候去拿掃帚，都會灑出一兩杯水的水量到地板上，而且她的心裡會隨即浮現出女兒的影像。由於用具間裡並無進水管或排水管，掃帚根本沒有任何方式得以如此濕漉漉，所以她將這個異象視爲來自女兒所傳送的訊息。還有很多有關這樣的水的故事，不過此刻我們要談的是天使。

我在本書會談及天使的三個標記，但容我在這裡先簡單提示一次。第一，天使永遠都會重複說著同樣的話；他們會說：「別害怕。沒什麼好怕的。一切交給我們就好。」而他們絕不會說：「看看你把事情弄得一團糟！」他們完全不會出言責備或嚴詞批評。稍後我將會再度闡釋這一點。

第二，你會洋溢著歡喜之情。你會被溫暖與光輝所包覆，擁有安全感，一種「安然返家」的感受。或說你感受到母親的慰藉——藏在你的心底的母親。確實有許許多多人指稱這樣的感受，而且出之以同樣的說法；而這些描述天使降臨的用語，很值得加以注意。

第三，你可能不相信所發生的事情——天使居然來到你的面前——但你始終忘不了這件事。而且還有一個頗爲奇特的現象：記憶不但沒有隨著時間而消褪，反而還愈來愈清晰；這與那種正常的記憶或夢境很不一樣，它們會因爲歲月流逝而褪色。但只要天使降臨，你就不會忘記。有關天使的記憶，也不會日久磨滅。

• • • •

許多年前，我人在新墨西哥州（New Mexico），曾經一度感覺消沉、沮喪、提不起勁，心底充滿疑惑與說不出源由的渴望，於是我禱告：「啊，上帝，請幫助我。」但毫無作用。我迫切地感覺到，我應該去到某個地方，我應該去做某件事。但對此，我毫無頭緒。我心浮氣躁地在房間內踱步，最後我走到屋外去開車。

「您想要我去哪裡呢？」——我無聲地問著天地。然後傾聽。當時我還未如現在這般確信天使，不過我卻也願意等待，聆聽任何一絲動靜，希望能獲得某種直覺性的感應。

我於是開車出門，在每個路口轉角都稍停片刻，選擇前進的方向。我開進山裡，循著蜿蜒的山路前進，沿路塵土飛揚；我未曾來過此地，路況很陌生；最後開進了一條運材道路上，路面輸痕深凹，幾乎很難行進；我接著做了一個急轉彎，車子於是往下開進一片茂密的草地上，旁邊就是一條淙淙小溪。景色怡人，我驚嘆連連，走出車子，信步往小溪上游走去；我爬過傾倒的大樹與枯枝，然後意外地來到一處綠色樹林之間，有一片長得密密實實的綠色草地。

眞是美不勝收啊。

我躺在草地上，沐浴在溫煦的陽光中，雙眼闔起，思緒淨空，然後突然間我的心充盈著欣喜與快樂！感受是如此強烈，我於是張開雙眼，看見在我的臉部上方，天空中瞬間漂浮出一位天使——由一片白色的薄雲所形成——他就處在我的正上方，往下注視著我——我看見他的頭、他的翅膀、他的手臂，還有身體。這是我的心中之所以溢滿濃濃喜悅的原因嗎？我可以聽見鳥兒啁啾啼鳴的聲音——在此之前，我從未注意過如此婉轉的歌唱聲；牠們鳴唱著讚美詩歌，羽色閃耀著或黃或藍或綠如同珠寶的光澤，輕快地在枝椏間飛來跳去。我想到，這些鳥兒是從上帝所創造的大地中掘出的瑰寶，被拋擲於空中，任其自由遨翔。林木歡欣地搖曳著枝葉，此情此景，如此美絕，讓我得以品嚐它的眞滋味。我完全淹沒在這一片至美的感受之中，我於是閉起了眼睛。幾分鐘過後，當我再度睜開眼來，天使雲已然飄散無蹤，天空呈現出完美無瑕、無一絲雲朵的淨藍色。鳥兒回復成尋常的鳥兒，但我已經收受到喜悅與希望的訊息，我並非身在夢中；而且，我永遠難以忘懷那一刻，當紗幕洞開，我能夠以靈魂之眼端視這個世界如實的眞貌。

這位天使雖以雲朵現身，卻絲毫無損於其眞實性。在開車回家途中，我記起自己稍早前爲了尋求幫助而禱告的事。

你認爲我會記得自己出生那一刻的事情嗎？我完全沒辦法。我必須經由提醒才會憶起，而這也是本書與其他書籍的力量所在：不斷重複我們的故事，強化我們的希望與愛——不管是嬰兒誕生的奇蹟，或是因爲一隻神祕狗兒的吠叫，而得以搶救一位孩童的生命，這種種故事都一而再提醒我們，世間存在有上帝博大的關愛。

有時候，天使只會藉由一些徵象來顯現降臨的痕跡。不只一個人寫信來跟我說，他們聽見天使詩班的歌唱，樂音美妙得只應天上有。這是他們隨口捏造出來的奇聞軼事嗎？而有些人則談到連續九日向聖泰瑞莎（St. Theresa）祈禱，在第八天時，總是會有一朵玫瑰出現。也許有人送來一張有著玫瑰圖案的留言卡，或是一顆玫瑰形狀的糖果，或是一朵眞的玫瑰花，悄悄置放在你的門前。總是在禱告期的最後一天到來前發生，而只要禱告愈眞誠，徵兆就會愈明確。有一些人則寫到，當他們一心渴求的答案到來時，總會伴隨出現某種特殊的香氣。

我說過，我們有時會爲天使所用，以傳達一項訊息。除此之外，神靈也經常在人間與我們相伴。我們甚少可以看見他們；然而，他們有時會現身在我們的生活當中，做出某項行動，然後又再度消失不見。「漏氣輪胎天使」，即屬於這種類型。我有一整個檔案夾，收羅著「漏氣輪胎天使」的故事，可以作爲典型的天使故事的範例。以下所述，即是這種類型的天使所出現的情況。

一位女車主開車上路，發現輪胎漏氣——天使插手相助有關輪胎的事情，似乎只發生在女人身上——輪胎漏了氣，她未必會身陷困境；她可以打電話給美國汽車協會（ＡＡＡ），請求道路救援，或者，也許不遠處就有一家加油站。但有時，輪胎出現問題的女車主，已經上了年紀，或者，女車主剛好途經杳無人煙的荒郊野外，一時求助無門。然後，突然之間，會駛出一部車來，從車子裡走出一位或幾位年輕男性。如果只有一個人，他會一聲不吭，立刻很有效率地開始工作，把輪胎換掉。如果人數超過一位，他們可能彼此在講話，但聲調很低，女車主完全無法聽到隻字片語。他們都穿著淡色系的衣服，一件簡單的T恤或是黃外套，而且在打扮上，經常會有一些典型的小怪癖，比如戴著一頂棒球帽，卻將帽舌往後拉。如果路面上剛好有油漬，他們也會直接躺下去進行修理事宜，但當他們站起來，衣服卻毫無髒污的痕跡。

在另一個見證故事裡，年輕人在某個時間點上轉向女車主，低聲說：「您最好往後退一點，這個千斤頂可能壞掉了，會崩下來」。她於是退後兩步，而起重器果然倒了下來。如果他們開口說話，他們的聲音一例和善溫柔。

當輪胎換好之後，這一位或幾位年輕男子並不會收取任何費用。他們坐進自己的車子，把車開走，在路口轉開，然後消失不見。而如果道路又直又平，女車主可能才一眨眼，轉頭一看……他們的車子已經不在那兒了！直接憑空消失。他們個個皆是快速幻化移形的高手。

以下這個故事，不久前發生在西維吉尼亞州（West Virginia），是四個人的眞實經歷。

時值冬季。南與她的丈夫，她的大伯、大嫂四個人住在他們的第二間屋子；這是一棟家族的老房子，建於十九世紀。當時是晚上十點半，已經開始飄雪。摩爾費爾德（Moorefield）是一個小城鎮，人口三千人，他們的屋子坐落於該鎮的大街上。雪愈下愈大，時間也很晚了，鎮上闃靜無聲。沒有車子，也沒有行人走動。他們四個人清掃著屋前的人行道，希望「趕在雪下得更深之前」稍微清理一下，然後，一個揹著大布袋的男人突然出現，並且從房子右手邊的方向朝著他們走來。他們向他打了聲招呼，他也向他們回禮。

「您是從哪裡來的？」他們問道。

這名陌生人並沒有回答這個問題。他說：「喔，我並不是這附近的人。」

他們覺得這個人如此出現，事情有點詭怪，繼續問道：「那您怎麼來到這裡的？」

這個希望讓他多講點話的嘗試，還是沒有成功；他還是不直接回答問話：「我剛到而已。」

「喔，那您要去哪裡呢？」他們想要多知道一點；這個人就這麼在雪地裡步行穿越黑漆漆的鎮上街區，有點匪夷所思。

「我不知道。」他說，一邊走過他們四個人，往房子的左手邊前進。

他們繼續掃地，當他們再度抬頭看，這名陌生人已經「不見蹤影」。他們四個人頗爲驚訝。這個人消失到哪裡去了？他們放下掃帚，循著他的足跡察看，在雪地中走著走著即無以爲繼，因爲，這個人的足跡很簡單地就停了、沒有下一個印子了。

我們談論這些天使報導人的故事，有什麼目的嗎？

它們與許許多多由於什麼聲音、幻影、天使的出現，而得以幸運規避的災難事件，不是同樣不可置信嗎？

去年夏天，我的友人瑪莉・莫妮克・史泰爾，這位事事務實的女人，去義大利拜訪朋友。有個晚上，晚餐後，她從朋友房子的後門走出去，屋外一片漆黑，她穿越沒有燈光的草皮，要去開車；突然間，她停住腳步，因爲她的胸口感受到有一股很強的壓力要逼她往後退……然後她發現，只要她再往前走上一步，她就會整個人跌入一個地窖的樓梯井所形成的坑洞之中。她立刻打了越洋電話告訴我，這件讓她嚇壞了的事情。「那是我的守護天使拉了我一把！」她仍然處於驚嚇狀態，驚呼連連，卻難掩喜悅之情：「他救了我一命。」

我已經聽過相似的故事，同樣也發生在一位女性身上：事發當時，她正要穿越華盛頓特區的F街路口，靠近老艾彼特餐廳（Old Ebbitt's Grill）那兒，卻突然感到有一隻手強力推阻著她的胸口，以至於她不得不往後退到人行道上去。而就在那一刻，一輛汽車疾駛通過路口，差點就撞上了她。

「爲什麼會有這種奇事發生？」我們不禁如此問道。爲何天使會在某個特定時刻出現？爲何只會出現在某些人身上？爲何兒童多於成人、女性多於男性？我們不由得問起這些問題，因爲，每天都有人失足跌下樓摔死、在著火的房子中燒死，或被車撞死，但卻沒有天使來搶救他們的生命。有怎樣的方法，可以吸引天使出手相救嗎？還是那些人只不過是時候到了、人壽已盡？

有關這些問題的答案，我毫無所悉。不過，我想我知道有什麼東西可以吸引這些聖靈，降臨到我們身上——那是「愛」；就是這麼簡單。是我們的需求，是我們的渴望與禱告，可以吸引他們的到來。稍早我曾談到，天使會對我們說什麼話，以及天使不會斥責或批評我們。他們絕不會這麼做。天使只知曉關於愛、寬恕、喜悅與讚美上帝（永恆、不變、無限的上帝）的語言。正因他們僅僅只能表達有關愛的感受，所以他們也能爲愛所吸引。事實上，他們非常熱愛於被戀慕！你可以自己做做實驗。去祈求某樣簡單的事情，當你得到應驗時，予以感謝，而且心裡想著「這就是最好的結果了！不能再好了」，我敢保證，這個無垠的宇宙力量將會爲你敞開心房——整個翻出來給你——並且帶給你更多的驚喜！

以下是其他吸引天使的特性與方法：純眞、驚奇、不做非分之想、讚美、信任、喜悅。以及，禱告。

你想要多了解自己的天使嗎？

那麼就去祈求。

方法就是這麼簡單。去祈求你想要的，不管多麼細小瑣碎的事情都沒有關係，比如一隻不見很久的手套或一條遺失的項鍊。也可以祈求你想見到天使。而如果你所詢求的事情有點複雜，那麼也同時祈求，當回應的結果出現時，讓你了解其中的意義。

什麼會吸引天使的到來？再提醒一次：愛、信任、喜悅、無比的信心與讚美。

反過來說，有什麼東西會將天使推開？憤懣、暴力、怒火、報復之心，還有所有我們所懷抱的憎恨等等自以爲是的黑暗情緒。我認爲天使就像海鷗一樣，會被橫掃而過的暴風吹開；而人類的憤怒情緒，會讓自己在最需要天使一臂之力之際，趕走他們。天使可以改變宇宙所有的物理法則，但他卻不能干預我們的自由意志。

再來講述最後一個故事；我已經在別本書裡提過，但頗值得重述一次。有一天，我跟天使講話，我問了一個特別的問題。然後我得到了一個答案：「去禱告。」

我因此思考了一會兒。「我爲什麼應該去禱告？」我隨後問道：「你都已經知道我要的了，那麼禱告的意義在哪裡呢？」

答案同時具現，就如同我們觀看一幅畫一般，然後它分成三個不同的部分呈現。

第一個部分是：「請妳去禱告，是爲了讓我們知道妳所祈求的願望內容，爲了讓我們可以給妳帶來妳所需要的事物。」

第二個部分則是：「因爲當妳在禱告的時候——妳可能跪著禱告十五分鐘，而在這十五分鐘期間，也許只有十五秒鐘，妳能夠整個身心沉浸、交出自己——但就在這短短的時間當中，妳開啓了一扇窗口，讓我們可以飛過來，將妳心底所想望的事物帶來給妳。」

而即便我的想像力發達，也萬萬料想不到這第三個理由：「因爲妳的禱告，可以給予我們能量，來進行（可以服務妳的）工作。」

我直到那時才理解到，我們與天使、與聖靈層次擁有某種特殊的關係。我們需要他們來幫助我們的生活，而他們則需要來自我們的思緒、意圖與禱告所產生的能量，以便能爲我們帶來協助。

所以，我們才會被要求全心全意、從靈魂深處去禱告，並且要將這個世界的所有事物，視爲是上帝的創造與恩典。我們也被要求要愛自己，這是爲了開啓通往天使之愛的路徑；而且要愛他人如同自己，敞開我們的心胸迎接愛的到來，並且接納宇宙的力量就存在於我們身邊左右的想法。

我們由此來到最後的問題點。在遇見天使的故事裡，我們不斷重複聽見當事人謙遜地提問：「爲什麼我會看見天使？嗯，爲何不是你才該遇到？」天使會來到每一個人的身邊；所有人都擁有守護天使的保護，甚至是等待死刑執行的病態殺人犯也有。那爲何你卻沒有看見呢？你百思不得其解後，也許腦際就會出現另一個帶著嘲弄意味的問題：那又有什麼關係呢？或者，沒有又怎樣呢？

天使降臨，到底意謂爲何？我跟這樣的神聖訊息有何關連？我該如何回應它？而目前的我是處於什麼情況？換個方式來提問的話，亦即：「生命的意義究竟爲何？」或許，所有的疑問，到最後都化爲同一個問題：我們死後，會發生什麼事？我們會繼續存在嗎？更精確來說，這個「我」，還會存在嗎？還會繼續維持這個完整與眞實的我嗎？我所有的個性在死後「依然故我」嗎？

我知道不信上帝的人，他們都有個很簡單的理由。他們問道：「上帝怎麼可能會容忍地球上發生這麼多可怕的事情？」可想而知，他們下結論道：「所以，上帝並不存在。」對於不信神的人，我會這麼對他們說，就如同我跟信神的人所說的如出一轍：好，那麼現在就捲起袖子走出去，表現得如同普愛世人的上帝一般去行動。去撥亂反正；去彼此相愛；去給病弱者良藥；去給窮苦者米糧。

而對於那些看見天使、能與天使密談的人來說，也適用於同樣的說法。我們所該做的，不就是如同天使在人世間所行的事蹟一般嗎？帶給悲傷者安慰，樂人之樂，減輕受苦者的劫難，行善一如上帝。說來也許奇怪，這也意謂著：我們甚至要去愛討人厭的鄰居，以及那些外貌或打扮跟我們不同，或來自其他國家、操著不同語言的人；我們也要去愛政治觀點相異的人，或是以怪誕、野蠻、令人不快的儀式來禮拜不同上帝的人（上帝會幫助我們做到的）。沒錯，正是這樣。去珍視這一個爲天使所摯愛的小小地球，並且起而行，念茲在茲。正因爲我們被疼惜與珍愛，所以我們受到召喚，也會不自覺地化身成天使來待人處事。

第一篇

天使與鬼魂的人間

・第一章・就我所知的天使與鬼魂

・1・

我的母親曾經見過天使。當時她才五歲大，穿著小睡袍，正準備入睡；她抬頭一看，就看見站在臥室門邊的天使。「姑姑！」她指著那個人，大喊：「妳看！」但這位討人喜愛的姑姑無法看見天使。

「小朋友，來，趕快睡覺，」姑姑說：「那裡什麼都沒有。」

我並不知道母親所看見的天使，模樣如何。當我問她時，母親的臉龐頃刻煥發出夢幻與欣喜的神采，眼神閃閃發光，同時流露著鄉愁思念的心情。她用來描述天使的字眼如「光輝燦爛」、「光彩炫目」等等，讓我的腦子裡浮現出色彩斑斕的景象。但我對於她所看到的天使的模樣，還是一無所知。

天使然後就不再復見。大人們——她的爸媽與姑姑、阿姨——都解釋說，那是因爲她玩得太累、興奮過了頭；她所看到的景象，不過是想像的產物。而隨著歲月流逝，她也懷疑起自己是否眞的見過天使。儘管不太確定是幻想或眞實，但母親始終忘不了那一幕。

我的父親那一邊，則從無此類的體驗；而正是在他講求智性的精神原則中，把我們這幾個兒女扶養長大。父親是一位律師，才氣洋溢、心思慧黠、爲人親切、崇尚智性活動，熱愛與人論辯是非。他經常開懷大笑，喜與別人鬥智爲樂，而且要鬥贏！不管是在法庭辯論、下棋，或雞尾酒會上的閒扯瞎聊皆然。如果他沒有在法庭上唇槍舌戰（最高法院是他最喜歡的場合），他就在家人面前，即我們這些孩子身上，演練他的雄辯滔滔的技藝。在晚餐桌上，他會丟出一個問題點，就像丟出一根肉骨頭般，開心地看著我們像一群小狗跳上前搶食，讓我們陷入思索、彼此爭辯。他會要我們在他的咄咄進擊之下，捍衛自己的論點，直到我們腸枯思竭、無話可講，然後他就會說：「現在換邊來辯論。」於是我們從正方變反方，要來辯護先前所駁斥的觀點。他始終在鍛鍊我們的思考方式。

但他跟神祕事物之間，卻毫無干係。

我曾經問過父親，他是否相信上帝。他放下手中的報紙，摘下眼鏡，把交叉翹著的腿分開，思索著該如何回答我的問話。

「沒有任何理由讓我相信上帝。」他說。「我從來沒有目睹過任何證據，可以說

我們的疑惑是叛徒，
讓我們失去經常可以贏得的美善事物，
只是由於害怕嘗試。
——莎士比亞，《一報還一報》（*Measure for Measure*），第一幕，第四場

服我說有上帝的存在。然而，另一方面，」他的聲音流露著律師輕快有力的聲調，繼續說道：「在我這一輩子之中，我注意到，每一代中的所有傑出人士，都相信上帝，比如托爾斯泰、愛因斯坦、羅馬皇帝凱撒大帝（Marcus Aurelius）——我何德何能可以去說上帝不存在呢？所以我傾向於贊同帕斯卡（Pascal）的說法，如果上帝存在，我的奉獻讓我的感覺更好，而如果上帝不存在，那我也沒有什麼損失。妳應該要兩方下注，以免掛一漏萬。」

我講述這個故事，是要顯示，我的家庭環境並不鼓勵神祕體驗，或什麼荒唐的玄思異想。我們很務實，一切講求實用主義原則。

想當然爾，在餐桌上的對話，如果突然停止十秒、二十秒，我的母親或阿姨就可能會說：「有天使正走過我們的房間。」我們這些小孩子有那麼一刻會想著，天使到底長得什麼模樣，爲何當他靠近時，所有人都鴉雀無聲。只要大人一說：「有天使走過我們的房子。」沉默立刻像被打破的玻璃般，變成此起彼落的笑聲，而對話也重新開始，如和風吹過一般輕快、舒暢。

這就是我們的童年時光：我的妹妹與弟弟，還有我，整天跟狗兒跑跑跳跳，當媽媽不注意時，一夥人就爬上雞舍屋頂，或者從車庫屋簷上跳下來；我們爬樹嬉戲，一個個抓著樹枝擺盪身體，如同伊甸園中一顆顆的蘋果。我們搭著家長輪流駕駛的共乘車子上學，百無聊賴坐在熱烘烘的教室裡，聽著暖氣發出嘶嘶的音響，逐漸感覺遲鈍起來，再加上授課老師單調的講話聲音，一切都讓人煩悶透頂。我們由此學到做事的

> 誰知道生其實只是人們所謂之死，
> 而死則是人們所謂之生？
> ——尤里庇德斯（Euripedes），《佛里克索斯》（*Phrixus*），830

規矩與做人的道理。在完全正常、不假思索的童年生活中，我們跟朋友吵架，然後和好，然後又開始生氣，或者一起笑鬧。唯一使我們顯得不同的事，或許是在第二次世界大戰期間，我們一家人居住在鄉間，與外界完全隔絕。我們聽著收音機，彼此談話與讀書，度過平凡的每一天。

閱讀，是我們固定的活動。我們閱讀經典書籍；如果在十二歲之前，無法全部讀完莎士比亞的所有作品，就會被嘲笑，比如姑姑凱特就是大家的笑柄；或者，沒有讀過希羅多德（Herodotus）的作品，也同樣會被取笑。我後來離家去讀寄宿學校，持續就學，直到大學畢業，然後找到一份打字員的工作（在那個年代，從名校風光取得學位的女性，做的工作正是「打字員」）。我結了婚，生了小孩，繼續上班工作。

然後，在我三十歲的時候，我遇見了鬼。

那時我們剛搬到紐約市來。我的丈夫大衛在《紐約時報》找到一份差事。我們在布魯克林區（Brooklyn）租到一間美麗的樓中樓公寓，一過河即可到達曼哈頓區（Manhattan）。房子有高高的天花板，餐廳納進廚房，那兒有一扇窗可以俯瞰綠草如茵的花園。而在樓上那間鑲有胡桃木板的臥室裡，則建有一面凸窗，可以遙望自由女神雕像。一間多麼討人喜歡的屋子啊！除開主臥室，還有第二間臥室，幾乎跟主臥室一般大，是當時三歲與大約八個月大的兩個女兒的臥房。只要是熟悉紐約市大多數公寓那種狹小窘仄情形的人，都會了解我們的運氣有多好。

搬進這個屋子一個星期之後，報社派大衛出差去採訪，必須離家幾天。有一個晚上，我在主臥室外鄰接的更衣間中——我已經把這個小空間挪爲己用，放滿我的書，還有一張桌子——坐在縫紉機前，爲我三歲的女兒縫製一件洋裝（衣服顏色是無限柔軟的可可色，有個方形領口，還有一個蝴蝶結，煞是可愛）。當時大約晚上十點鐘左右。我一個人心情愉快、毫無懼怕之色，全心全意在製作這件小人國洋裝，但是突然之間，我有那種被人跟蹤的感覺——有人在我的房間裡面！

我抬起頭，看見門邊站著一名男人。我說「看見」，但我並不是以平常雙眼觀看一般事物的方式看見他；我是以某種內在的知覺而得以「看見」，因爲這名男人站在那兒，卻並非眞的在那裡。關於他，我知道三件事：他已經上了年紀，他頗感煩惱不安，而且他是「好人」——他不會傷害我。腦子裡打轉著這些想法，我回到縫紉機上；我還記得，我把臉埋在手掌裡，手肘支在縫紉機上。「我剛剛發了瘋，」我想著：「我一時腦筋短路。我獨自一個人太久了。」我的雙眼盈滿淚水（我一遇到情緒壓力，就會有這樣的身體反應）。我一直知道他的人就站在門邊，然後他開始移動進來。我嚇得全身顫抖，整個人發燙，額頭冒出一顆顆汗珠。

他來到我的背後停住。我沒有轉頭看。可是我可以感覺他在那兒，我眞討厭這種感覺。

然後他把一隻手放在我的肩膀上。我知道他想要安撫我，但我只感覺到，他的右手的四根手指搭在我的肩上，而大拇指則貼在我的背上；他的手無比冰涼，就像乾冰

我的床鋪有四個角落，我的頭上有四位天使，馬修、馬克、盧克與約翰，
請保佑我睡覺的床鋪夜夜平安。
——孩童祈禱文

刺痛我的皮膚。除開他的冷手所接觸的部位，我整個人熱得如同一團火焰。太可怕了。然後他走開了，就如同正常人那樣走開。

我大大鬆了一口氣，坐在縫紉機前，持續發抖——然後我突然想到，他走開是爲了要去看我的小孩！我立刻跳起身來，離開臥室追向他，來到走廊上。但我在那兒就被迫停住，因爲一步也無法前進，我急著跳腳。我很清楚，這名男人在孩子的臥室裡，但我卻無法走進去。爲何走不進去呢？我於是返回我的臥室。我絞著兩隻手，在房間裡來回踱步，我不知道該怎麼辦。

在我的記憶裡，此處有一段空白。我不知道他在女兒的房間裡待了多久的時間。是幾分鐘？或是幾秒鐘？我完全說不上來。然後，突然間，這名男人現形在這間美麗臥室的窗邊座台上。在我談到鬼魂時，我總是使用「現形」這樣的字眼。他一會兒在我的小孩房間，但下一瞬間，我就知覺到他坐在窗邊座台上，望著我，心緒始終煩擾不安。我可以感覺到他想探詢我的意圖。

在那一刻，我決定要控制這個局面。我大聲對他說起話來。

「請聽我說，我不認識你，」我說：「但我們剛搬進這間公寓，我希望你可以了解，這間屋子是我的，我很喜歡它，我打算在這裡住上很久。歡迎你一起跟我們住在這裡，但如果你住下來，我希望你不要傷害這間房子，也不要傷害我們。這間房子很美，我不會忍受它遇到問題。而且，如果你決定留下，那麼你應該要幫助我跟我的孩子。你要保護她們、守護她們，防止她們受到任何傷害。如果你願意這樣做，很歡迎

你留下來。」

他一聲不吭。

我講完話後，他站起來，移動身子經過我的身邊，穿越臥室，去到門外的小走廊上。然後他下樓梯，身軀飄浮著，我隨後跟上，看見他穿越廚房，從緊閉的後門出去。

我備受驚嚇。

爲什麼他沒有簡單地消失不見就算了？爲何他要走下樓梯，從上鎖的、緊閉的後門出去呢？

而且，他是誰呢？這次的造訪意謂爲何？然而，與他的出現一樣令我驚奇的是，他一離開，我的焦慮也隨之消逝無蹤。我回到做衣服的活兒上頭，安詳自得，我專心工作的樣子，也一如平常。我想這件事的確讓我一時亂了方寸。但我現在又繼續做著女兒的衣服，聽著縫紉機發出舒服的車縫聲。就好像我剛剛並沒有遇見鬼一樣。

而他的離去，又是什麼意思呢？很明顯地，他應該滿意於我所說的一席話。不然他也許覺得，如果決定跟我一起住的話，規矩也太多、太費功夫了。

電話響了起來。是房東太太羅森塔爾女士打來的；她已經有點年紀，經歷過兩次婚姻，之前叫作葛雷斯女士。我有點訝異地接起電話，因爲已經晚上十點半過後，並非是適合打電話的時間，況且羅森塔爾女士是屬於懂得這些美好禮節的那一代的人。

「不好意思，這麼晚打電話來，」她說道：「我一直想著住在這間公寓的您一家

「聖告圖」（局部），
達文西的作品，十五世紀。

許許多多的神靈行走在人世之間，卻不為我們所見，不管我們清醒或沉睡皆然。

——約翰・米爾頓（John Milton），《失樂園》（*Paradise Lost*），第四卷

人，還有我的第一任丈夫，腦子一直停不下來……」然後她談到她的丈夫葛雷斯先生：他把臨街而建的這棟褐石房舍，一樓當作辦公室，其後又在房子上頭增建兩層公寓住家。他很喜歡這棟屋子。他曾爲耶魯俱樂部（Yale Club）製作鑲板裝飾，也給了主臥室做了那美不勝收的胡桃木鑲板。葛雷斯先生即在這個臥室中過世。但是，羅森塔爾女士說，葛雷斯先生最喜歡的小房間，卻是緊鄰主臥室外的更衣間——正是我接收來用的小空間。那是他個人的更衣間與書房。她繼續講下去，一直不停抱歉，卻不知道自己爲何要對我說這一些事情。

我並沒有告訴她，我剛剛才遇見了她的前任丈夫，但我很確定，正是來到這棟房子拜訪我們的葛雷斯先生，促動了羅森塔爾女士打電話來告訴我他的身分。

大衛隔天即回到家裡。我對他描述所發生的事情。他是個相當通情達理的人。儘管他並不相信鬼魂、精靈或其他超自然異象，但他說：「如果是其他人跟我講這樣的事情，我並不會相信，不過如果妳說妳看見鬼，那妳一定看到了。」這也是我愛他的原因之一，因爲他信任我。

我們再也沒有見到鬼，不過一想到他可能在住處保護著孩子們，我也覺得頗開心。我揣想著那些在我們之前入住的其他房客，不知道他們是否曾發生過什麼事。我知道有三、四個家庭搬進來後，很快即搬走；他們都沒住上超過八個月。是他把這些人趕開的嗎？比如讓他們在其他地方找到新工作？或者破壞人家的婚姻，於是只好勞

燕分飛？然而，他對我們很好；我們在這間公寓度過了七個快樂的寒暑。我自己會跟自己開玩笑說，說不定是他促成了這一切。畢竟，我們在之前從未在一個地方住上這麼久的時間。我眞喜歡這幢房子。

我瘋了嗎？事實上，我從未如此想過自己。這名男人來到我的面前，如同白紙黑字一般清晰無誤。他來了，又走了——使得他的存在性很難驗證——但這件事全然與某個傍晚，天際燦爛的落日紅霞一般自然，也與另一個陰沉午後，烏雲遮蔽了夕陽一樣平凡尋常。

我已經見識過鬼魂。這件事激起了我的興趣，但我忙於工作與扶養小孩，使得我沒有多餘的時間或是興致，可以針對如此現象的意涵多加思考，比如死亡，比如人鬼等不同狀態的變化現象等等問題。而另一方面，不過一兩年前，我還曾經想盡辦法而成功否認天使的存在，誰知道這一次房子裡的陌生人的鬼魂，會不會更容易被拋諸腦後？

• 2 •

在講述這個遇見鬼魂的故事上，有一個問題點。我眞的如實陳述嗎？或者，我已經將它改頭換面，讓它的情節聽起來如同一個戲劇性故事的起承轉合，彷彿最後會一步一步朝向某種緊扣人心的大啓示一般？眞實生活是比故事來得複雜與混亂，事情並非循序漸進、各就其位來開展。相反地，所有的事物是同時並存在我們的生活裡。如

這是真的，據說，就在我們出生之前，一名洞穴天使會將手指置於我們的唇上，並且說：「噓……不要講出你所知道的事情喔。」這也是我們的上唇為何會有個小凹痕，而且我們對於自己來自何方一無所知的原因。

——羅德烈克·麥列區（Roderick MacLeish），《歐穆巴王子》（*Prince Ombra*）

同水中之魚，我們同時泅泳在物質與非物質、事件與想法纏繞的世界之中；有時候，我們可以立時感知這一項或另一項事物的律動，但是，有時卻必須先體驗過更多的波折、歷經過各式新經驗的洗滌之後，我們才能回過頭來整理記憶，理解早先時候一樁事件的意義。我們所擁有的時間感，我們可以娓娓談論的生活編年史，是僅僅存在於我們領受事物的能力裡，而這也多少相關於我們在心態上的開放程度，也就是說，我們對於自己的信心。

在我的身上，發生了奇異的事情。但是，事件本身並不會由此自然而然導向一個單一的重大啓示，如同煙火在黑暗天際所炫目綻放的火樹銀花一般，頓時讓人茅塞頓開！不會的，它反而是一大堆混亂的事物併陳在那裡；現在除了鬼魂之外，還加上天使、夢境、意外發現的巧合事件等等，糾纏在如常的每日生活之中。所有這些事物確實都或明或隱潛藏在我們四周，以至於你會以爲那另一個世界在跟你捉迷藏，它拉下了屏幕，爲了避免讓人發現。然而，所謂的煙火般的啓示，也許會發生在一群渾身疲倦、拖著步子下班回家的髒兮兮人們身上，也可能會發生在跟在兩歲小孩後頭撿尿布，一邊爭執是誰把保溫瓶忘在野餐公園的疲憊父母身上。永遠總會有什麼事情更吸引我們的注意力，這也是生命的慷慨與寬大之處。

我的母親過世之後，回來過三次。她想要試著告訴我，死後的世界是什麼模樣；我們曾經做過約定，所以她要試試看。

我想要來談天使，不過容我快速講講母親回來的故事，因爲會有助於我們的理解。母親最後一次的到訪，最具戲劇性。我當時人在童年時所使用的的房間中，躺在那個相當小的、帶有床篷的床鋪上，而母親也正是在這個房間、這個床上與世長辭。當時大約是晚上十點或十一點左右。屋內點著燈，我在看書。我可以聽見窗外（鄉間的夜色漆黑一片）風吹過樹林、始終不歇的窸窣聲響。

突然間，母親站在房間門口。我抬起頭，看著她，然後我的眼淚立即奪眶而出。

「沒有媽媽，要如何過日子啊？」我心底想著。

並非因爲她現身在門邊，讓我的心情翻攪，也不是因爲她要來履行約定，告訴我「彼岸的世界」爲何，而使我激動流淚。眞正的原因是，看著她站在那兒對我微笑，溢滿盈盈的愛意，讓我的心感動不已。她站在那兒，一位幽靈，但我們之間卻不再有那些向來分隔我們的重重阻礙：比如，文化偏好上的阻礙、不同記憶的阻礙、氣憤與偏見的阻礙、我們先前給予彼此的小傷害等等阻礙。站在那兒的，是母親的純粹本質，是提煉過的精髓，她滿懷慈愛地睇視著我，我想我的心會因而滿滿地爆開來。

「沒有媽媽，要如何過日子啊？」我淚流滿面，反覆想著。她有點憂慮地往後退了一步；她來，並沒有想要傷害我的意思。在那一刻，我理解到，我們由於某種目的而被賦予了一副有形的身體，我們棲居於身體軀殼之中，就像海裡的龍蝦；我們竭盡一生的努力，就是爲了走出軀殼，去接觸其他事物，哪怕屆時僅有短短不到一秒的時間而已；我們這麼做，是爲了超脫生命孤立的處境。在做愛的高潮中，有時也能達成

親愛的天主，請守護今晚在工作、在守候或是哀傷流淚的人，請派遣天使照料入睡的人。主耶穌基督，請照護病弱者，給予疲憊者休憩，庇佑垂死之人，抒解受苦者的傷痛，憐憫遭逢不幸的人，以您的愛，保護歡喜之人與所有子民。

——《公禱書》（*The Book of Common Prayer*）

這樣的目標，在聆聽音樂的某些片刻中亦是，而有時候，當我們入迷地欣賞藝術作品、凝視著山巒風景，或是被壯觀的瀑布所折服，也能走出自身的囿限，超越自我。但在人生的大部分時間中，我們卻使盡力氣想要掙脫禁錮我們的臭皮囊，而且毫無所成。我頃刻理解到，在這個物質層面上，我們並非如一般所以爲的，可以完全符應人生所需：我們還不夠堅強，可以接受如此純粹的愛。

母親滿臉憂慮與歉意，漸漸消散不見。從那時起，我就未再見過她——她的「具體形象」——雖然經過這麼幾年後，我以爲現在再來試試與她接觸看看，應該會很有意思。這一次，或許我會記得詢問母親有關生與死的事情。但我想，我們可能不應該事先知道這些生死奧祕。我們誕生於人世之間，雙眼被蒙上眼罩，要跟上帝玩上一回蒙眼抓人的遊戲，雖然我們不了解爲何要玩這個遊戲；而且我以爲，如果我們作弊、事先知道遊戲的獎賞，將會毀了這個遊戲的意義。

我們一點也不必害怕。

我們知道總是會有更多的恩澤降臨。

我們要投身愛的海洋，那是上帝，我們所將瞥見的彼岸的世界。

而這可能也是，爲何天使到訪的機會如此罕見的原因。

在某種程度上，有關鬼魂的討論，並非最關鍵的論題。對於鬼魂存在與否的問題，人們要不就接受，要不就否認，然而一旦接受的話，也不過是證實死亡後仍有生

百分之三十不相信來世的美國人宣稱，他們曾經與過世的人有所接觸。

——《美國健康雜誌》（*American Health Magazine*），一九八七年，一月／二月號

命而已，不是嗎？而這卻是屬於我們每一個人必須自行判定的問題。對於不相信的人，有關來世的說法，並無法爲當事人帶來安慰，即便種種宗教幾千年來一直在宣揚這樣的信念。但是，只要有所體驗，問題就不在於靈魂是否永生之上，而是靈魂會以怎樣的形式出現？各種形式的內在機轉爲何？以及，相對於上帝而言，靈魂意謂爲何等論題。

或甚至會去詢問：上帝是什麼？

上帝存在嗎？如果上帝存在，那麼上帝——或說宇宙的意志、天地的泉源、普世的大能——所爲何來？上帝究竟有何作用？而在這一個架構中，我們處在哪一個位置上？

而以上種種疑問，還能出之以其他多種提問的方式，比如：我是誰？爲什麼會有不幸與痛苦？如果上帝是公正與關愛的化身，爲何世界上充斥邪惡情事？難道我是（意外地）崇拜到一位任性的神祇嗎？或更等而下之，我只是崇拜著我自己的想像產物——也就是說，根本沒有神存在？

我繼續來詳細地解說鬼魂，因爲鬼與天使兩者很容易相混淆。我們要問的問題是，「天使是否眞的是死者靈魂重返人間的形式？」我花了好多年的時間，才終於接受了兩者眞實性的想法——「那兒眞的有東西存在！」——然而，我卻還遠遠不能回答這樣的問題。不過讓我們現在來直接討論吧。

鬼是死者的靈魂，而天使則是神靈的信差。鬼像天使一樣，可以化爲想法降臨，

觸動我們的心房，或是形成一種現身的「感受」爲我們所接收，又或者可能是一連串不具形的聲響或一團團的光，有時也可能是不可見的玩笑或惡作劇。但是當鬼魂眞實現身，他們總是會採取屬於他們自身的形式，而這就與天使完全不同了，你稍後就會了解。

有時候，鬼魂眞的會帶來愛的訊息，眞的會留給他們所摯愛的親友一抹寧靜的感受。但鬼仍舊不是天使。鬼魂本身還緊緊懷有他們對於人世間的渴望與困頓的記憶；或說，他們是失落的影子，無法到達彼岸的世界。每個文化裡都找得到鬼魂出沒的痕跡，有關他們的形象的描述，也如出一轍。他們有點透明，你的視線可以穿越他們的形體；不然他們也可以呈現出乳狀或霧狀、帶有波紋邊緣的實體。他們沒有腳。由於他們還保有原來的個性，所以他們如同在世時可愛或討人厭。有些鬼會干擾人間，因爲他們本身心緒錯亂或充滿煩憂。他們可以藉由靈媒現身，或是站在老房子的椅子後面，又或者在幾個房間中，既哀傷又憂鬱地盲目飄盪，所到之處皆發出哀悽的樂音。或者，他們會開上幾個玩笑，就好像要對我們這些感覺遲鈍、看不見他們的人，顯示他們始終存在的證據。他們所使出的招數，有的是眞的帶有邪惡的力量，接近魔鬼的層級；他們有時也能附身在你身上。他們也會肇下大禍。但通常來說，鬼或幽靈都是我們所愛的親人懷著憂慮回到我們附近，或者，他們是要回來告訴我們一切都好。

當有幽靈進入房間，你會感受到一股寒意，好像門扉半開著一般，而當他接觸到你，或整個軀體穿越你而過，你則感到通體惡寒。這些徵象在在顯示鬼魂的特性。

但願我能給予首肯的天使，頃刻爆出歡呼與讚美。
——萊納・馬利亞・里爾克，《杜伊諾哀歌》，第十首

但天使就大爲不同，而且從來沒有人會將天使錯認爲鬼魂。天使引人注目之處是，他帶來溫暖與光亮；所有見過天使的人，皆心存敬畏地談到燦爛的光團、斑斕的顏彩，或是讓人幾乎無法直視的熾白之光。而且你會充溢著歡欣與幸福的感受。

天使降臨，是爲了進行某個工作，雖然，我聽過三個有關天使的故事，見證者指稱，天使只是站在附近，小聲地彼此交談而已。天使會出手相助，或是帶來希望的訊息，但他們絕不會四處晃盪或是羈留一地，如同那些死氣沉沉的寂寞幽靈。天使離去時，會留給你平靜與安詳；那些天使造訪過的人們，即便無法看見天使，也會知道他們經受寧靜之翼的撫觸——如同米爾頓所稱的，那一雙「不可見的隱密的翅膀」。

據說喬治・華盛頓在佛吉谷（Valley Forge）見過一名天使。強尼・凱許（Johnny Cash）則見過天使兩次，一次在他十二歲時，一次則是成年以後，而天使在這兩次都是爲了提醒他有關死亡的消息。而我聽過有一個學院教授目睹了一群女天使，而另一個故事則是六名俄羅斯的太空人——亦是無神論者，畢竟他們身處在共產主義的國家內——在太空之上，兩度望見一群天使，而且他們的翅膀就如同巨無霸噴射機一般巨大！

我是在報紙上讀到這個太空人的故事。據稱，這個故事原本刊載於一份機密報告書中，而該份文件在一九八五年初，由一位叛逃的科學家自俄羅斯偷偷帶到國外。誰曉得傳聞是眞是假？

事情是發生在聯合第七號太空船與太空站結合後，繞行地球軌道的第一百五十五

天——我們可以想像這一批太空團隊一天又一天處在無重力的孤立狀態下，是足以讓人發生幻覺與妄想。三位太空人，索洛維夫、阿特科夫與基茲米，正在進行醫學實驗，突然間，被一團燦麗的橘色光線照得睜不開眼。等到他們的眼睛適應了光線的亮度後，他們看見「七個巨大的人形圖像，但帶有翅膀與霧氣般的光環，宛如傳統上人們對於天使的描述。他們看起來有好幾百英尺高，而雙翼的幅度，則猶如噴射客機一般巨大」。天使有著圓臉，天眞無邪地微笑著，而且個個長得一模一樣。這群天使跟著太空船飛行了十分鐘，然後消失不見。但十二天後，這七名天使再度出現，而這一次，又有另外三名科學家目睹了他們。

「我們深深受到感動，」團隊中的女性成員薩維絲卡亞說：「那兒發出巨大的橘色光芒，而在光暈裡，我們看見了七名天使的形象。他們微笑著，就好像他們彼此分享了一個好玩的大祕密。」

• 3 •

天使會帶來訊息。天使的希臘文「ἄγγελος」這個字，即意謂「傳送訊息的人」，而牛津通用辭典（*Oxford Universal Dictionary*），則給了天使一詞直接了當的定義：「職司輔佐的聖靈，或神的信差；法力與智慧高於人類，屬於神靈界的一員，是上帝的隨從與信差。」

有關帶翼的聖靈——天使——是每一個文化都有的神祕事物的一部分。我手邊有一尊峇里島天使的雕像，看起來像個長有翅膀的美人魚。維京人稱天使爲「valkyrie」，而希臘人則稱「horae」。在波斯，天使是「fereshta」，有時會與「horis」或「peri」（仙女）相混淆，他們是無性別（完全正確）的女形天神，能爲天堂的子民帶來官能的愉悅。在印度教中，天使是「apsara」（天女）；這群在天際遨遊的美麗仙子，將官能與情色的快樂帶給眾神，雖然此後的教義——特別是基督教的教條——皆堅稱，天使沒有這一層感官肉慾的指涉，如同有些人也認爲人類不應縱情交歡。然而，在印歐語系早期的神話裡，天使卻也可以生養子嗣；小孩會像甘藍菜一樣從大腿冒長出來，而且一出生即五歲大。

在祆教（Zoroastrianism）、佛教、道教的傳統裡，也有天使的存在。而在古代亞述人（Assyrian）與美索布達米亞人（Mesopotamian）的想法中，同樣發現天使的存在，而有關天使的信仰則往下傳承至摩尼教（Manichaeism）、猶太教、基督教、伊斯蘭教等的傳說之中，彼此助長天使信仰的風氣。在薩滿教的儀式裡，也能發現他們與有翼的聖靈進行溝通，即便這些聖靈經常以老鷹或烏鴉的形式來表現，或是一些我們不會聯想到天使的精靈形式。

在第六世紀時，僞丟尼修（Dionysius the Pseudo-Areopagite）寫下有關天使的論著，影響了此後天主教的思考。他首先指出，天使有九個階層，儘管也有其他神學家嘗試不同的分類方式，但他的想法一直到十八世紀，仍然是主要的天使階級論。然而，到了十八世紀後，天使學逐漸式微，「理性時代」或稱「啓蒙運動」成爲時代精

如果我高聲呼求，在天使的階序中，哪一位可以聽見我？
而如果他們其中一位突然把我抱進他的心懷，我將消融在他彌天蓋地的存在之中。
——萊納・馬利亞・里爾克，《杜伊諾哀歌》，第一首

神的主流，甚至是靈修人士也以之爲標竿。不過，在歷代之中，卻仍可以找到具有獨特天使視角的文人，如但丁、米爾頓與歌德；十八世紀偉大的化學家與神祕主義者艾曼紐爾・史威登堡（Emanuel Swedenborg），也發展出不同凡響的見地；而如果你想要一位二十世紀的人物，德國天才哲學家魯道夫・史坦納（Rudolf Steiner）對神學的探討，則頗值一提。

在上帝的御座上，天使完全沒有採取任何具象的形式，而只是一道純粹生猛的能量，一團威力無比的巨大火球，如同一顆超新星，在黑暗的太空中自我旋轉。這些天使稱作「座天使」（Thrones），或稱「輪天使」（Wheels），他們僅能以象徵的方式描畫出來，雖然見識過深沉靜默的座天使的神祕主義人士，都知道他們看見了什麼東西，而且備受其威力的震懾。

請注意：我們對於天使，還是一無所知。我們不清楚天使所爲何來，也不知道他們在天界中是否有階級排序。我們亦不了解，他們是否依照資歷多寡而負擔不同的責任。我們對那一個世界所知甚少，除開在我們的心底，可以偶爾匆匆一瞥他們的身影；我們在已然失落的記憶裡，聽聞他們歌唱的樂音；我們眨眼之際乍見天使，但如此瞬間即逝，當我們轉頭察看，則已不復見。我們在孤單寂寞、在心底的空洞中，感覺到天使的存在；而我們每每嘗試以感官享樂、危險刺激、毒品、酒精、戰爭、工作、酒肉朋友、愛情或性愛來塡補空虛。正是生命對於停止這一切盲動的渴望，讓我們相信，必定有其他事物存在，因爲，如果我們早已全然忘卻，如果我們並無擁有過

心靈充盈的感受，我們如何可以認知到此刻的空虛呢？

有些天使有名字，比如米迦勒（Michael）或加百列（Gabriel）。我們會知道這些名字的原因，端賴見證者的報導，或說來自許多聖人、神祕主義者、先知所講述的故事——如先知穆罕默德，天使加百列曾拜訪過他；或者比較晚近的，如擁有聖痕（stigmata）印記的畢奧神父（Padre Pio），在他潛心靈修期間，他曾與魔鬼相鬥，並在他的個人小室中蒙天使祝福。他在一九六八年過世於義大利南部，後來也被封爲聖人。

但大多數的天使都以匿名的方式降臨，比如發生在麻薩諸塞州的一對夫婦身上的事情。勞夫・哈洛先生在一九二三至五三年期間，在北安普敦市（Northampton）的史密斯學院（Smith College）擔任教職；有關他的故事，已經刊載在好幾份小型刊物之上，包括《嚮導月刊》（*Guideposts*）與《性靈新領域研究會》（*Spiritual Frontiers Fellowship*）等。他的故事之所以非比尋常之處是，正好有「兩個人」同時目睹天使的降臨。

看見天使的那一天

事情發生當時，並非聖誕節，亦非隆冬時節；只是這樣的事情，讓我突然記起那些

座天使圖。

他的所有天使都要讚美他！
他的諸軍都要讚美他！
——〈詩篇〉（*Psalms*），148:2

古老的天使故事情節。那一天，是一個清新明亮的春日早晨，我與妻子一同散步，穿越重新長出葉芽的樺樹林與楓樹林，地點是麻薩諸塞州的貝樂德谷村（Ballardvale）。

現在我理解到，就像任何個人經驗的說明一般，故事的真假程度，僅與講述的當事人本身的誠實與判斷力成正比。那麼，我可以怎麼來介紹我自己呢？比如，我要說，自己是一位學者，會規避臆測之言，喜歡科學研究嗎？我要說，我在哈佛大學取得學士學位，在哥倫比亞大學取得碩士學位，在哈特福特神學院（Hartford Seminary）取得博士學位嗎？我要說，我從未患有妄想的毛病嗎？我要說，律師曾經懇請我出面提供證言，我也上過法庭作證，被法官與陪審團視為是可信、可靠的目擊證人嗎？以上所述，皆為真實之事，但我仍然懷疑，如此的資歷證明，能有多少力量，得以影響別人來相信你所講述的故事。

我們每個人最後終究要自己來好好審視，能否接受別人的生活經驗、宇宙觀與理解，以及這種種對於自己的意義。所以，我就簡單講述發生在我身上的事情吧。

那天早晨，瑪莉恩與我所行經的小徑，地面有點鬆軟，我們牽著手，心情開朗欣喜，漫步在一條可愛的小溪邊上。時值五月，在我任教的史密斯學院，正進入學生考試前的溫書假，所以我們可以離開個幾天，去看望瑪莉恩的父母。

我們經常在鄉間散步，而新英格蘭地區（New England）在歷經冷冽的冬季之後，我們特別喜愛春日的到來，因為春天的田野與樹林既寧靜又爛漫多姿，四處綻放大地回春的新生喜悅。那一天，我們的心情格外平靜與快樂；我們有一句沒一句聊著天，當兩人都沒講話時，就享受著那讓人滿足的靜謐氣氛。

我們的誕生，不過是一場睡眠與遺忘：
隨我們升起的靈魂，我們的生命之星，
曾經憩息在某處，
來自遙遠之地；
我們並非全然忘卻，
我們並非徹底赤裸，
我們是披著光輝的雲朵前來……

——威廉・華茲華斯（William Wordsworth），〈有關永生暗示的頌歌〉（*Ode: Intimations of Immortality*）

然後，從我們的後方，一段距離之外，傳來微弱的說話聲音，我於是跟瑪莉恩說：「看來今天早上在樹林間也有其他人在散步。」

瑪莉恩點點頭，轉頭去察看。但我們什麼也沒看見，可是說話聲愈來愈近——接近的速度比我們的腳程還快——我們心想這群陌生人很快就會趕過我們。然後，我們感覺這股聲音不只是在我們後方，而且也在我們的上方，我們於是抬起頭觀看。

我該如何描述我們所感覺到的事情呢？有可能去談論洶湧傳遍我們周身的狂喜感受嗎？有可能以任何客觀的精確與可信的方式，來記錄這個現象嗎？

因為，在我們的上方大約十英尺處，略微偏向我們的左側，漂浮著一群美麗的生物，發散著動人的性靈之美。我們停下腳步，望著她們通過我們的上方。

她們是六位美麗的年輕女子，身穿不停飄動的白色衣裳，正在認真地彼此談話。無從得知她們是否察覺到我們的存在，她們沒有給予任何線索或暗示。她們的臉龐清晰無比，其中一名女子的年紀，稍稍比其他人大，姿色也特別姣好；她的一頭黑髮往後梳，彷彿紮成我們今日稱作「馬尾」的髮型，不過我並不會說她的頭髮真紮在腦後，只是看起來很像這個樣子而已。她正專心地與一名較為年輕的女子談話，後者背對著我們，注視著跟她講話的女子的臉孔。

瑪莉恩與我都無法理解她們的話語內容，雖然很清楚她們彼此在交談。而說話的聲音聽起來，有點像是門窗緊閉，聽見屋子外面有一群人在講話，但不清楚他們到底在講些什麼。

她們似乎就要從我們的頭上飄過去，她們的優雅的動作顯得如此自然不造作——就如同晨光一般溫柔平和。當她們超越我們而去，對話的聲音就愈來愈模糊，直至完全聽不見為止，而我們站在那裡呆立不動，始終牽著彼此的手，剛剛眼前所出現的景象還是揮之不去。

去説我們當時的感受十分驚愕，還是有點流於輕描淡寫。我們彼此望了望，兩個人的心裡都在想，對方是否也看見了自己所目睹的景象。

在小徑旁邊剛好有一棵傾倒的樺樹，我們一起坐上去，我説：「瑪莉恩，妳剛剛看到了什麼？請一五一十告訴我，連細節也一一説明。並且告訴我，妳所聽到的聲音。」

她清楚我的要求的意圖——我想要檢測我的眼睛與耳朵，看看我是否遭受妄想之害，或有過度想像之虞。而她的回答，在每一個方面，皆與我的視覺、聽覺所告訴我的訊息一模一樣。

我翔實地講述這個故事，以尊重事實的態度，精確地據實以告，如果我需要在法庭證人席上陳述這件事，故事內容將如出一轍。不過當我這麼記錄下來，我卻知道這個故事聽起來是如何地不可置信。

關於這件事，我能説的或許只是，它已經對我們夫婦的生活產生深遠的影響。因為，這則幾近三十年前的經驗，已經大大地改變了我們的思考習慣。

天使通常爲孩童所瞥見，即那些還會「披著光輝的雲朵」的小孩，如威廉・華茲華斯所言。這是因爲我們長大後就不被允許看見嗎？或者，我們在視覺上的遲鈍化，是我們失落了原有天眞的徵兆？以下的故事，選錄自侯葡・麥唐娜德爲一份基督教刊物所寫的文章。

在侯葡四歲的時候，她的姊姊瑪麗蓮八歲；有一天，爸媽照常載送姊姊上學，但一個鐘頭後，侯葡見到姊姊被送回家來，而且身體上有多處擦傷與血跡。爸媽將姊姊放在沙發上，等醫師上門來。事情似乎是，瑪麗蓮要穿越馬路到對面的學校時，突然跑到一輛車的前方，被迎面撞上，而且整個人被撞飛至半空中。瑪麗蓮的父母無助地看著女兒掉落在人行道上，開始一圈圈翻滾，就要掉進前方一個無遮蓋的開放式大水溝中。但瑪麗蓮並無如想像中掉進去，她突然就停住了，剛剛好停在大水溝的邊緣之上。

當她們的父母向醫師描述事件經過時，所有人都驚愕地搖著頭，覺得難以置信。小孩如何能在快速滾動中，突然停止運動，而且就正好停在大水溝的邊緣上呢？

瑪麗蓮以充滿驚訝的語氣，從沙發上開口說話：「難道你們都沒有看見那位巨大、美麗的天使嗎？她就站在大水溝邊上，用雙手把我接住，我才沒有滾下去啊？」

・第二章・不被察覺的天使

一開始，落居於奧林帕斯山（Olympos）上的永生不死的眾神，創造出一批死生有命的黃金世代，他們生活在克洛諾斯（Kronos）統治天庭的時代中。這群人的生活，如同神仙；他們信靠自己，他們的心沒有任何悲愁煩憂，也沒有繁重的勞役或痛苦；他們不會有年老帶來的悲慘轉變，他們的手與腳不會因歲月而變形發皺。他們享受節慶的歡樂，生活無憂無慮。當他們死去，如同沉沉入睡。他們擁有舉世的財物……

而因爲人間大地逐漸成形，這個世代便被稱爲純粹的聖靈；他們寄居於人世之間，而且懷有善良之心；他們關照著凡人，保護他們免於邪惡的侵擾；他們持續關心訴訟案件與困難的買賣交易；他們掩藏在濃密的霧色之中，在大城小鎮之間漫遊；他們分送財富；因爲他們此前也接受過這樣尊寵的權利……

——赫西俄德（Hesiod），《工作與時日》（*Works and Days*）

• 1 •

據言，天使到來的形式，會經由意念、異象、夢境而來，或者化爲水面的光影、天上的雲朵或一道彩虹，或者以動物或人類現身。天使難道眞的僞裝成人，行走於人世之間？或者，他們這一刻喬裝改扮出現在人間，下一刻即再度消失於穹蒼之中？抑或，果眞是我們人類，在某一刻被上帝挑選出來，在我們無所知覺的情況下，脫口而出另一個人需要聆聽的忠告，或出手挽救另一個人的生命？

有一回，我在高速公路上開車，後來搖搖晃晃地把車停在路邊，一名男人看見我的狀況，於是停車下來幫助我。事情發生在新英格蘭高速公路上，我正從紐約前往鱈魚角的途中；當時是星期六晚上八點鐘左右，車外正下著傾盆大雨。我的車子從最高安全速限每小時六十英里開始持續失速，引擎停止運轉，我驚恐地看著車速下降到每小時二十五英里，我按下警示閃光燈，害怕自己會被後面的來車追撞。一名男人看著我無助地站在路邊，停下小貨車，然後拖著我故障的車子，以閃示燈保護它，完全離開他原本的行車路線，就這樣開了不知多少英里的路。這名善心的男子，花了六個鐘頭拖行我的車子（很不可思議吧！）；他用了屬於他自己的六小時的時間，以確保我這輛搖搖擺擺的車子，可以安全地到達我的目的地。我之後尋址去新倫敦市（New

「上帝的天使，我親愛的守護者，
來自上帝的愛將此時的我託付給他，
自今天起，一直陪伴在我身邊，給我光明、保護我，給我規矩、指引我。阿們。」

London）找他，想好好謝謝他，但不知是我抄錯了地址，還是他留錯了，那個地方並沒有這個人。

在世界各地每一個災難時刻中，我們都會發現這些天使出手相助的善行義舉。底下即是另一名天使如何在我母親臨終之際，幫助我與媽媽達成和解的故事。我的牙買加天使，是一名清潔女工，讓我重新扣接上我的生命故事。

我的母親是位偉大的女性，她的個頭嬌小但肌肉結實，始終活力旺盛。她可以拖拉著葛雷弗利（Gravely）牌子的除草機在草坪上來來回回，然後將義大利香腸、番茄、萵苣與起司片全部塗上自製的美乃滋醬，一起夾進神奇牌（Wonder）吐司裡大快朵頤。她會吃兩份這樣的三明治當午餐，站在廚房的餐檯邊，喝上好幾杯咖啡，就好像坐著吃會太浪費時間。她接著又會去到院子打一回高爾夫球或把落葉耙成一堆，或是到鎮上與朋友碰面，或去市場採買，或上銀行。她總是忙個不停，儘管她最喜歡對我說：「放鬆一點！妳太神經兮兮了。坐下來嘛。妳現在唯一要做的事，就是坐下。」

但我每每一聽到她這麼說，就一肚子氣，因爲小朋友（她的孫子們）要餵、要換衣服，或要找個什麼東西讓他們玩，而她總是在挑我的毛病、惹我發火。

而且她也用同樣的方式對待自己。她終其一生都爲濕疹所困擾；她經常這裡痛、那裡痛，卻從不跟人抱怨。

有一段時期，大衛與我從紐約搬回華盛頓特區來，我開始努力去修補與母親間的

「三智者之夢」，雕刻家吉斯勒貝圖斯（Gislebertus）的作品，爲法國歐當鎮（Autun）的聖拉薩爾（St. Lazare）大教堂的杜頭雕飾。十二世紀。

巧合，是上帝悄悄展現奇蹟的方式。

——無名氏

關係。這著實花上了好幾年的時間。她罹患乳癌，已經割除一側的乳房。神話中的亞瑪遜女戰士會爲了便利拉弓射箭而割除一邊的乳房，她們在這樣的行爲中所展示的對於身體的輕蔑，我的母親可說有過之而無不及。乳癌之後，她又得了肺癌，又開刀切除了一部分肺葉。這使得她戒了菸，不過她還是照常跟父親一起待在書房裡：我的父親即便在通風不良的房間裡，也是香菸一根接一根；而書房裡那座壁爐則不時噴出嗆人的煙朵（因爲煙囪上有燕子結的巢，而母親認爲找人來把鳥巢拿掉太花錢）。在母親最後的日子裡，她過得很不快樂，又遭受父親中風的打擊，對於自己無法幫上忙，感到悲傷莫名，怨恨命運殘酷的作弄，以至於她滿腔的痛苦與憤懣經常發作在我身上，脫口而出的話又尖酸又刻薄。

「喔，記者耶，」——她語氣中透著譏諷。她所指涉的，就是我跟大衛兩個人。「紐約啊，你們那裡的人都是些鄉巴佬！」

而有時候她會將批評的砲火瞄準我所寫的文章。她特別討厭我的某一本書。她從未解釋厭惡的原因，但有好幾年，她只要一看到我就會想起那本書：「多糟的書呀，」她說了一遍又一遍：「我光光讀著就覺得好羞恥。太難爲情了。我不知道妳怎麼可以寫了這樣的書，還能夠有臉在大眾面前抬頭挺胸。」

「嗯，妳到底不喜歡書裡的什麼內容？」

「一整本我都不喜歡。我只希望一本書都不要賣出去。」

如果說聽到這樣的評論而內心不會受傷，那只是騙人的。我經常在她展開攻擊之前，就趕快離開家裡。但我還是衷心盼望能夠母女和解。

她有一天打電話跟我說，她覺得身體有點不舒服，已經躺在床上休息。後來經醫生診斷爲輕度肺炎。她之後也在浴缸中滑了一跤，撞傷了肋骨，讓她的胸側疼痛不已。我的弟弟、弟妹、我與大衛四個人在廚房悄聲講話，就好像深怕在樓上的母親會偷聽到一樣。此前還未曾見識過母親臥病在床；四十年來，甚少看到她生病，然後她突然之間就經歷了兩場癌症的衝擊。我們於是擔心起現在這個肺炎可能不容小覷。

一個月之後，她住進醫院。我搬到巴爾的摩市（Baltimore），以便就近照顧。我每天開車到醫院看她，而她每天都跟我爭吵拌嘴。由於《紐約時報》的記者進行罷工抗議，我的丈夫頓時失去收入，我們的財務狀況遂變得有點吃緊。我於是在一個聯邦的機構，找到一份顧問人員的工作；我要求自己時時保持清醒，想以繁重的工作量來減輕自己的悲傷情緒。

但母親還是不停地挑我毛病、找我碴。爲什麼妳不放鬆一下？就去花園裡坐坐啊？爲何不放輕鬆，給自己片刻的空閒？妳怎麼永遠有事要做？妳到底是怎麼搞的？她偶爾會擔心起我們的經濟狀況：你們還過得去吧？大衛可以找另一份工作嗎？但她的注意力，通常還是集中在我蠟燭兩頭燒的情況。現在回頭看那些母女間的爭執，我明白有某個部分是我的錯所造成的。因爲我當時不能理解她的不安。爲何我不告訴她，她的事情讓我害怕？而且告訴她，我也對我自己的反應感到害怕？

有一天在醫院裡，她又開始對我東唸一句、西罵一句，反正我做的每一件事情都

天使還在他們原來的地方——
只消轉動石頭，展翅遨翔！
正是你，正是你疏離的臉龐，
錯失了許多光輝燦爛的事物。
——法蘭西斯・湯普森（Francis Thompson），〈上帝的國度〉（*The Kingdom of God*）

是錯的。我癱坐在椅子裡，感覺很荒蕪：我到底杵在這裡做什麼？她只是一味地在斥責我而已。就在這一刻，一位寬臉、黑膚的女人拿著拖把走了進來，開始拖地；這間狹小的病房，空間只夠擺下一張床、一把椅子與一個衣櫃。我的母親坐在病床上，背靠著枕頭。她穿著睡袍，又在袍子上面套上一件短寢衣。她的頭髮並沒有挽成習慣上的髮髻，而是鬆開、稀疏地散在枕頭上。床邊立著一個巨大的氧氣鋼瓶，伸出一條塑膠導管接到她的鼻子下，當她連珠砲般數落我的不是時，她會拿開管子，用手揮動著它，模樣活像是土耳其軍官耍弄著水菸筒的菸管。她抱怨我的打扮，奚落我差勁的寫作事業，嘲笑我所找到的市政事務工作毫無意義、不值一提。連有醫院員工進來病房中打掃，也不能暫時使她冗長的攻擊性言論停下來。

我頹坐在椅子裡，既受傷又氣憤，腦子裡想著是否應該立即起身走人。眼前的母親，來日無多，我們應該彼此談談心，而不是這種無止盡的嘮叨與責罵。

「我真嫉妒您可以聽到這些『媽媽會說的話』。」牙買加裔清潔女工停下拖地的動作說道。母親與我兩個人都吃驚地望向她。但我們母女兩人一時間都沒有聽懂她那口輕快的加勒比海腔英語。但當我領悟出她所講的話後，頓時一股震顫傳遍全身。

「您是說……」我坐直了身子。

「我很嫉妒您可以聽到這些『媽媽會說的話』。」她重複了一遍，看看我，又看看我母親，一臉微笑，是一個寬容的金色微笑。「我十二歲的時候，媽媽就過世了，」她歌唱般地說著：「這麼多年來，沒有人可以跟我講『媽媽會說的話』。今天在這兒聽到人說，感覺眞好。」

我的母親看起來有些難爲情。我的身子則坐得更直了些，心裡盈滿歡喜。果眞一語驚醒夢中人！我完全不了解是怎麼發生的。這位美麗的黑膚女子一下子就把地給拖完了——她的拖把來回使了三次，就一切搞定。然後她就離開了。不過她卻讓我們母女倆來到一個不同的境界。

我那時沒有立刻想到她就是天使，只是驚訝於時間的湊巧性：這名女人走進來，解釋了我的母親的行爲，然後就走了開去。從那一刻起，我們的母女關係就轉變了。我們開始在另一個層次上交談。我們可以討論死亡的話題，也可以表達我們對於彼此的關心。

然後，一個星期之後，媽媽就過世了。

• • • •

現在的人們，誰沒有過類似的經驗：遇見陌生人神祕地前來相助？

我的一位朋友，傑克．摩爾門，任職於投資銀行；他天生個性樂觀快活，總是期待所有事情可以如其所願。當他八歲大的時候，有一天，一個人在家，獨自使用一套全新的、超級鋒利的切割工具來玩木工，結果刀子一滑，切到指頭，深可見骨。一時間痛得要命！尤其又瞥見了白色的骨頭！而且血流得到處都是。

正在這個時候，門鈴響了起來。他用一條毛巾纏住自己的手去應門。打開門後，是一位穿著白衣的護士，想找他的父母。這麼多年過後，他現在說，他當時從未想

「別害怕：看，我帶給你們無上喜悅的佳音。」
——〈路加福音〉（*Gospel of Luke*），2: 10

過，無緣無故就在自家門口遇見護士，是多麼奇怪的一件事。護士於是進屋來，清理他的傷口，用繃帶包紮起來，然後就離開了。而且沒有再回來過。關於這件事，他當時完全沒有多想——甚至也沒有花力氣去跟爸媽講來了一位護士。

幾十年過去，直到現在，他才恍然大悟於這樣的事情有多詭異。難道這名護士是位天使，前來照護他的嗎？只因爲當時他只有自己一個人？

查理與輪胎

查理看起來還很年輕，留著一撮金色的鬍鬚，而且擁有一位漂亮的妻子。在他所講述的故事裡，當時他住在華盛頓特區的郊區地帶——塔科瑪公園市（Takoma Park）。

「當時是一九七一年，」查理對我說道：「在那個年代，我們每一週差不多只賺三十七點五美元。我們想去麻薩諸塞州探望我太太的母親，但是車子的前輪，有一個輪子已經磨光了胎紋。而在那段日子，你是不可能就這樣出了門去買個輪胎的，所以看起來我們是不可能成行的。我們那時做著食物罐頭的生意。一個朋友與我要去載梨子回來加工，我們一邊聊天，我就跟他講，我們想去麻薩諸塞州，但輪胎磨光，又沒錢去買新的，所以我們可能就不去了。然後我們載到了梨子，就打道回府。我們家所在的那條街，是一個斜坡街道，路底直接接到斯里戈溪（Sligo Creek），所以只能由另一端進出。當我們正準備停車，有一位女士站在地勢較高的街首，往下滾動一個車輪與一個輪胎，我們看著她放手，讓車輪與輪胎沿著傾斜的路面，直直滾進斯里戈溪中。這條溪的水量並不大，就是條小溪而已。我於是說，『嗯，我應該給那個輪胎一個機會』，所以我去撿起車輪與輪胎，剛剛好可以裝進我的車子。我跟我太太接下來就開車去了麻薩諸塞州。我不太記得那位女士的模樣；她就是一個把輪子與輪胎沿著斜坡滾的婦人而已。當時我對這件事並沒有多想，我們只是去把輪胎從溪水中給撿上來。在那段日子裡，像這樣的事情可說三不五時就會出現，而現在，這樣的事情也會發生，但你不會覺得常常發生。嗯，我現在會期待出現有這樣的好事，但在過去，我想都沒想過。有這樣的說法：『當你心有所願，事情就會如你所願』；但那個時候的我，根本也不知道這回事。

「現在也會發生這樣的事，但不像過去那樣明顯與重要。我有過很多這樣的經驗，你要的東西，你就會得到。我並不清楚心裡要有多大的意圖，才能出現這樣的事。」

喔，這跟意圖一點關係也沒有。有時甚至在你完全沒有意料到，或你壓根兒不相信會有任何奇蹟的時候，就獲得了意外的協助。哈利・艾爾斯華斯是一家位於佛羅里達州清水鎮（Clearwater）的金融顧問服務公司的總裁，他告訴我說，有一陣子，他的壓力非常大，有一天深夜，他在佛羅里達州開車，結果車子在一條人煙罕見的公路上拋錨。他預計自己必須在黑夜裡徒步走上五十英里，一想及此，就又氣又惱。他不信上帝，也不信天使或其他神靈，但他突然大聲脫口而出：「好了，我受夠了。我需要幫助，而且我現在就要！」

就在那一刻，他望見車前燈的亮光朝他照過來。一輛車子停了下來。他看見車裡有兩名男人——他現在會說，是兩名天使。這兩個人要開車前往波卡・拉頓市（Boca Raton），不介意載他一程去找一輛拖車。另一件奇怪的事情是：這兩個人很安靜，頗具靈性，而且他們就讓他一個人哇啦哇啦講話，使他講出了，他的前妻的前夫的前妻威脅要殺他的故事——反正就是一些「家庭問題連續劇」。當他下了車，離開他們，他整個人感受到一股全新的寧靜與安詳。

「我就是從那時候起，展開了靈性追尋的過程。我並不知道，是否他們現身來讓我搭便車後，就會消失不見？我也不知道他們是不是天使，被派來執行幫助我的任務？」誰能知道呢？

這正是天使的一個標記。天使會帶來安寧與祥和的感受，它會徐徐地、溫柔地籠罩你的周身，甚至你沒有看見天使現身，也會有同樣的效果。我的姑姑阿姨在眾人談話突然停頓時，會說，「有天使正走過我們的房間」，她們所經歷的「天使靜默的時間」，所指涉的難道就是這樣的溫柔感覺嗎？

值得注意的是，許多人皆曾經歷過被聖靈力量撫觸的經驗。哈利的可愛妻子黛博拉（是位職業婦女，擁有飛行員執照），靜靜在一旁聆聽丈夫所講的故事，然後也說起自己的一個故事。她在講述之時，如同每一個曾與其他靈界有過接觸的人一樣，嘴角因爲回憶而浮出一抹淺淺的微笑。卻也帶有一點點悲傷，就好像覺得事情就這樣過

我們的行動，我們的天使，無論好壞，

始終是一抹命運般的陰影，伴隨在我們身邊。

——約翰・弗雷澤（John Fletcher），《誠實者的命運》（*The Honest Man's Fortune*）

去了，實在有點遺憾。

她的故事同樣發生在好幾年前，那時她跟哈利正要創立一間公司，她同樣也感到壓力大到透不過氣。有一天下午，她的焦慮大到讓她躺到床上去。對她來說，那眞是一個異乎尋常的屈服的表現，她覺得自己被打敗了。她說，當時她往右手邊側躺著，手臂放在身體前方，然後突然間，她感覺有一隻手碰上她的左肩。很溫暖、很舒服的撫觸。

她知道那是來自某種超自然力量的接觸。

她無法說那是來自天使的撫慰。但從這樣的撫觸中，她感受到一波波無法言喻的溫柔與甜蜜，心中覺得所有事情終將雨過天青、迎刃而解。

之後，她便起身離開房間，並且知道工作會很順利。而且，果眞如此。

這是天使降臨的第二個標記。他們所傳遞的訊息，永遠都是要告訴你：「別害怕！」他們會說，不要憂心忡忡，不要掛慮。「事情將會順利解決。你會喜歡接下來事情進展的方向。請靜心等待。」你一次也不會聽見，天使大聲嚷嚷壞消息。而當我們想到自己行將死去，嗯，那麼，我們將會聽見死亡天使傳送平靜、喜悅與光明的話語。

在此，順道一提，我知道有兩個故事，天使引發了恐懼的情緒，不過這將在本書稍後的篇幅中，再繼續討論。

天使會飛，因為他們愉快地接納自己。

——蘇格蘭諺語

• • • •

天使現身時，他所呈現的外型、顏色、身形大小所在多有，而有時肉眼可見，有時不可見。但只要你見過天使，你的人生就會因此而改變。

這是天使降臨的第三個標記。你始終都會記得那一刻；而且見過之後，你就不再是之前的你。

天使有時會以朋友的外貌前來，但最容易認出天使的方式，似乎是當他們化身爲陌生人之時：他們短暫地介入我們的生活，然後快速退場，有時甚至沒有留下名字，讓我們得以認識他們。我認得一位按理應該活不到今天的女士，她曾罹患重病，卻撐過了好幾回的手術而保住一命，治療她的醫師團隊紛紛以爲是一個奇蹟。

她有一次從紐澤西州（New Jersey）搭巴士到紐約，要去跟她的丈夫與幾個朋友碰面一起晚餐。她買了一張單程車票到紐約港務局（New York Port Authority）總站；而因爲她的先生會在這個客運總站等她，所以她身上並沒帶上什麼錢。而且，有關晚上的飯局，她知道他們要去一對夫婦的家裡用餐，但她並不知道對方的名字。

有點運氣不好的是，這個客運總站剛經過一次大整修，巴士抵站後，並不在過去的那個下車大門讓乘客下車。她找不到她的先生。四周到處看見懶散的酒鬼與流浪漢。沒人知道會發生什麼事。她說，她當時在那兒晃蕩了兩個鐘頭，一遍遍上上下下樓梯尋找，最後，想當然爾，她開始禱告。

接下來，就走來了一位「模樣可愛、身高不高、胖嘟嘟的男人」。他有一張「柔和甜蜜的臉龐」。

「您知道往紐澤西州的上車大門在哪裡嗎？」——她絕望地問道，腦子裡想著，只要她能找到上車門，就能找到下車門。

「我知道。」對方回答說：「我帶您過去。」

而這名男人就直接把她帶到她的先生面前。

「我們眞開心看到彼此，不禁掉下了眼淚。然後我轉頭想要介紹這名男人給我丈夫認識，但他的人早就已經離開了。」

• 2 •

天使可以藉由人形現身，或以形同「一隻不可見的手」的方式爲人所感知，而天使也可以只是一種「存在感」。跟隨羅伯特・史考特（Robert F. Scott）所主導的一次極地探險之旅的南極探險家厄尼斯特・薛克頓爵士（Sir Ernest Shackleton），他曾經指出，從南極返回，在他們的回程路途期間，他除了與幾名隊員相伴之外，還多出「另一個人」一起跟著他們橫越雪地。而法蘭西斯・希尼・史麥斯（Francis Sydney Smythe）在他一九三三年攀登聖母峰的有關記述當中，也談到有一個「友善的靈」陪他一同登山。

「在他的伴隨之下，我就不再感到孤單，而且不會受到任何傷害。在我孤伶伶地攀爬積雪的山岩，他始終在那裡支持我。當我停下來休息，從口袋裡取出薄荷糖糕來

「天使向牧羊人顯現」，林布蘭（Rembrandt）的作品，版畫，十七世紀。

即便他們如此偉大、輝煌，如此純粹、神奇，以致僅僅瞥見他們（如果我們被允許看見），就會讓我們的心靈備受震動，就如同德高望重、正直的先知但以理所曾經受過的感動，但是，他們仍舊與我們同為僕人、同為侍從，而他們會小心看顧與保護卑微之至的我們。

——紐曼主教（Cardinal Newman）

吃，由於他如此接近、如此明顯，以至於我會不假思索地將糖糕剝成兩半，轉過頭來，用手把一半的糖糕遞給我的『伙伴』吃。」史麥斯把這名「伙伴」視爲是他的幻覺產物。

但有時這樣的靈，也會扮演起主動的角色。

‧‧‧

一位友人，葛莉凱‧泰爾頓——實際上只是一位相識的朋友，因爲我已經有許多年沒見過她——告訴我有關她的故事。她是聖母瑪莉亞的信徒，有一天，她極度沮喪，開始禱告，然後她聽見說話的聲音，從聖母內在所發出的聲音，聖母慈善地告訴她說，要好好牢記有多少次她從危險關頭被搶救回來的經驗。同一天下午稍晚，她跟一位女友人正要穿越馬路，突然間，有一輛車急速倒車，直直朝她們衝來。女友人已經退到人行道邊上，但葛莉-凱整個人因爲震驚而僵住，嘴巴張開，站立不動，眼睜睜看著車子朝她疾駛而來。然後，出人意料之外，她感覺有一雙手從後方抓住她的腰部把她拉起。她由此恢復理智，順勢一跳！疾馳而過的車子與她僅有一步之遙。

她的女友人目睹這整個過程。女友人說，最奇怪的是，當車子朝葛莉凱衝來，她的身體僵硬地站在路邊，然後突然向上浮起，距離地面約有三英寸，瞬間懸浮在那裡，接著就往人行道這邊跳過來，她的雙腳最後穩穩踏在地上。

葛莉凱並沒有看見天使，但她難以忘懷被一雙手拉起的感受；她忘不了席捲她的某種幸福感，這讓她格格笑出聲來！對她而言，這則事件最後化爲一串笑聲與一種萬

天使之所以成為天使，並非因為他們遠比凡人或魔鬼更為聖潔，
而是因為他們並不期望自身有多麼神聖，他們僅期待神聖的上帝。
——威廉・布雷克

事順利的美好感受！如果沒有來自女友人的描述，證明了她當時身體所感受的動作，她或許比較難以相信事情眞的會如此發生。

但是，起作用的力量是來自誰的守護神？是葛莉凱的，或是那輛車的駕駛的？

我認爲，天使最容易出現在孩童、聖人、原始民族與心思純眞的人們面前，這些人或許會比我們更清楚知覺到天使的存在。

八歲的布麗吉特・梅爾，當時住在華盛頓特區，她告訴我說，她擁有一位天使，她走到哪裡，天使就陪她到哪裡。布麗吉特說，天使有一對粉紅色的翅膀，穿黃色的睡衣，並且把翅膀當作雙腳來用，不走路，都用飛的。天使在布麗吉特三歲時，就已經跟在她的身邊；當她晚上睡覺的時候，天使會使用一個呈螺旋狀的彩虹來包裹她的身體，以保護她入眠。我問小女孩說，天使始終都跟在她的身邊嗎？甚至當她有人陪或是去學校上課，都可以見到天使在旁邊？布麗吉特愼重思考了一下，回答說：「沒有，不是。除非我在學校不小心割傷，天使才會來幫我治療傷口。」——怎麼幫妳呢？——「天使就用魔力翅膀啊。」

這種情況並非罕見。我的姪女托麗也擁有一位類似的天使，天天照顧著她；我所認識的許多小孩都可以相當公開地談論自己的天使。

以下是凱倫・席爾的故事：

「在我的女兒五歲大、我的兒子七歲大的時候，我們有一回去科羅拉多州（Colorado）的山區野餐。

「他們當時在一條小溪流邊玩水，我們突然聽見兒子尖叫的聲音：我們轉頭看見女兒隨著水流被沖進附近的一個涵洞之中。她整個人倒栽在水中。當我的先生去把她抓出來，發現她面朝下攀住洞壁邊緣。

「在回家的路上，我抱著她，告訴她，我多麼爲她感到驕傲，她是這麼勇敢、鎮定，懂得抓住東西。我接著還給她講了一點面對危險時該怎麼辦——永遠不要放棄喔，等等諸如此類的話。

「然後她看著我，對我說：『但是媽咪，有三位小天使在幫我喔；他們叫我要好好抓好，我就覺得一點也不怕』。」

當然也有見過天使的成人。有些人描述天使放射出燦爛、明亮的色彩，有些人則說他們穿著一身燦白的服飾。令人困惑的是，即便天使以其天界的本然形式現身（也就是說，不是以「不可見的手」、「旋轉的能量球」、「夢境」、「異象」、「意念」或「人形」現身），有關天使模樣的說法，仍舊顯得有點莫衷一是。這些在描述上的差異，是起因於人的知覺系統的問題，抑或由於那些被看見的天使本身所致？

十四世紀的法國聖人聖芙倫希斯卡（Saint Francisca），擁有一名守護天使，從未離開她的身邊，而且有時候會允許她可以一瞥他難以言喻的美。這名天使有一頭金色的長鬈髮，穿著及地的長袍；衣服的顏色有時白色，有時藍色或紅色。他的臉龐「比白雪更白晰，比紅玫瑰更紅潤」，而他所放射的光芒如此明亮，讓聖芙倫希斯卡可以在他的光亮之下，於午夜時分進行晨讀日課。他的雙眼總是仰望天際。聖芙倫希斯卡

在敞開的窗扉之外，
早晨的空氣瀰漫著天使的氣息。
——理查德・威爾勃（Richard Wilbur），
〈愛召喚我們擁抱世間萬物〉（*Love Calls Us to the Things of this World*）

用手牽著他，引介給她的靈性導師暨告解神父認識——說來奇怪，神父也能看見這名天使。他說天使大約像個五、六歲的小孩。

我認識一位治療師，她有一次在一名她正著手進行療程的女人的腳邊，看見一位天使。她說，這實屬非比尋常，因為，雖然她固定會禱告，召喚耶穌與療癒天使來進行工作，而且她也經常可以感受到天使的力量，但她並不總是可以看見他們的外形。這一次，她的眼睛閉上。她睜開眼睛，並以內在之眼模糊地看見天使的存在。天使一身紅衣，有一對很長的、棕色的、有斑點的老鷹的翅膀。她進入治療性禱告的意識變異狀態（altered state）；她感謝美麗天使的出現，她閉上了雙眼，回到她禱告的迷神恍惚狀態。

但正在接受治療的那個女人說：「有一位天使，站在我的腳邊。」

「他長得什麼模樣呢？」治療師問道。

「實在眞奇怪，」女人笑了起來，描述說，她看到一位充滿魅力、趾高氣昂的年輕男子，有一雙白色的羽翼，神色上有點無禮，甚至很傲慢。換句話說，她們兩個人所看到的此刻一起工作的天使，在外貌上可說相當不一樣。

而天使做些什麼事呢？他們搶救生命，給予協助，以寧靜與安詳平撫我們的心緒。他們傳送警告或希望的訊息。他們指導我們，教導我們，回應我們的禱告，導引我們通往死亡之路。但他們並非以自己的意向為主；事實上，他們始終在服侍上帝。

一位紐約的計程車司機，告訴我說，當他大約三歲大的時候，他還住在希臘的家

天使並非帶有靈氣的人類，發展出具有動物能力的翅膀；天使是天界的訪客，以靈性的——而非物質性的——翅膀飛翔。天使是上帝的純粹的思緒，以翅翼負載真理與博愛，無論他們個別的外形為何。人們對於天使的臆測，是人們以自身的思考方式強加在天使身上，使他們沾染迷信的外衣，成為引人浮想聯翩的、覆有羽毛的生物；這一切都只是人們的想像。當雕刻家製作出「自由女神」雕像時，所謂的真實，也不過是雕刻家本身的想法而已，他把一個不可見的質地或情況給予概念化，然後再具體化成一尊可見的客體⋯⋯▷

鄉，有一天他看見一群小天使在樓梯上上下下玩耍！那是一截戶外的樓梯；走上樓梯，就可以通往一位年高德劭的老婦人的房子，而她剛剛過世不久。他跟著母親走向這棟房子，要去參加老婦人的葬禮，然後他就看見這群小天使——「男童天使」（putto；複數形爲putti）——即英文中所稱的「cherub」（圓胖可愛的小童天使；複數形爲cherubs），雖然這個字的另一個意思是指稱，聖經中那些神聖莊嚴的智天使（cherub；複數形爲cherubim），但小心不要混淆兩個字的意思。

小天使據說是陪伴在聖母瑪莉亞的兩側；聖母本身即是天使的女王，入坐於上帝的御座之上。在所有聖母降臨的巡視過程中，總是充滿天使飛繞的景象。一八五八年，聖母向一名十四歲的女孩貝娜蝶特・蘇璧敷（Bernadette Soubirous）顯靈，聖母指示這位住在法國西南部露德鎮（Lourdes）的女孩，一個鑿挖泉水的位置，從此以後源源不絕的聖水即流淌至今。僅僅三年之後，一八六一年，第一個調查委員會就宣布說，在一百個宣稱獲得療癒的案例中，有十五個人是因爲這個「神奇泉水」之助。一九五九年，五千個被報導在露德鎮獲得療癒的案例中，有五十八個人被宣稱是奇蹟式的復原，包括從癌症、肺結核與失明等病症中獲得康復，原因難以解釋。

一九一七年，聖母對葡萄牙的法帝瑪鎮（Fatima）的三位牧羊童顯靈，現在該鎮已成爲另一個朝聖地點；而有一些傳聞指出，聖母近來曾突然出現在馬里蘭州（Maryland）、喬志亞州（Georgia）、賓夕法尼亞州（Pennsylvania）與德州等地。但比起這些地方，有一個地點更爲有名，即位在今日的波士尼亞—赫塞哥維

天使是上帝的代表。這些往上高飛的存在體，絕不會朝向自我、物質性或罪愆迷航，而是導向至善的神聖法則，在那兒，上帝的所有真實特質、上帝的影像或肖像，皆聚合成一體。天使經由一心一意奉守這些精神信念，而與我們相守在一起，我們於是款待著這些「難以被察覺出來的天使」。

——瑪莉・貝克・艾迪（Mary Baker Eddy），《科學與健康》（*Science and Health*）

納（Bosnia-Herzegovina）——原屬於前南斯拉夫的一部分——境內的默主哥耶鎮（Medjugorje）：聖母自一九八一年開始，就一直持續在該鎮顯現至今；她第一次是對六位十二歲的孩童顯靈，包括四名女孩與兩名男孩。聖母瑪莉亞說，會選擇孩童作爲接收顯現事蹟的見證人，是「因爲他們很平凡」。

見識到聖母顯靈的人，都會進入迷神恍惚的狀態：他們不會對光線、聲音或撫摸起反應，他們也不會眨眼。「我們看見聖母，就像看見其他人一樣，」其中一位見證者說：「我們禱告、說話；我們觸摸聖母。」

她是一位美麗的女子，有著一頭黑色的鬈髮、藍色的眼睛，戴著一頂鑲著星星的皇冠，臉龐閃閃發光。她穿著一件灰色的袍子或外套。她漂浮在一朵灰雲之上，沒有接觸到地面。她的身邊圍繞著天使。當聖母出現，見證者感覺到他們自己彷彿處於時間與空間之外，而處在顯靈地方附近的人，雖然沒有親眼見到她，卻有被「某種東西」撫觸過的感覺。

自一九八一年起，估計有兩千萬人前往默主哥耶鎮朝聖。位於華盛頓特區的服事發展學會（Institute for the Advancement of Service）的創辦人之一蘇珊・查特博士（Susan Trout），曾於一九八八年拜訪該鎮，在那兒的雲端之上，看見好幾個小童天使。而有一些人則看見成人天使，也有人見到聖母，而另一些人則指稱看見其他不屬於人界的異象，如各式能量團與色彩漩渦。

蘇珊・查特說，在默主哥耶鎮，你可以雙眼直視太陽，卻不會傷害眼睛，因爲當

因為祂會派遣祂的天使關懷你，
在你行走的路上沿路保護你；
他們會以雙手將你托起，
使你的腳不會絆到石頭。
——〈詩篇〉，91: 11, 12

你看向太陽，會有一塊圓盤——圓形的灰色玻璃片——移到太陽之前，過濾光線，以保護你的眼睛，防止發生傷害。

聖母會傳送訊息給看見她的見證人，而訊息的內容，與天使所帶來的一模一樣：不要害怕；不要憂慮、煩惱；上帝會爲你指引道路……將你所致力的、所擁有的，都獻給上帝，如此一來，祂就能作爲你的主宰，導引與支配你的生活……在造物主的懷抱裡欣喜過日子，是祂神奇地創造了你；持續不斷地獻上感謝與感恩，那麼來自上帝的祝福將永遠流淌在你的四周。

好幾年中，聖母諄諄告誡人們要持續禱告，因爲有可怕的事情會發生在南斯拉夫境內。後來果眞發生慘事：天主教的克羅埃西亞人、東正教的塞爾維亞人與伊斯蘭教的波士尼亞人之間彼此屠殺，死傷慘重。而今天，聖母的訊息則多半是平和地邀請人們禱告，讓耶穌「降臨在眾人的心中」。

這一個聖母降臨的事蹟是眞的嗎？梵諦岡對於這些異象眞假不置可否。而至少發生過一樁醜聞：在阿拉巴馬州（Alabama），有一間稱爲「慈愛」（Caritas）的組織，被控告利用這些顯靈事蹟與見證人，去進行洗錢勾當，詐騙了朝聖的香客好幾百萬美元。其他讓人不安的事情還包括，在該地的一些紀念品攤子上，看見販售納粹標記的物品，以及社會上所出現的如火如荼的宗教狂熱盲信與排他現象。

那個地區的天主教教士說，只有三個方法，可以得知這些聖母巡訪事蹟的眞假。第一，這些異象是否屬於既有宗教傳統範疇內的事物；第二，這些異象的內容，是否

「兩名天使」。基督洗禮圖（局部）。韋羅基奧（Verrocchio）的作品。十五世紀。

因為，值得去驗證的事情，無一能獲得證明，
但也無一不能證明：所以，您是睿智的，
總是能為疑惑劈出光明的一面來。
——丁尼生（Alfred, Lord Tennyson），〈先賢〉（*The Ancient Sage*），1: 66

符合福音書中的記載；第三，見到顯靈事蹟的人，是否經歷過忘我狂喜、心醉神迷的體驗。其中一個見證人已經結婚、育有三子，而有一個則成爲修女。蘇珊・查特指出，這些年輕男女，個個「優雅迷人」；他們活出了平和與愛的境界，他們的神色泰然祥和，就如同我們以爲那種每天可以見到天使與上帝之臉的人，所會流露的氣質表現。

「我所談過話的人，每一個人都表示，因爲前往默主哥耶鎮的經驗，讓他的人生有所改變。」蘇珊・查特說：「你會發現到一種內在的聯繫，一種深層的『覺知』。你的憂愁一掃而空。你的心充溢著平靜之光。而只要你獲得這樣的平靜，就沒有什麼可以帶走它。」

蒙斯市的天使

我聽說，有些人以為，在第二次世界大戰期間，同盟國得以取得勝利的原因是，天使站在他們這一陣線，一起對抗敵軍。

但是最戲劇性的戰爭故事，堪稱這個時代的《羅蘭之歌》（*Song of Roland*），卻是有關於在比利時的蒙斯市（Mons）一地所出現的天使。天使的到訪，發生在第一次世界大戰首度爆發交戰的一九一四年八月二十六日至二十八日之間。受到德軍砲火的強力壓制，英軍與法軍遂往巴黎撤退。當時的情況，完全不是這場戰爭稍後所發生的那種殘殺慘

況——在前線的英國軍官的平均壽命，據說只有二十分鐘——但這次撤退，卻也是一次悲傷與血腥的潰敗。

然後故事漸漸一點一滴成形——人們在戰場上看見天使。但有關故事的內容，卻眾說紛紜，沒有一點是明確清楚的。

法國人看見天使長米迦勒（archangel Michael）——或稱「Saint Michael」（或會是聖女貞德？）——頭上並無佩戴頭盔，但身穿金色盔甲，騎著一匹白馬，揮舞著一把劍。而英國人看見的則是聖喬治（Saint George），乍現於一片黃色霧靄之中，「高大的身軀，一頭黃髮，一身金色盔甲，騎著白馬，手中擎舉長劍，張開嘴大喊：『勝利在望』！」並非只有一兩個人目睹這個景象。一間醫院裡的護士指出，她與其他護士都一而再、再而三從受傷的士兵口中聽到這個故事，而分屬兩個不同國籍的士兵皆重複要求，想看一看有米迦勒或聖喬治的畫像或獎章。而在護士的發現中，最令人想探究的是，這些垂死士兵所流露的喜悅或安詳的神色。

有一位病人說，在從蒙斯撤退的某個生死關頭之中，他看到「一名張開翅膀的天使，就像一團發光的雲」，處在進逼的德軍與他們之間，而就在那一刻，德軍凌厲的攻勢隨即緩和下來。

另一個人則說：「一道奇異的光，輪廓可說是格外分明，不會是月光的反射……這道光愈來愈明亮，我可以相當清楚看到三個不同的形狀：處於中間的那個，看上去很像張開的翅膀，另外兩個形狀則不是很大，但卻與中間那個清楚分開來。他們看起來像是穿著某種淡金色的寬鬆飄垂的長袍，他們位在德軍戰線的上方，看著我們。」

一年之後，有一些謠言從德國那一方傳出：在某一刻，士兵進入「完全欲振乏力的狀態，無法繼續前進……而他們的馬匹突然原地打轉，然後逃走……而且完全沒有辦法制止牠們」。據稱，在德國國內，這個軍團受到嚴厲的譴責。但德國軍人聲稱，他們看到同盟國戰線那邊盤據著成千上萬名部隊——「成千上萬名」？事實上，同盟國僅有兩個軍團拉起薄弱的戰線，每隔十五碼配置一名士兵，或是在混亂的撤退過程中，散漫地沿路行走。

這些士兵真的看見了什麼東西了嗎？誰可以明白說明事情的原委？所有的傳聞皆無法獲得證實。在某些說法中，只出現一位天使，而其他的說法，則指稱有好幾位，盤旋在戰場之上；也有一些說法指出，有一個鬼影般的騎兵部隊騎著馬，護衛著撤退的士兵前進。

同時間，在英國國內，一位名叫亞瑟・麥肯（Arthur Machen）的記者，從收音機中聽到有關蒙斯撤退的新聞，深受感動，遂下筆寫了一則短篇的故事。標題為「弓箭手」（The Bowmen），刊登在一九一四年九月十四日——即撤退事件三星期之後——的《倫敦晚報》（*London Evening News*）上；文章詳述撤退的士兵看見「閃閃發光」的中世紀軍隊鬼魂現身，一群來自十五世紀亞金科特（Agincourt；這個地點就位於蒙斯市附近）戰役中的弓箭手幽靈重返人間。

有關天使的傳聞也開始傳回國內，麥肯認為這些傳說是來自他的故事刊登後的效應。他費盡心力要說服人們相信他的故事是杜撰的——亦即，「不是真的！」他不停提醒，並沒有出現任何鬼魂。

但是，傳聞還是甚囂塵上。麥肯始終無法壓制住故事的流傳。

有一個人暗示說，那些鬼魂是剛剛斷氣的死者的靈魂，仍然盤旋在軍隊同袍的附近上空。其他人則說，傳聞內容通篇胡謅，不過是狂熱與疲憊的產物：這樣一場戰爭，戰地醫院中的護士經常連續工作四十五個小時未曾闔眼；當運送傷患的馬車抵達，她們先將生者抬出來，而底下的屍體都已經發涼。某些人則以為，天使的故事是十萬名部隊集體遭受歇斯底里發作的結果；這群士兵，不過幾天之前，期待自己可以立即打勝仗，但後來卻反而目睹一萬五千名同袍在首次交戰中喪失性命。當然，那個自以為是的麥肯，還是將種種傳聞視為是自己始作俑者，來自他那篇寫及十五世紀的長弓弓箭手，一路護送撤退的兵士的故事。

但是，還是有人繼續相信，天使曾經降臨蒙斯市。

• 第三章 •

天使展翼

視之不見名曰夷，
聽之不聞名曰希，
搏之不得名曰微。

——老子，《道德經》，第十四章

• 1 •

我認爲，如果你沒有發生過什麼超自然的心靈經驗，如心電感應、千里透視、第六感等等，那麼你就無法遇見鬼魂。當我在布魯克林區遇鬼之前，卻早已經有過這類的體驗，只不過從未細想根由。比方說，這類的心靈經驗在發生形式上如此隱而不

善念會帶來善行，而惡念則引起惡行。恨永遠無法為恨所斷；唯有愛可以消弭恨。
——佛陀

顯，以致無法以邏輯去理解，很容易被忽略。要記得，我也是啓蒙時代的後裔，對於那些相信靈媒、降靈會、手相術或什麼擁有大能的傳道家的人，一概不以爲然；所有這些怪力亂神的事物，與女巫聚會、中世紀的煉金術一樣讓人嗤之以鼻。

然而，如何去解釋種種不可思議的靈光一閃的現象？電話響了，你還未接起，就知道是誰來電。或者，電話甚至還沒響，你的手就準備去拿聽筒，因爲你知道有人要打電話來。我有一位愛爾蘭裔的朋友，他的母親就像是個預言師。他們的家並無裝設電話。「比爾，幫我去跑一趟市場一下，」她會這樣跟兒子說：「我們下午會有客人要來。」她到底是如何知道的？

就我而言，我注意到，只要我想到某個朋友，在想辦法要聯絡上他，這個人就會在街上撞見我。或是寫信給我，或是打電話來。事情眞的有點令人起雞皮疙瘩。特別是因爲，這樣的能力隨著年紀的增長而增強。而我也開始出現另一個現象——或許事情早就一直這樣運作，只是我太遲鈍，而沒有注意到，也不相信——只要我有難題要解決，而且發現自己對於解決的辦法或答案毫無頭緒，我就會獲得解決的契機：或許某個人會打電話來跟我說；或許某一本書會從桌上掉下來，並且在翻開的頁面上，剛好就會有我所要的資訊。彷彿我在心裡面傳送出了求救訊號，然後就有什麼人來爲我解答。這裡所要問的問題是：當我們想到某個人，原因是因爲，這個人將給我們電話或我們即將見面嗎？換句話說，我們一腳踩入了屬於未來的時間區段嗎？或者，是我們內在的願望或思緒，將那個人帶到我們面前？我們會把屬於我們的內在生活，具體

天使的存在，就是上帝的意念。

——艾克哈特大師（Meister Eckhart）

地表露在外嗎？而意外得到的解決辦法或答案，是爲了回應我們的需求嗎？

在過去，我稱這樣的效應是「心電感應」，而且會頻頻點頭，就好像如此的字眼可以解釋出什麼道理一般。或是稱它爲「第六感」。如果我們可以接受收音機的存在，這個神祕的盒子，能夠接收無聲的聲波——或者電視，可以接收影像——然後轉換成我們在房間裡調調選台盤，就可以聽見的音樂，那麼，心電感應的現象說起來似乎一點也不神祕。但我們要如何來解釋，很明顯地，爲了讓我們得以接收某些傳送的訊息，卻完全不需要發送器這樣的裝置？

在我的小孩還很年幼的時候，有一天，我在打字機前工作（當時還沒有電腦）。那時候，我家還住在華盛頓特區，尚未搬到紐約布魯克林區的公寓；大女兒兩歲，而小女兒莫莉才剛出生幾週而已。當時我在這棟小房子的三樓工作，那是一個位於屋頂下的小房間。而在走廊底那頭，莫莉躺在床上睡覺。雖然她還太小，尚不會翻身（即便她已經會抬起頭，但確實從未嘗試滾動），但是，我還是用了三個枕頭圍住她，以防萬一。她睡得像塊石頭一樣沉，彷彿筋疲力盡一般，這只有狗兒與小嬰兒才能睡成如此的狀態。我在另一個房間中寫文章，答答不停地敲著我的打字機，整個人全神貫注，專心地在工作，直到——

「莫莉要掉下床了」，我的心中閃過這個念頭，立刻拔身而起，衝去走廊底的房間……我及時地在她掉下半途抱住了她。

發生了這件事，讓人備感心神不寧。如果我們接受有意念傳遞或心電感應這樣的

去為他人祈禱，這非常重要，因為，當你為某一個人禱告，會有天使過去坐在那個人的肩頭之上。

——聖母瑪莉亞對默主哥耶鎮的孩童所說的話

現象，但要如何去解釋，小嬰兒幾乎不可能知道自己將要掉下床的事呢？遑論她還會傳遞訊息給我！？畢竟，她在事件發生之前，還從未翻身過，也沒有跌下的經驗，更不會知道自己躺在離地三英尺的床鋪上。

再說，我知道她要掉下去的時間，是在眞實事件發生之前。我收到了一個時間上屬於未來的訊息。此稱爲「預知」。

在一二五〇年左右，中世紀的哲學家聖托瑪斯・阿奎納（Saint Thomas Aquinas）寫過有關天使的專論。他的論點是，天使是純粹的思緒，可以隨意賦予肉身的存在——進行的速度猶如意念竄過腦際——但他們的肉身也是由想法所鑄成。他們是純粹的智慧。

假使果眞如此，天使即能以想像、直觀、洞見、靈光一閃，帶給藝術家生動的畫面，給予科學家在演算問題上的解決靈感。愛因斯坦將他在相對論上的發現，歸諸於直觀的結果，而諾貝爾獎得主艾彌爾・費薛爾（Emil Fischer）在化學上的重大成就，也是起因於他腦子裡縈繞不去的直覺——「有事情不對勁」——遂而踏出了嶄新的一步。

我們對於「直覺」，一無所知。我們知道它會有家族遺傳的情況發生；我們也知道，可以藉由經驗增強直覺力，但如果不常用，這樣的能力卻也會消失或被遺忘。直覺的特色是，一種瞬間的洞察、突然的頓悟，在無預期的狀態下，頃刻建立起了一個連結，不過，這經常只有在經過數日或數週毫無進展的埋頭工作後，才能獲致的成果。所以，我們殫精竭慮的努力，可以視作禱告的一種形式？

我相信，在某個範疇之內，我們是無拘無束的，然而仍然有一隻不可見的手、一名嚮導天使，不知何故，像一具水面下的推進器，促動著我們前進。

——羅賓德拉納特．泰戈爾（Rabindranath Tagore）

人們已經從各種觀點——歷史學的、社會學的、心理學的——來解釋直覺的現象。亞洲人相信，直觀是屬於「阿克夏紀錄」（Akashic records）的一部分：一條圍繞人間的知識之河，某些受到眷顧的人可以偶爾取一瓢飲。哲學家史賓諾莎（Spinoza）則視直覺爲與上帝合而爲一的結果。

直觀無法強行獲得。直覺依賴一種意圖之心，但唯有當你忘記自己的虛榮、恐懼與偏見，完全沉浸在想法、事件或對象之上，它才會翩然降臨——而在那一刻，迸發出瞬間的理解之光，乍見靈感的天使現身。

人們教導我們說，禱告可以引來天使降臨。但是，如果禱告是濃縮與精鍊的思緒，是來自內心的清晰與純粹的渴望，那麼，禱告本身是否也可算作是聖靈力量的顯現、一種神的顯靈？渴求之心可以被視作上帝的恩賜嗎？以便上帝可以來滿足我們的渴求？

我曾與好友珍．馮內果談及這個問題。「妳認爲，在禱告與天使現身之間有差別嗎？」屬於統合想法的我，會說「沒有差別」。兩者是同一件事情，一模一樣。同一片大洋，同一個夢境，「每一個漂浮其上的事物，皆彼此有所聯繫；在某一個地方所發生的騷動與不安，會在世界的另一頭被感受到」——杜斯妥也夫斯基（Dostoevski）如此寫道。所以在大西洋上的一個想法，會造成印度洋上的一個擾動；天使確定可以在我們的夢境與禱告中帶來訊息，而且藉由如此不可見的巧合，我們甚至不會注意到已經有神奇的答案回應了我們的需求。

我們被教導，禱告可以帶來天使。有人則說，上帝的恩典可以召喚天使降臨。大

容格對於形上學的興趣，是起源於，他發現，佛洛伊德的方法，無法有效使用在三十五歲以上的病人身上。

「這樣說，並無不妥：在超過三十五歲的族群中，每一個人生病的原因，是來自於，他失去了所有時代的既存宗教所給予信徒的信念；如果沒有重新恢復屬於自身的宗教觀，病人是無法真的獲得痊癒的。」

——卡爾・容格，《尋求靈魂的現代人》（*Modern Man in Search of a Soul*）

約是去年的時候，我在報紙上讀到，有一個男人在夜間從帆船上墜入太平洋——或者是他的遊艇翻覆，我有點記不清楚細節，反正，他發現自己距離陸地很遠，在波濤洶湧的海面上載浮載沉。他朝著夏威夷的方向泅泳，他原先即從那兒開船過來，他知道離夏威夷還有好幾英里。差不多有二十英里嗎？或者還更遠？他於是在黑夜的海面上一個人游著。他必定體格強健吧，即便報載他只是一個去度假的商人。在某個程度上，他知道自己這樣游泳，不太可能可以游到陸地；他不可能有這樣的體力可以撐到岸邊。所以他開始禱告，他說，他全心全意地祈禱上蒼——然後他感覺到有一股力量之流注入他的體內，讓他振奮起來，給予他能量，使他可以一小時接一小時這樣游著，直到活著抵達某個海灘之上。

我是在報紙上讀到這則故事。然而，即便我們沒有禱告，天使也會來到我們的身邊，所以，誰可以知道天使降臨的原因？或者，更糟的是——爲何他們卻也經常不會來？

艾德・席佛，五十三歲，在他跟我講述以下的故事時，他的工作是專爲私人企業提供講稿文案撰寫的服務。在他小的時候，年紀大約七、八歲左右，他做過一連串與天使有關的夢。那是一段充滿壓力的時期，他的父母經常吵架，如同許多小孩子一般，他也會爲此怪罪自己。可是，夢見天使並無法減輕他的內疚，甚至還讓他產生更多的焦慮。直到他跟我講述他的故事，他還說：「我從未跟其他人講過這些事情。」

「有一晚，我做夢——即便是現在，夢境對我還是無比清晰——我夢見我在晚上醒來，下床去打開臥室的門，然後突然間，我人就站在戶外。天上是一輪弦月，基督

「吹號角的天使」，盧卡・康比亞梭（Luca Cambiaso）的作品，素描，十六世紀。

天使與仁慈的牧者，保護著我們。
——莎士比亞，《哈姆雷特》，第一幕，第四場

就坐在月鉤上。我抬頭往上看，感覺很驚訝。他往下看，微笑著，對我揮手。他坐在月鉤上盪鞦韆。在他的左邊，有一位天使拿著一冊很大本的書，書名是《羔羊生命冊》（*The Lamb's Book of Life*）。天使看了看書，又看了看我，微笑著，彷彿我的名字已經寫在那本書裡面。

「我從未跟任何人講過這件事，我怕他們會認爲：『這個小孩很迷信或有病、精神不正常』。」

而一個星期過後，他就開始夢見天使。

他夢見自己走到一面放在客廳的鏡子之前。他在鏡子中看見自己，而在他的兩側，各站有一名天使。兩個都是成人天使。他們微笑著；他們有翅膀，光輝耀眼，發散出炫目的白色光芒。而這個夢是黑白的，不是彩色的。

「過了幾天，我又做了相同的夢。事情是如此獨特——夢境……是這麼活潑……是這麼生動。夢的內容還是一樣。然而另一個效果是，這個夢把我嚇得要死。它把我帶進了我所不了解的事情裡面。我並不想變成信徒，或是很特別的人，或是跟別人不同的人。

「然後這個夢又出現第三次。我眞的怕到了。我當時禱告說，我不要再做這個夢了。之後，就沒有再夢過。

「現在，我對這件事的看法，可說有點不知如何是好。就邏輯上來說，會做這個夢，其實有心理上的基礎：受到童年時的宗教信仰教導的影響，再加上當時的壓

他們每一個不都是職司服侍的聖靈，奉派前來服侍將會承受救贖的人嗎？

——〈希伯來書〉，1: 14

力……但另一部分的我——由於這些夢如此栩栩如生——卻又想著一些……其他的事。

「我現在不能看見天使，但我很樂於去想，他們就在這裡。我會對他們說：『你們可以幫幫我嗎？』然後，突然之間，一股溫暖襲上心頭。」

他的人生是否因爲這件事的發生而改變？他在這些夢之後變得不一樣了嗎？

「沒有，這件事並沒有改變我的人生……但，或許也有。」

誰知道呢？

• 2 •

當我見過一兩個鬼魂與天使以後，我就不再有所懷疑。我怎麼可能還會不信這一切？如果我還不信，那麼，就如同告訴一個傾身靠在熱爐子上的人說，他不會燙傷手一樣。但是，直到你得到一些證據之後，才去相信有一個更高的主宰力量，卻似乎也是相當正確的過程。因爲，只是聽別人說說，就去信上帝或信仰什麼指導力量，可說愚蠢至極。我們被賦予感官來接收訊息；我們會獲得屬於自己的經驗；我們用自己的雙眼去看，用我們的皮膚去感覺一切。運用我們的智力，我們就能設法理解萬事萬物。但每個人卻不得不由自己來解謎。

而有關人生的玩笑，似乎就從這裡編織而出。

蘇珊・雷曼之前是位演員與劇場主任。在她年輕的時候，她曾在加勒比海的聖托瑪斯島（Saint Thomas）上，找到一份擔任歌手的工作；在上台表演期間，就住在製作人的船上。她在那兒結識了霍華德與他的兩名兒子布萊恩、邁可；他們住在附近的一艘遊艇「海帕夏號」（Hypatia）上。霍華德從原本所任職的英國海外航空公司（BOAC）提早退休，買下了海帕夏號這艘四十英尺長的三體帆船（trimaran），與兒子布萊恩一同航行，從英國開到加勒比海地區來。在這兒，他經營著遊艇出租的生意。另一個兒子邁可也隨後加入，而過了不久，蘇珊也上船來，擔任遊艇十天觀光行程的工作人員。他們彼此相處甚是融洽，所以蘇珊決定要一起跟著船前往邁阿密，那是他們回到加拿大前的第一段航程。

兩則事件的發生，打亂了他們的計畫。然而，必須等到經過一段時間之後，當蘇珊回過頭來想這兩件事，才理解到他們是多麼渺小，而他們所會遭遇的後果是多麼重大。第一件事，看起來比較嚴重，但如果經過比較後，就顯得薄弱許多：霍華德心臟病發。這三位年輕人，布萊恩、邁可與蘇珊，再加上蘇珊的蘇格蘭梗犬邦妮，將留下霍華德一個人去養病，出發前往邁阿密。第二件事，初看只是小事情，但最後卻造成船難：他們掉了一把扳鉗。

在稍早之前的一趟十天觀光行程中，兩具船外的馬達曾給他們造成麻煩，所以當他們回到聖托瑪斯島後，就用船內的兩具馬達把船外的給替換掉。而他們把拆下來的有毛病的馬達，綁在船隻主體左側的那個船形浮筒裡面；那兒也是這艘三體帆船的儲藏空間。於是他們啓程航向邁阿密，首先前往波多黎各（Puerto Rico），然後三天之後，會停靠巴哈馬群島（Bahamas）的大因納瓜島（Great Inagua），稍事休息。而就

世界無一物是形隻影單；

萬物奉神聖之法則，皆融合為一。

——沛爾希・畢許・雪萊（Percy Bysshe Shelley），〈愛的哲學〉（*Love's Philosophy*）

在那裡，發生了第二件麻煩事：船內新裝上的馬達，起動鈕運作異常。

他們嘗試修理起動裝置時，卻不小心把一個五點八英寸長的扳鉗踢飛到船外去。糟糕！蘇珊還記得自己看著這把小工具掉進海裡的景象。他們無法在大因納瓜島上再找到另一把扳鉗來修理，這意謂著，他們只能張帆依靠風力的推動，以到達巴哈馬群島的下一個島「長島」（Long Island）；他們希望可以在那裡找到工具，把馬達的問題修好。

在航向長島中途，因爲海面無風，帆船停擺，他們漂浮在寧靜的海上，只能枯等。如果有扳鉗的話，他們就能修好起動裝置，讓馬達發動，依靠動力持續航行。不過他們現在只有等待一途，別無他法。該日午後稍晚，重新起風，但是風勢如此強勁，把船隻扯向長島的東北方海岸，錯過了可以進港的航道。

他們飄搖在茫茫大海之上，強勁的東風並無絲毫止息之兆，他們也無力調整帆面與之對抗。黑夜降臨，天際月色明亮，雖然並無雨水，但是在強風與大浪的襲擊之下，原本綁在船形浮筒裡面的兩具船外馬達鬆脫了開來，戳破了玻璃纖維板。船隻開始浸水，突然往左舷傾斜，使得待在船艙後面的蘇珊，整個人被拋到了地板上。她心中想著：「雖然船並不會沉，但可能會整個打翻過來。」

在航海上比較有經驗的布萊恩，拋出船錨，以穩住強風中的遊艇。隨著每一波巨浪打來，船隻就被帶往西邊一點，朝著島嶼的方向前進。但是主船艙已經積著水，而所有的救生設備卻都放在那個裂開的船形浮筒中。

啊，是誰帶來這麼多的奇蹟？
我呢，我就只知道奇蹟，
不管我走在曼哈頓區的街道，
或目光遠眺屋宇之上的穹蒼，▷

布萊恩決定棄船；島嶼就在不遠處，他們應該可以搭乘救生筏到達。他走到甲板上，打算讓救生筏充氣膨脹起來。那是一艘能容納二十人的救生筏，備有充足的補給、食物與飲水。不過，厄運再次敲門：正當布萊恩要拉動繩子讓救生筏充氣，一道海浪撲來，把他掃到船外去。他並無事先穿上救生索具，不過，幸好救生筏的繩子還纏在他的手上。在黑暗中，蘇珊與邁可緊張地要找出他的人的所在位置，不料另一道大浪猛烈衝擊載浮載沉的帕夏號。過了一段時間後，他們看見遠方有光線不斷前後搖曳，因而了解到，布萊恩已經游上岸邊，用手電筒在向他們打信號。

然而，現在剩下航海經驗不足的邁可與蘇珊兩個人，處在行將沉沒的船隻上，而且無計可施。

月亮即將西沉。邁可說，他要割斷船錨的繩索，因爲少了船錨的阻力，這艘癱瘓的船可以快一點讓海浪沖到島上去。雖然蘇珊不是水手，但她聽了之後，卻心生一股莫名的確定感。

「如果你這麼做，」蘇珊說：「我們整個船舷側面都將沉到水中，而且會翻船。」

「有可能，」邁可固執地答說：「但我敢做敢當。妳可以選擇留在船上或者跳船。」

在這裡，最奇特的是，蘇珊對此情況的冷靜與明確的了解；她知道自己該怎麼辦。強風呼嘯，二十英尺高的巨浪在船邊翻騰，生死交關。

或赤足走在浪花邊緣的沙灘，
或置身森林中的群樹之下……
或看著夏日午前蜂巢周圍忙碌的蜜蜂，
或在田野中吃草的動物，▷

她回應說：「那我會跳船。」邁可給了她一個帶有繩索的救生圈。她把救生圈拉到手臂以下的位置，抱起她的小狗邦妮，讓狗兒的後腳踩在救生圈上，前腳搭在她的右肩上，她再用手緊緊抓住狗兒的背帶。當她跳入水中，她知道——再一次充滿極清楚的確定感——她會被導引。海浪每隔八秒或十秒的間隔，就會湧過來，打在她的頭上，淹沒她。但每一次，她都能重新浮出水面，大口吸氣；她很有信心，事情將會好轉，一切都會雨過天青。她還跟邦妮講笑話，安撫小狗的情緒。

最後，她感覺到腳下的海草，她於是開始呼喊布萊恩的名字，吸引他的注意。他回叫她的名字，跑過來，把她抱上岸。她無法走路。

小狗立刻奔到一個石頭上，並且撒了一泡尿。

他們在救生筏中擠靠在一起，試圖躲避強風的吹襲。蘇珊渾身發冷，整個人還處於震驚狀態中。無雲的夜空，繁星閃爍，她躺在那兒想著邁可，她確定他已經遇難身亡。

第二天，他們就找到帆船。船上到處綁著繩子，像是蜘蛛網一般——那是邁可用心良苦卻白忙一場的努力，他把所有的家當物事都綁得牢牢的。邁可割斷了船錨的繩索。船隻後來有無翻覆？事情並不是很清楚。抑或是他跌出船外，掉入三十五英尺深的海底？沒有人知道。

是小狗邦妮發現邁可的屍身。牠突然沿著沙灘跑走，而且一路吠叫。布萊恩去追牠回來，於是看到了邁可。他把弟弟給拖上岸，用布蓋上遺體。然後兩位倖存者離開

或鳥兒，或昆蟲飛舞空中的驚奇，
或日落的神奇，或靜謐明星閃耀的奇妙，
或春夜新月優雅細緻的曲線：
這種種，以及其餘的一切，對我，全都是奇蹟，▷

去尋求協助。他們兩人處在島上無人居住的區域。蘇珊赤著雙腳，穿著牛仔褲，上半身一件比基尼泳衣，再套上一件帶兜帽的運動防風夾克。他們徒步走過荊棘叢生的地帶，而蘇珊發現自己還處在那個迷神恍惚的狀態，她感覺受到指引、受到導引。她知道了一些她本應無權知悉之事。比如，他們原本朝著某個方向前進，可是她突然停下腳步。「不對，」她說：「我們走錯路了。」於是她引著他們兩個人走向另一條路。

他們最後看見了房子，來到小鎮上，遇見警察，並說出他們所遭遇的事件。布萊恩與警察重新返回海灘，帶回了邁可的遺體。

這是一個英國的屬地島嶼，在溺斃事件的處理上，必須進行死因審問。蘇珊與布萊恩被帶到一間內部的辦公室等待訊問。那個房間，全無多餘陳設，只放著一張桌子、兩把椅子，就沒有其他東西，甚至白色平塗的牆壁上連一幅畫都沒掛上。但是，在桌子上，卻擺著一把五點八英寸的扳鉗，正是他們需要用來修理起動裝置鈕的工具！如果他們有這把扳手，就可以發動引擎，就不會在無風的海面上枯等，也就不會遭遇暴風的襲擊；如果他們有這把扳手，那兩具有問題的引擎，就不會戳破船形浮筒的玻璃纖維板，讓他們面臨沉船的威脅。蘇珊盯著這把工具，整個人呆若木雞。

每一件事、每一個環節，都是注定發生的嗎？

邁可後來埋葬在拿索市（Nassau）。

在四月十五日，有一份報紙報導了這則事件：「凌晨一時三十分，在長島的錫姆斯村（Simms）附近的歐涅爾斯海灘（O'Neill's）外海，有一艘四十英尺長的遊艇海

所有提及的，一個個如此獨特，而且各在其位。
對我，白日與黑夜的每時每刻是奇蹟，
每一立方的空間是奇蹟，
地球表面每一平方，也以奇蹟連綿延展，
室內每一處也盡是奇蹟。▷

帕夏號，撞上離岸兩英里處的暗礁，有一人溺斃，兩人獲救。」這則新聞的內容，並不符合蘇珊的說法，但她當時並沒有到處宣說自己的遭遇。

她把自己的故事藏在心裡。首先是她在決定跳船時所感到的信念，其次是那種受到引領的感受，感覺自己以前也曾這樣處在水中，「就好像我在前世是名水手一般，我完全知道自己該怎麼做」。然而她此前毫無航海經驗，除開簡單的浮潛之外。

在那個強風呼嘯、月光清亮的夜裡，當蘇珊跳入海中之後，她說她可以「看見」自己在游泳的景象。她知道她這輩子還有事情要做。當巨浪淹沒她，她心中卻知道她會安全度過危難。而這件事，遠遠超乎所有其他事情，將是她的人生情節所繫。

而稍後在接受偵訊之時，當她進入那個僅有一張桌子、兩把椅子的空房間，而且看見那把扳鉗──她把它視作一個確認的訊號，一項徵兆：所有事情皆按照既有的安排一一發生。「妳若來到這裡，正是妳現在需要停留之處。」她正是如此來看待眼前的這些事情，彷彿一切皆已預先設定。

而船難的故事，又帶來了其他的故事。

這個故事是蘇珊的另一個朋友所發生的事情，由我的一位友人告訴我。一名男人有一天遠遠走到一個防波堤邊。他的心情沮喪莫名，打算輕生。在他四周，巨浪拍打著堤岸，激起四散的白色泡沫，並湧上陰沉的綠色海水。他站在那裡，絕望啃噬著他的心，他想著，他只消往前踏上一步，就一了百了；往前走一步，所有煩惱都將煙消雲散。

對我，海是持續不斷的奇蹟，
悠遊的魚兒——礁石——波浪的律動——載人的船隻，
還有什麼是更不可思議的奇蹟？
——華特・惠特曼（Walt Whitman），〈奇蹟〉（*Miracles*）

就在那一刻，另一道海浪襲來，來勢洶洶。這波大浪讓他失去重心，整個人被海浪吞噬而去；退去的大浪，就這樣把他吸進大海之中。他整個人被往下拖，沒入萬丈的海水之下。

但在下一刻，他卻感覺海浪的力量消退，而且腳底有什麼堅固的東西——他又回到防波堤邊上。海浪又把他帶回來。他俯躺著，雙手攀握在潮濕的岩石上，虛弱地沿著防波堤爬上安全的岸邊。

他將這件事視作一個訊息徵兆。有某些其他力量游過來詢問他，是否真的想一死了之。於是回到岸上的他，把接下來的日子當作人生的第二次機會。

我們每一個人都會獲得第二次機會嗎？我在另一本書中，曾講述過一個叫作安的友人的故事；安很確信自己遇見過天使一次，而且是「黑暗天使」。她是一位詩人，在各方面的表現如此多采多姿，讓人稱羨。她曾嫁入一個舊式家族多年，隨著丈夫過著凡事嚴格、講求正式的生活。他們兩人在每年夏天，都會前往位於緬因州（Maine）海岸外、家族所擁有的私人島嶼上避暑。有一晚，他們的兒子奧古斯都（Augustus）要從鱈魚角飛來與他們會合，而他們則會開快艇離開小島，到緬因州的機場接他。該日一直風雨很大，兒子所要搭乘的飛機已經延誤起飛好幾次。

晚上九點，戶外依舊風雨交加。安的丈夫少有對風浪感到不安的情形發生，但是一道道的閃電，卻使他從捕蝦船中取出兩件救生衣，扔到快艇裡面。

他們於是開船出發。海浪如此翻騰，有時讓船隻後方的馬達整個離開水面。在距離陸地的半途，快艇裡已經積了水。大雨傾盆而下。但最讓人膽戰心驚的是，一次又一次打在他們周圍水面上的閃電。閃電持續打來，有時一次同時打在好幾個地方，照亮了一整個夜空，卻反而奇異地指引他們越過捕蝦籠與航道標誌。

安驚恐萬分，她非常害怕丈夫會被閃電襲擊，而且她覺得如果眞發生什麼事的話，他們兩人要有一個爲了孩子的緣故存活下來；她在快艇的船首縮成一團，盡可能離他丈夫的所在位置遠一點。浪濤撲向船首，打濕了她的雨衣。

她開始禱告：「親愛的上帝，我不知道你是否打算讓我今晚死去，如果這是你的想法，並沒有關係，要是你眞想這麼做的話。但是，如果你只是享受著暴風雨肆虐的樂趣，而沒有注意到我們人在這裡的話，那麼，我想要提醒你，我們剛好處在風雨交加之中。而我並不想死。我尚未這麼想過。我還有很多事情想要去做。我也還沒好好體驗我的人生。如果你也知道這些事情，也注意到我們人在這裡，而你想要讓我們死去，對我並沒有關係。而如果我得以僥倖不死，親愛的主，我答應我一定會改變。我還有許多工作等著我去完成。」

在風雨漸漸平息的時候，他們發現船隻的方向朝著大海前進。待他們返頭，重新朝向村落的亮光駛去，最後終於到達陸地。他們把船隻緊緊繫在碼頭，打電話到機場去，對方再一次說班機因風雨延誤。

緬因州的臨海漁村，有可能是那種沒多少住民的小村子。在這些村子，可以見到白牆屋舍，以及年久失修的鎮公所與圖書館。教堂建有小小的尖塔，窗戶則嵌上彩色玻璃；房子裝飾有美麗的木造簷口，既樸素又方正，襯著碧藍色的天空。在八月分，有些村子可能空蕩蕩，尤其是在夜間的時候。這對夫妻還必須等上兩小時，由於他們全身濕透，安的丈夫於是走到附近看看，可否找到汽車旅館休息一會。

安站在鎮上的哥倫布騎士會（Knights of Columbus）會址樓房前，她爬上房子前方的台梯，坐在街上唯一一盞路燈之下，因濕冷而發抖。時值午夜時分，暴風雨已經過去，夜風吹著流雲掠過天邊的月亮。她獨自一人坐在路燈之下，如果遠遠看上去，只見一個身穿黃色雨衣、成套服裝與靴子、分不出男女的人，坐在那邊等待。她把雨衣的領子緊緊綁在脖子上，雨衣的帽子於是遮住了臉龐，遠看只能見到她的鼻子。

街道昏暗，沒有人走動的跡象。然後，從她的左方那頭，出現一部巨大的黑色加長型轎車。當車子經過她的前方，放慢了速度，她於是看見，坐在後座的男人傾身向前，與前座上的另兩名男人在講話。車子裡並無燈光，但她卻可以看見那三名男人都穿著黑色西裝。當車子慢慢駛過去，三名男人望向坐在台階上的她。車子帶著一股莊嚴的氣氛繼續前行，然後消失在轉角之後。

毫無預兆地，安的心底自動浮出了一個念頭：「那輛車會做一個迴轉，然後再開回來。」她提醒自己要理性一點，不要胡思亂想。但她卻甩不開這個念頭，也止不住油然而生的恐懼。

然後，那輛加長型轎車突然出現，這次是從她的右方駛過來。還是一樣無聲滑

「雅各與天使摔角」，馬克・夏卡爾（Marc Chagal）的作品，二十世紀。

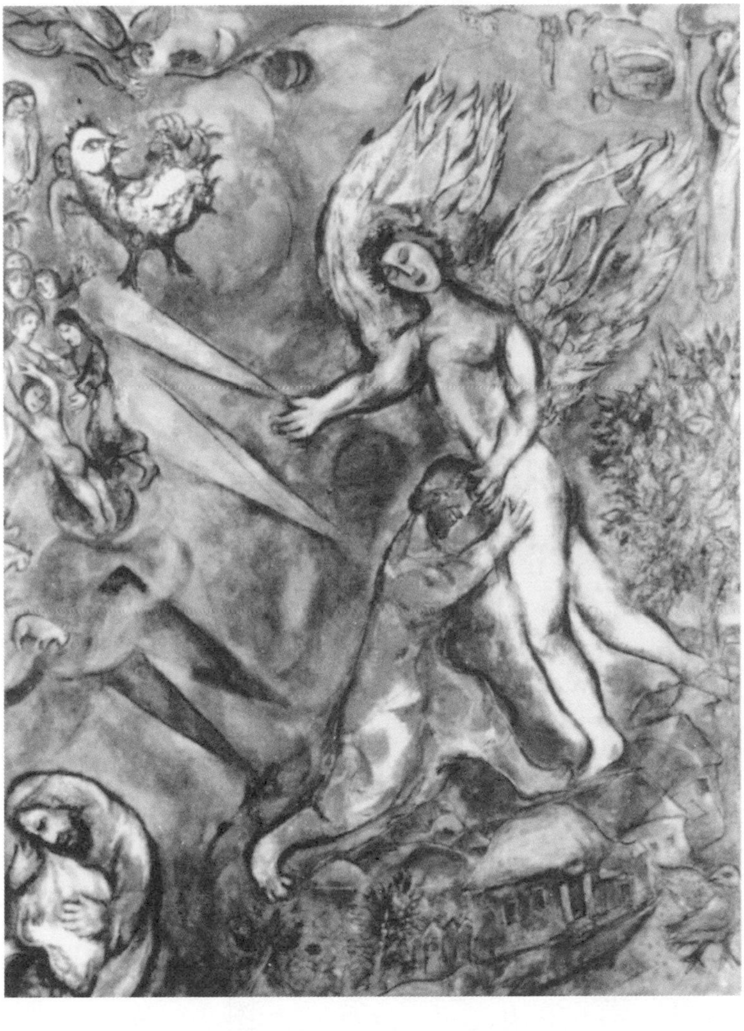

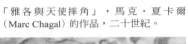

行，當它經過她的前方，幾乎放慢速度到要停下來的程度。那三名男人依舊從車子裡盯著她看，他們一起注視著這位坐在台階上、穿著黃色雨衣的女人。

安感到害怕不已。「他們是來找我的」，她這麼想著；一等到車子消失不見，她整個人立刻跳起來。她看到她的丈夫出現在街道尾端，她跑向他，口中大喊：「快點！快點！沒有時間了！」由於她的神色如此驚惶，她的丈夫沒有多問什麼，就跟著跑了起來。他們一同快步跑到他所找到的那間汽車旅館，進了房間，把房門鎖上，在慌張中喘著大氣，把沉重的衣櫃推過去擋住門口。安完全爲恐懼所吞噬，她知道這樣很不理智，但她卻沒有辦法控制，雖然她知道那三名黑車男人並沒有追上她來。

但是，他們所做的防堵卻及時派上用場。那輛大車子已經悄悄地轉了過來，剛剛好停在他們的房間門口的正前方。除開汽車引擎所發出的顫動聲響，四周聽不到一點聲音。沒有車門開關聲、沒有腳步聲、也沒有什麼強行踹門撞牆的聲音。周遭一片昏暗。足足有四十分鐘之久，黑頭車的引擎聲一直在那兒響著、威脅著。最後，車子終於開走。

安感覺自己雙眼噙滿淚水。她想著，會發生這樣的事，無疑是來自於她先前在快艇中的禱告，所引發的回應。

「妳在船上所講的話，」那些人彷彿這樣警告她：「有關妳要改變生活的承諾，如果妳是當眞的話，那麼就放手去做。而如果妳只是隨便說說，妳還打算依舊故我，那麼妳很清楚有什麼事情會等著妳。請小心爲上。」

於是安展開了，有關自己的想法與價值觀的長期詳細檢視的過程。她確實改變了她的生活。她確實接受了挑戰與責任。她從不棄孩子不顧，或忽略他們，不過她的婚姻最終還是以離婚收場。

這是我所知道的唯一一個，來自天界的神靈帶來警告與恐懼，而非滿滿的恩澤的事例。然而，安並未在這些男人身上，察覺到任何魔鬼的特質：她相信，他們只是守望者，向她舉起了警告之手。

我們都聽聞過許許多多的奇蹟故事。我們也讀過不少的神奇事蹟，而我並不以爲，我們中的大多數人——但眞有許多人——會對這些玄祕之事嗤之以鼻，或大加嘲弄，或聳聳肩一笑置之，彷彿每一件神妙費解的事情，只不過是來自我們的想像力作弄而已。懷疑論者才會抱持這樣的看法。他們說，我們都會受到那種在百萬分之一秒中瞬間發生的「既視感」（déjà vu）的影響，原因或許是腦部在傳送電波時出錯，導致我們產生了混淆不清的印象，以爲我們經歷了一場神祕現象。我記得，我曾經詢問過《紐約時報雜誌》（*New York Times Magazine*）的一位編輯，問他我可否寫一篇有關「心靈療法」（spiritual healing）的文章，探討一下它的眞實性，或只是又一個江湖騙術而已。他盯著自己手上那杯伏特加馬丁尼調酒，彷彿那是一只水晶球，然後他說，他同意這樣的想法很有趣——在我們身邊肯定有許多令人百思不解的事物，但他無法想像自己在編輯會議上做這樣的提案。這樣的點子讓他很爲難。

然而，《紐約時報雜誌》在一九八三年初，卻報導了一位出車禍的康乃狄克州

（Connecticut）的婦人的說法。她當時被撞昏了過去，整個人無法動彈。但她聽見了一個聲音說：「趕快出去。」然後她感覺到有一雙看不見的手，把她從車子裡拉了出來。而一出了車子，她就爬行離開。車子瞬間爆炸起火。

當你理解到這一切並非出自我們的想像，一股哆嗦之感會傳遍你的脊椎骨。你會想著，有個什麼力量正在監看著此時的我們。

妮塔・高潔特跟我提過一對在專業工作上皆是精神醫師的夫妻。而且兩人也是有幾分證據說幾分話的科學人士。有一晚，妻子做了一個夢，她夢見丈夫的車子停在日落時分的高速公路路肩上。夢境很清晰：她看見車流中的高速公路，丈夫的車子，丈夫坐在車子裡面，而在小丘上有一間豪生飯店（Howard Johnson's），然後一輛卡車朝向她丈夫的車子節節逼近，撞了過去。她在發生車禍的瞬間，醒了過來。

她並沒有向丈夫訴說這個夢。

接下來的星期一，妻子接到一通來自丈夫的電話。丈夫說，他的車子在康乃狄克高速公路上拋錨了，他會晚點到家。他之前先走到公用電話亭打電話，他繼續說，因爲他已經叫了一部拖吊車過來，他之後會走回去，坐進車裡等，時間應該不會太久。妻子愈聽愈不安。她並沒有要告訴他，她先前所做的夢，但她對於丈夫要走回車子去的想法，感到很恐怖。

「你為何不走上小丘，去豪生飯店坐一下，」她鎮靜地說：「喝杯咖啡也好。不要回到車子裡枯等。」

「妳怎麼知道這裡有一家豪生飯店？」他笑了起來：「嗯，再看看吧。」

「不，眞的，」她說：「我是很認眞跟你說的。」

但她要繼續講出她的資訊來源嗎？來自一個夢？她並沒有告訴他，有一輛卡車可能會撞上他。他們掛上了電話。她的丈夫走回去車子那邊，坐進去，在車子裡等待。可是突然間，他感受到一股迫切要離開車子的衝動。或許去喝杯咖啡吧。他可以看見小丘上豪生飯店的橘色屋頂。他於是離開車子，往前走了幾步。而就在那一刻，一輛卡車疾馳而來，把他的車了撞得支離破碎。

莎拉．麥可絲女士，住在孟菲斯市（Memphis）。在她柔軟的南方腔調下，所講述的這個故事，發生在她二十二歲的時候，但現在回想起來，卻一切「彷如昨日」。她在大學高年級時輟學，揹起背包，跟著幾個朋友去旅行，先去了以色列，然後到了希臘。他們一行人來到了小島依娥斯（Ios），在山丘上的村子裡，租了「媽媽」女士的房子裡的房間。他們的房間帶有一個石頭地板的陽台，可以俯瞰港口景觀；在黃昏時分，這四個朋友都在陽台上玩猜謎遊戲與喝咖啡消磨時光。

「我這一生，在之前或之後，都沒有那麼快樂過。我那時並無陷入熱戀，而只是很開心享受生活。那時是五月分，到處都色彩繽紛，對我來說，似乎眼睛所見之物都特別生動、特別醒目。」

我問她，當時是否嗑了藥，這使她笑了起來：「喔，並沒有。我就是很快樂而已。我只有酗咖啡。」

有一天傍晚，太陽即將西沉，他們看見一艘船剛剛抵達港邊，乘客下船後，紛紛騎上驢子，讓驢子載到山丘上的村子來。莎拉在其中看到她早先在田納西州（Tennessee）的橡樹嶺市（Oak Ridge）所認識的一名男人。她是因爲看到男人所戴的帽子而認出他來，於是她跑下山坡去迎接這個朋友。這名男友人已經在島上的沙灘附近，預定了住宿的旅館，從村子這邊徒步走過去，要花上二、三十分鐘。她告訴他，她知道沿著海邊的峭壁，有一條捷徑可以通往他所下榻的那間旅館；她於是領著友人走去，並跟他喝了一杯茶、聊了一陣子，然後就到了打道回府的時間。

「那時候，外頭可說漆黑一片。他陪我走了一點路，就轉頭回旅館去；離開前，他說：『妳一個人走路不會害怕嗎』？

「我微笑著回答：『你會這樣問，那是因爲你現在對這個島還不熟。』但因爲到處黑漆漆，我於是決定不走捷徑，改走一般的路，也就是說，我必須走個半個鐘頭才會回到租屋處。我不知道是不是因爲他所講的話挑起了我的感覺，我開始感到有點害怕。我對自己說：『別讓這些想法跑進腦子裡，別毀了一段美好的散步。』但是種種瘋狂的念頭，卻持續纏著我：『要是我踩到一條蛇，該怎麼辦』，或是『如果一隻大山貓從左邊撲向我，而右邊就是大海，我該逃到哪裡去』等等。

「所以，這些嚇人的念頭，悄悄爬進我的腦海中。我一路上自己哼著歌壯膽。在離村子還有十分鐘路程的地方，有一座行人用的繩索橋，橫跨在一條大水溝之上，由僅僅一盞燈泡照亮著，而橋的這一邊，則是一座公墓。靠近橋的地方，則有好幾座風車。「媽媽」女士曾說過，她的丈夫就是葬在這個公墓中。

「『好吧，就是墳墓而已，』我對自己說：『沒什麼好怕的。』但心底卻知道，這一路上已經一直自己嚇自己。

「然後，我突然聽到一聲尖叫。我嚇得不敢動，太可怕了。妳曾經聽過貓兒發情叫春嗎？事後回想，我覺得我所聽到的聲音，只可能是貓交配時所發出的叫聲。聲音聽起來太詭異，像是來自惡魔的吼叫，我整個人都嚇傻了。我僵住不動，站在路中間，真的是一動也不能動。

「『奉主之名，請救我，』我開始像唸咒語般，一遍遍禱告：『奉主之名，請救我。奉主之名，請救我。』我整個人失去時間概念，我站在那裡，一遍又一遍大聲唸著這個句子，有可能只是兩分鐘、五分鐘，也可能有三十分鐘。

「我沒有看見任何東西或任何人出現，但我都說是『他』。他從天上下來，從我的兩隻手臂下方把我抬起來。他把我往上抬離地面六英寸左右，然後帶我朝著有燈泡亮著的繩索橋上飛過去，並且帶我飛過橋面到另一頭。

「奇怪的是，整件事顯得如此熟悉，就像是非常正常、很一般的事情，沒有什麼怪異之處，而且，我有一種非常平靜安詳的感受，就好像——沒錯！——每一天都會發生一樣。當他到來的那一刻，我跟他說：『謝謝』。

「那種感覺，也好像你的母親把你像個小孩般抬起來一樣溫柔。

「然後他就在橋的另一頭，把我放下來。

「我當時穿著一件小短裙，兩隻腿光溜溜。我一時站不住，跌了下去，兩個膝蓋都擦破了皮。然後我站起來，拔腿就跑，像隻兔子或鹿狂奔到村子裡，三步做兩步跳進我們的房子、我們的房間，衝到陽台上，我的朋友都在那裡。

「他們盯著我看。他們問說：『妳是天殺的發生了事啊？』

「『趕快給我點咖啡喝，』我說：『我剛剛在外面被嚇到，不過現在好了。』

「其中有一位女孩叫洛雲娜（Rowena），她是以色列人。她把我拉到一旁，說：『妳一定要告訴我發生了什麼事』。可是我不想講，但她很堅持。『妳一定要告訴我。妳剛剛在外面看見上帝。』

「而我只是看著她，沒有回答。

「她說：『妳剛剛進來的時候，妳身上發出非常明亮的光，我們一時間都沒有辦法直接盯著妳看。』」

我問莎拉，她自此以後，是否還見過她的守護天使。

「沒有。」她後來返回美國家中，她曾把這件事告訴家裡附近教堂的牧師。牧師說：「不要告訴其他人。必須要把這件事當作祕密看待。」

但她跟她的家人講了這個故事。這特別對她的母親產生深刻的影響；她的母親從未質疑過事件的眞假。莎拉也和其他人分享自己的眞實遭遇。「某些人，我可以跟他們講，而某些人，我又講不出來。我曾在我擔任服務生的餐廳裡，跟一位做泥水匠的客人講過這件事；我完全不認識這個人。可是有些人，比如一些很熟的朋友，我卻又講不出來。」

去訴說自己的故事，對莎拉而言，一直以來都很重要，而且，他還會告訴人們，自從那件事發生以後，她也遭受了一些悲慘不幸的災禍，她並無始終處於被保護的狀態，或感覺自己被聖靈所導引。

她在幾年之後，遭遇強暴事件。當她被綑綁、一把刀抵在她的喉嚨之際，她一心等待她的天使出現——「我的守護天使會來救我……我的守護天使會來救我」——但天使並無現身。我與莎拉就此談了一下。她認爲，或許她需要獲得這場經驗，以便能讓自己成長，去學習更多的同情與憐憫——或許還有寬恕，甚至也包括，去原諒強暴她的人。

「而我活了下來。我並沒有死。或者，可能是出於一些我們所不了解的原因，我們會經歷到可怕的事情。我們不能去期望，每一次我們出問題時，最終都能獲救。」

或者，她在公墓那兒之所以獲救，可能是爲了避開比強暴更可怕的事情。

或者，這一切可能與我們的自由意志有所關連。天使可以改變所有客觀物理法則，但卻阻止不了暴徒一意孤行地亮出兇刀。不過，天使可以讓原本致命的一擊失去準頭，天使可以召來醫生、使救護車更快抵達、指引外科醫師動手術……他們可以帶來溫暖與安詳，讓你好好康復。

由於在許多年前寫下莎拉的故事，後來很多人也提供他們親身遭遇的事件給我參考，而我也對相關的問題思考甚多。有一次，我前往華盛頓特區的郊區舉行一場演講；在那次講座中，有一位年輕女人站起來講了自己的故事。姑且稱呼這名女子爲蘿拉。蘿拉說，在她青少年的時候，有一天傍晚，在路上走著，結果被三名軍人挾持而去。我並不想指出這件事發生在哪個國家，因爲，任何一個國家的軍人都可能酗酒、生性暴戾，或被血腥與戰爭浸染得野蠻不仁。這樣綁架少女的事，可能發生在任何地方。

蘿拉被拖進一部車裡，然後車子開到一處荒涼的林地中。而在那裡，這三名軍人毆她、揍她，以令人難以啓齒的性暴力凌虐她，如此持續好幾個鐘頭。他們一次又一次強暴她。他們拿一根棍子戳刺她——這個故事實在太可怖了——最後，當夜色降臨，他們三個討論後，同意使用放在後車廂中的拆輪胎棒，來殺死蘿拉。在這一刻，她奮力掙扎，咬了下一個攻擊者的敏感部位一口。他們於是把她大力摔在地上，來來回回開車輾過她，要讓她斃命。

天使並無前來相救。但接下來發生的事情，卻有幾個偶然巧合之處。第一，當地前一天下過雨，土地浸水潮濕，當車子輾過蘿拉，她沉入了泥濘的泥土之中。所以她在泥巴與落葉的覆蓋之下，九死一生，逃過一劫。

她甦醒過來，微微睜開一隻眼，瞥見一輪滿月；當她看見月兒，她知道自己還活著；是如此欣喜於自己並未死去，她大喊：「我沒死！」儘管她一邊的肺臟塌陷，一隻手臂與一隻腿骨折，而骨盆也遭受嚴重創傷，再加上內部出血問題，她還是拖著自己的身軀，在泥巴路上爬行了近乎三百碼的距離，來到鋪設柏油路面的路段，心想只要有車子通過，就會有人看見她。

在同一時間，住在幾英里開外的一名年長的男人，異乎尋常地決定去釣魚。夜已深，一輪又圓又大的月亮掛在天上。這名老男人這輩子從未在河邊那個特定的地點上，進行過夜釣的活動。他很少會在夜裡步行穿越樹林。他收拾好裝備後，就出發上路。他在通往河邊的路上，聽見呻吟的聲音，於是發現瀕臨垂死邊緣的女孩身影。

他一時間不知道該怎麼辦。女孩處在休克狀態，如果他棄她而去，如果他不設法求救，女孩肯定必死無疑。他小心地把女孩抱在懷裡，輕聲告訴她，他必須去找人幫忙，他會再回來，然後他脫下外套蓋在女孩身上。但是凌晨一點，在距離哪個城鎮都有好幾英里的荒郊野外的地方，要上哪兒求救呢？

就在這個時候，他們聽見一部摩托車駛來的聲響，過了一會兒，就看見一位騎士出現在路面轉彎的地方。老男人揮舞著雙手，打信號請對方停下車來，告訴他有關受傷女孩的事情，說她需要立即的協助。摩托車騎士隆隆駛走，在某段距離外的公用電話，打電話給醫院。要等待救護車來到該地，可能要花上幾個鐘頭的時間。老男人返回到奄奄一息的女孩身邊，而在他離開的短短時間裡，瀕死的女孩墜入一條光之隧道，在那兒，一群發光的聖靈圍繞著她，並以心靈感應的方式傳送訊息給她，請她做選擇：要現在死去，或等待來日。她選擇來日。

接下來則發生更為奇異的事情：就在老男人回來察看女孩之後不久，他們聽見一連串警示笛鳴放的聲音，然後就看見救護車出現在眼前。但是救護車怎麼可能這麼快速來到這裡？醫院可是位在好幾英里之外——事實上，因為距離真的很遠，所以，稍早接聽摩托車騎士求救電話的醫院調度員，已經著手派遣醫療救援用直升機，直接飛來這個偏僻野地。

似乎是早先有人打電話惡作劇，謊稱在那個區域的一個荒廢兵營中有人受傷，需要救護車，可是當救護人員到達那兒，卻沒有發現任何傷者，生氣的駕駛於是打電話回報醫院說，只是一個討人厭的玩笑，不過，醫院調度員請司機轉到位在附近落難的女孩這邊。

而那名打電話的摩托車騎士，再也沒有出現。他是誰？在夜間剛好騎過這一片荒涼地帶？

救護車載送女孩到軍事基地的軍醫院。女孩身上多處骨折，體內也受了傷。歷經了多次手術，以及好幾個月的時間，女孩才漸漸康復起來。而痛下毒手的軍人也一一遭逮捕、進行審判，並且判刑定讞，送進監獄服刑。女孩很感謝釣魚老者的相救之恩，而此後，她就無法再談起這一場悲慘的遭遇。她不想成為引人注目的人物。而現在，十五年過後，她站在這個大廳裡，已經是一位年輕的美麗女子，並且即將走上紅毯；而這也是她生平第一次，講述她所遭遇的恐怖往事，以及如何死裡逃生的故事。她此前從未敘說過其中一二。說著說著，她的眼淚不禁奪眶而出。

第二篇

天使學，或有關天使的知識

天使：1、a.職司服侍的聖靈或神的信使；位處於在能力與智慧上高過凡人的靈界之中，是上帝的僕役與信差；b.違抗上帝旨意的墮落聖靈之一；c.職司守護或服侍的神靈，或類似其性質的人；d.在個性或行爲上，宛若天使的人。2、上帝的信使，如先知或傳道人；在教會機構中的神父或牧師；詩人，傳送訊息的人；如「死亡天使」，即傳送死亡訊息的人。3、在傳統上，帶有雙翼的人物。

——《簡明牛津英語辭典》（*The Shorter Oxford English Dictionary on Historical Priciples*）

・第四章・上帝之子

許多翅翼紛紛降落此地
掬出蜂蜜
在你的家園，啊上帝
閒話家常。

——阿茲特克人（Aztec）的詩文

・1・

人類的先祖，那些住在洞穴的原始人，可曾見過天使？比如，屬於尼安德塔人（Neanderthal）或克羅馬儂人（Cro-Magnon）等時期的天使？或是年代更早的南方古

神的車輦累萬盈千；主在其中，好像在西乃聖山一樣。

——詩篇68:17

猿（Australopithecus）的天使？在人類的生活較爲自然原始，也較爲依賴直覺本能行事的遠古湮遠時期中，會不會比較容易看見天使？而到了有文字紀錄的歷史年代，則可以在藝術與象形文字中，瞥見天使出沒的痕跡。在幼發拉底河（Euphrates）河谷的城市烏爾（Ur），距離巴比倫大約一百四十英里，在西元前四千年建城，西元前二千五百年達於鼎盛，又持續繁榮了一千五百多年以上的時間。考古學家在烏爾城發現了一塊石碑，上面描述著一名長有雙翼的人物，從蘇美人（Sumerian）所信仰的七層天中的一層，下到人間，並從一只盛滿液體的瓶中，將生命之水傾注入國王的杯中。某些學者認爲，這是已知最早有關天使的圖像，不過，我們也在美索不達米亞文明中帶翼的鷹首獅身怪物造型中，或是在——一座埃及墳塚的壁畫中所見到的——有翅膀的艾西斯女神（Isis）以沉睡之翼擁抱她的信徒的畫像中（她是死亡天使嗎？），發現其他可能的天使前身。在希臘，宙斯（Zeus）的彩虹女神伊里斯（Iris）與天界的傳令人赫密士（Hermes）——在他的盔帽與雙腳上皆帶有雙翼——這兩位神仙，皆行使著天使的功能，負責傳送訊息並給予人類協助。在小亞細亞這個古老文明地帶，確實到處都可發現有關天使的想法，並且往西傳布到義大利——在那兒，幾個世紀之後，帶有翅翼的希臘勝利女神奈琪（Nike），就被轉化成文藝復興時期的天使，成爲今日我們一想起天使時，腦中所浮現的形象來源。

在我們的猶太基督教文化中，「天使」這個字，意指他們擔負著傳送訊息的工作，但是其他表示天使的字眼，則直指其本質。他們被稱爲神、神子、牧者、忠僕、

「亞伯拉罕款待三名天使」，林布蘭的作品，版畫，十七世紀。

守望者、聖者等等。他們組構成天庭。他們被稱爲聖靈、天國部隊、大軍、智天使、熾天使（seraphim）、屬靈的生物。在〈約伯記〉（*Book of Job*）中，稱天使爲「晨星」，而在〈詩篇〉中，則是「上帝的戰車部隊」。

在太初伊始，即存在天使。當亞當與夏娃受到誘惑去探索伊甸園的祕密，「從最初飛旋的地方，前進到遍地頌讚的原野」之前，天使即在那兒；而在人類始祖吃下善惡知識之果、被逐出伊甸園後，智天使（cherubims；原本即爲複數形的「cherubim」，又加上「s」，形成雙重複數）——其屬於最與上帝親近的三個階等的天使之一——負責守衛伊甸園東邊的大門。他們手持噴發焰火的長劍，監控各個方位，以防止我們——亞當與夏娃——重返園中，偷吃長在永生之樹上的果實。

「cherubim」（智天使）這個字，意謂「上帝圓滿的智慧」。在詞源上，這個概念來自亞述人的文字「karibu」，其意謂「祈禱的人」或「溝通的人」。而在伊斯蘭教中，則稱爲「el-karrubiyan」，即「那些被帶到阿拉面前的人」。他們日以繼夜不斷頌讚上帝的恩澤。

在亞述人的藝術作品裡，智天使被描繪成一位長有翅翼的生物，有著人臉或獅首，身體則是鷹身或牛身，不然就是獅身人面的斯芬克斯（sphinx）。在一開始，這些奇異的生物被設想成是宮廷的守衛，而非天使。

在中世紀，經常可以見到智天使的圖像，若非通體湛藍，不然即一身藍服，是智慧的持有者與授予者：他們可以源源不絕湧出智慧。稍後我們會更爲完整地討論智天

在靈界，天使的威力如此巨大，如果我將我所目睹的一切公諸於世，
人們恐將無法置信。任何的阻礙物，都應趕緊移除，因為那有違上帝的旨意，而天使只消意念一轉或眼神一瞥，就能挪移乾坤。
——艾曼紐爾・史威登堡，《天堂奇蹟與地獄》（*Heaven and Its Wonders and Hell*），s.229

使。

隨著時代的演進，智天使則一變而爲小童天使（putti），這是採借自古羅馬的民間傳說；在英語裡，稱其爲「cherubs」：他們擁有孩童的外型，經常盤旋在可愛的女人四周，如同小愛神丘比特。這個形象，大大不同於先知以西結（Ezekiel）所見識過的異象中的那些莊嚴人物，也與守在伊甸園東側大門的智天使造型大異其趣。

在不同文化中的天使形象，是否只是個別獨立產生的結果？或者，最初是由哪一個想法引發了後來其他的想像？有誰能夠一一考究釐清？畢竟，幾千年來，從拜占庭（Byzantium）到中國，不管是智者、商人、惡漢、傭兵、吉普賽人，以及逃離飢荒或戰爭蹂躪的難民，皆不間斷地穿越整個亞洲地區到處流浪與遷徙。我們很可能低估了各種想法四處傳播的特性。所以，我們可以在亞利安人（Aryan）、密特拉教（Mithraism）、摩尼教、祆教等的神話之中，發現有關天使的概念，而經由波斯人的思想傳播，這個想法歷經好幾世紀的時間，繼續流傳到猶太教、基督教與伊斯蘭教的文明之中。

在《聖經》中，第一批出現的天使，以人形現身。他們前來，如同嚮導或美洲印第安人口中的「密友」，陪伴飢腸轆轆的人行走數英里，或是幫助人們完成一項工作。在〈創世紀〉（*Genesis*）中，有三名天使走向亞伯拉罕，當時他在幔利（Mambre）的橡樹林邊有一頂帳棚。他們的模樣如何呢？他們沒有翅膀，沒有身穿閃亮的服飾，在頭的周圍也沒有光環。他們的外表，看起來就像三個平凡人，他們坐

「天使阻止亞伯拉罕在摩利亞山（Rock Moriah）犧牲以撒」，木刻版畫，十五世紀。

在橡樹之下，而接待他們的亞伯拉罕則以清水爲他們洗腳，並準備了小牛肉、麵包與乳酪來款待他們。再者，不像之後的天使，「他們眞的吃下這些食物」。這三人，其中一位是耶和華，另兩名則是天使隨從；當他們用餐完畢，上帝透露說，亞伯拉罕的年邁妻子將會產下一子，而他們的兒子的後代將會打造出一個強大的國度。

故事就到此爲止。這次的到訪，與希臘眾神造訪那些受到眷顧的凡人的過程類似，即便在這個故事之中，並沒有宙斯特別喜歡從事的那種受孕奇蹟。而這個故事，也與印度教的信仰有些相似；就那一天所發生的事情而論，到訪的天使並非身負遙遠神祇的訊息而來，而是神親自前來：神化作某個形體，充滿慈愛地顯現在信徒面前；是一場一對一的見面會，直接與上帝四目相視。

在上帝這一次的訪視中，亞伯拉罕並沒有成功地說服上帝，以挽救所多瑪（Sodom）與蛾摩拉（Gomorrah）；在不久之後，這兩座城市即被兩名凶猛的天使所

上帝的天使從天際呼喚他，說：亞伯拉罕，亞伯拉罕。而他回答，我在這裡。

——〈創世紀〉，22:11

摧毀殆盡。幾年過後，出現了另一名較爲親切慈善的天使，則阻止了亞伯拉罕手刃新生兒子的悲劇；原本他要在自己兒子的喉嚨上割下一刀，以獻祭上帝。而由此，犧牲人命作爲祭品這樣的特殊儀式即宣告走入歷史，但從這件事，卻同時可以看出，那些自認爲聽見上帝話語的宗教狂熱人士，他們的行事反應可能會有多極端。這一場與上帝的相會，是帶有危險性的。

亞伯拉罕的妻子撒拉（Sarah），年事已高，早已停經，最後卻產下一子，應驗了上帝在幔利的橡樹林下所做的預言。兒子取名以撒（Issac）。有一天，亞伯拉罕聽見上帝吩咐他要以兒子獻祭——把兒子帶到一座遙遠的山上，往喉嚨割下一刀，然後獻給上帝，以彰顯亞伯拉罕對上帝的至忱信仰與全心臣服——亦即要考驗亞伯拉罕能否甘心放棄自己最爲珍視的事物。而他做到了。亞伯拉罕帶著兒子與一名僕人出發，想當然爾，他並沒有告訴妻子；事實上，他完全沒有對任何人說起這件事。他在稍後遣走僕人，自己準備起要殺羊獻祭的工作。身邊已有可以起火的柴堆，還有一把刀，兒子以撒有點好奇地叫了一聲：「爸爸？」

亞伯拉罕回答：「我在這裡，孩子。」

「我們有火與柴堆，」以撒說：「但並沒有羔羊。」

「上帝會賜給我們。」亞伯拉罕說道，心中想著自己的兒子就要成爲羔羊。他可曾因此痛徹心扉？或者，他欣喜於自己能夠如此心無二致地順服上帝？他們繼續準備工作，設立了一個祭壇，點燃柴堆，然後，亞伯拉罕突然抓住自己的兒子，綁住他的手腳，把他放上祭壇，拿起刀，抵住他的喉嚨——就在這一刻，天使出聲禁止。

「拿開你的手，離開小孩子。」亞伯拉罕此時看見一頭公羊，羊角纏在灌木叢中進退不得。他於是捉來公羊，心中充滿感激之情，宰殺了羊，取代自己的孩子，用以獻給上帝。

最早的天使並沒有翅膀，甚至猶太教的天使也沒有。所以，以撒的兒子雅各，在夢中見到一把天使的梯子，好幾位天使爬上爬下，正忙著處理人間與上帝之間的工作——由此可見，天使並非飛來飛去。

在那個年代，天使運作的方式，比較像是內在的心靈導師——今天人們藉由記錄夢境所欲尋求的對象——而非一個具有外在的有形個體。如果你呼喚他們，可以指望他們出現，然而，如果雅各徹夜與一位不願具名的天使摔角互鬥，我們可以從這個奇怪的故事中得到什麼啓示呢？除開男人（我希望也包括女人）即便在遊牧時代，也會跟自身內在的罪惡感格鬥，還能有怎樣的詮釋可能性？

雅各在年輕的時候，因爲天生小聰明，欺騙了他的哥哥以掃（Esau），後來逃出家門，在外娶了兩名妻子，生下十二名兒子與不知道多少名的女兒，還包括幾位女僕所生的私生子。然後他決定返回故土，但他的心裡有所懼怕。在離哥哥的居所半日路程的地方，他紮了營，先派人送禮物過去給以掃：計有一大群的山羊與綿羊、三十頭母駱駝連同哺育中的小駱駝、十頭公牛、二十隻母驢、十隻幼驢與四十頭母牛。然

他們的衣裳是白色的，但屬於一種非塵世之白。我無法描繪它，因為並不能比對於人間的白色；那樣的白，對於肉眼，無比柔和。這些明亮的天使，包裹在一股光芒之中；那樣的光，相異於我們凡間的光，一經比對，任何其他的光都顯得黯淡許多。如果你看見一群五十名的天使，你只會目瞪口呆、無法言語。他們的身上似乎穿戴著金色的薄板，他們持續移動著，宛如一輪輪浮動的太陽。

——拉米神父（Père Lamy）

而，當晚他還是無法安心入眠，心底無法確知隔日會不會被一刀斃命——而如果被殺，他是罪有應得。於是，在這個晚上，天使前來，整夜與雅各摔角。

我們如果認眞看待這名天使的話，可以想像那個時代的天使，具有眞實的肢體；在那個絕望的夜裡，通宵持續的無聲戰鬥中，天使可以發出喘息、呻吟的聲音，可能被摔在地上，在閃亮的汗水中，被鬥得皮破肉綻。當摔角鬥毆結束之後，雅各發現自己還活著，他要求對方給予他祝福；對方於是賜福給他，雖然他始終不知道天使的名字。然後他帶著妻小、牛羊、僕從與一干寶物走下山谷，穿過平原，去會見他的哥哥。以掃領著四百五十名武裝兵士，已經走出來迎接弟弟。雅各發現哥哥已經原諒他，而且很開心見到他，不禁大感欣慰。

此後，雅各再也沒有見過天使。而舉個例來說吧，比如我，我就不相信這場摔角是天使眞實現身的故事，因爲，我自己也發生過許多次，與我自己內在的天使、我內在的聖靈或魔鬼（經常與其他聖靈搞混）相互摔角比鬥的經驗。有時候，我也會發現，很難給予煩擾我的困境命名，並從而擺脫它。因爲，只要我可以對我的苦惱命名（不管是「罪惡感！」、「氣憤！」或「恐懼！」），苦惱就會失去控制我的力道。而實際上，我從未在我的「恐懼」、「羞恥」、「嫉妒」、「寂寞」或「憤懣」破門衝進來掐住我的脖子時，要求它們給我祝福……是否我去要求比如說「恐懼」來給我祝福，那麼，「恐懼」就會因此煙消雲散？

在此之後，幾乎所有與天使的會面，上帝的使者即以一身耀眼的光芒現身（所有

「熾天使」，馬賽克畫，十三世紀；現存於威尼斯的聖馬可教堂（San Marco）。

人皆同意這一點）；而在這個聖靈面前，你所要做的，則只是沉浸在崇敬與喜悅的光輝之中。

撒都該人（Sadducee）認爲，天使並不存在，其只不過是人類想像的產物。法利賽人（Pharisee）則相信天使。

從亞伯拉罕年代中那些莊嚴的信使形象，一路走來，就來到十九、二十世紀傷感多愁、有時顯得濫情膩人的天使意象——在空中忽隱忽現的小仙子——如此這般乏味無趣。在不過幾千年之間，這一切就從逃走的女僕夏甲（Hagar）聽見天使的聲音對她說，妳別傻了，離開曠野，回家去；來到先知以西結眼中所見的異象，那一頭擁有牛臉的怪物；來到但丁（Dante）筆下那些樂音繚繞、光芒耀眼的卓絕人物，他們始終在讚美上帝的閃亮迴圈中不停旋轉；來到米爾頓的文思中那些巨大的天使、沒有形體的人物，與在上帝的命令下疾速前進的騎士。在現代，天使可能騎著摩托車，而米爾頓所描繪的那些能吃能喝的天使，也顯得如此人味十足。在米爾頓的詩篇中，天使長拉斐爾（Raphael）談及天使性交一事，的確臉紅了起來。而在時間上，跳向幾個世紀後，你會發現，現代的神祕主義者除了提及天使之美外，就不再多說一個字，一點也不想將他們所聽、所見的聖靈樣貌與特性，轉譯成乏善可陳的人類語言可以了解的描述語句：天使只是在一個日常的基礎上，給予他們建議、守候他們、照護他們、愛他們，如此而已。

在《舊約聖經》談及歷史的諸冊之中，唯一被提及的天使幾乎可說是「死亡天使」。他在大衛（David）統治的年代中，屠殺了九萬人，而在另一夜，他在亞述人的軍營中，則殲滅了十八萬五千人——這支軍隊原本計畫去攻打猶太人。這個事件如此非比尋常，以致至少在三部史書內提及了這場戰役，而且在筆調上均流露不可思議的口吻。

亞述王西拿基立（Sennacherib）準備入侵猶大王國（Judah）。他麾下的大軍在耶路撒冷城外紮營。

> 在那一夜，發生了如下事件：上帝的天使出來，在亞述人的軍營中，擊潰了十八萬五千名兵士。當他們一早起身出外察看，那兒全都是死屍。

西拿基立於是返回尼尼微（Nineveh），猶太人因此大大鬆了一口氣。

另一次，一名天使阻卻了先知巴蘭（Balaam）的去路，手拿著出鞘的劍，驚嚇了巴蘭的驢子，受驚的驢子於是止步不前，而且逃開。由於巴蘭自己無法看見阻路的天使，他只是一味毫不留情地鞭打這匹可憐的驢子（在我年幼的時候，我也曾感覺我所騎的小馬有過類似的反應，不過我倒是未曾因此責怪天使；驢子與馬都是那種有時候會突然停下腳步、猶疑不前的動物）。而我們也已經知道，以賽亞（Isaiah）與以西結兩位先知所見過的異象；得益於他們的報導，我們了解了有關熾天使——另一名備受讚揚的天庭大將——顯現的過程。

以賽亞生活的年代，大約在西元前八世紀與七世紀之間。他所看見的熾天使，有六隻翅膀，而每一對翅膀皆有其特殊功能：

「熾天使站在燃燒的、有翅翼的輪天使之上」，拜占庭的馬賽克畫，十三世紀。

處於最上位的天使（智天使、熾天使、座天使），並不參與我們對抗己身之惡的鬥爭，而僅僅在我們超越所有衝突，可以與上帝平和共處、同上帝沉思冥想、隨上帝沉浸在永恆的愛之中，他們才會來到我們身邊。

——讓・馮・若依斯布魯克（Jan van Ruysbroeck），《通往靈性之愛七階》（*The Seven Steps of the Ladder of Spiritual Love*）

在烏西雅國王（Uzziah）死去的那一年，我看見上帝高高坐在御座之上，他的衣擺掩蓋了整個聖殿。而其上，有一群熾天使站在那兒；每一名皆有六隻翅膀，其中一對，用以遮臉，另一對則遮住雙腳，最後一對則讓他們得以飛翔。他們彼此呼喊說：聖哉，聖哉，聖哉，萬軍之主；人世間充滿著他的榮光。

相較於上帝的榮光與純粹，以賽亞難以釋懷於自己身心的不潔，但一名熾天使飛向他來，手裡帶著一塊燒紅的煤炭（雖然說，熾天使是以一只「火鉗」從祭壇上把煤炭取出來的），然後用這塊煤炭碰觸先知的嘴唇，並說：「你的罪已經清除。」

天使拉斐爾據說也是一名熾天使，在米爾頓的《失樂園》中，是這樣描述他：

……他的六只翅翼，用以
遮掩他神聖的輪廓；覆蓋在寬闊肩膀上的那一對，
以堂皇華美的飾羽，裹住了胸膛；中間那一對，
宛如一帶銀河縛住腰際，繞著
他的腰身與腿，可見羽翼上金色的絨毛，
而繽紛的顏彩渲染進天堂；第三對，
從兩個腳跟邊，以飾滿羽毛的盔甲遮住雙腳，
閃現著天空流麗的色彩。

依照中世紀的象徵說法，熾天使有三對翅翼，通體火紅，擎著一把火焰之劍。他們的職責是，鼓勵人類接納上帝的愛。但丁說，熾天使的存在與「上帝的歡欣之情」

有所關連。

以賽亞之後兩百年，先知以西結所看見的異象並非熾天使，而是上帝的戰車部隊，或稱「輪天使」。正是從其所見，讓中世紀的學者推導出另一個天使階級——輪天使，或稱座天使，天界的至高存在。

據記載，以西結看見異象的日期很確切，是發生在猶太人囚禁於巴比倫時期的第三十年、第四個月、第五日，大約是西元前五六〇年左右。該日在迦巴魯河（River Che'-bar）河邊，天爲之一開：

我定神一看，看見北方吹來一股旋風，出現一朶龐大的雲，有火焰在雲中燃燒，周圍散發亮光，而從火的中心，則透出宛如琥珀的顏色。

而同時從火焰之中，冒出了四個像是活生生的生物。而他們的外貌，就像是人。每一個都有四張臉，每一個都有四隻翅膀。

他們的腿是直的，腳掌則如同牛犢的蹄子。他們個個閃閃發光，閃耀著如同擦亮的黃銅的亮光。

在他們的翅膀之下，可以看見與人類一樣的手……

他們的翅膀彼此交接；他們移動的時候，並不轉身；他們個個皆直直向前行。

他們的四張臉，其中一張爲人臉，而頭上的另外三張臉，則爲獅子、公牛與老鷹。他們處身在幾個輪子中間、依靠輪子來移動；輪子是藍綠色，或稱水藍寶石色；當他們離開地面，這些輪子也跟著上升。在他們的頭頂之上，是「宛如穹蒼的空

在巨大苦難的陰影中，
靈魂啞然頹坐，
然而，上帝的天使悄悄降臨，
卻正是他們獲得祝福的印記。

——約翰・格林立夫・惠帝爾（John Greenleaf Whittier），
在友人妹妹過世之際，寫給對方的詩文。

間」，流洩著水晶的色彩，而在這個「穹蒼」之下，則是他們的翅膀，四隻翅膀分占身體兩側。以西結在描述他們鼓翼時所發出的巨大聲響，顯得有些腸枯思竭：「聽起來如同大水滔滔的噪音，也像是萬能上帝講話的聲音，或是萬軍鼓譟的嘈雜聲」。而當他們站定、垂下羽翼，有聲音自他們頭頂上方的那個「穹蒼」傳來。在「穹蒼」之上，浮現著一個藍色寶座，如同一塊藍寶石，並看到有個人坐在其上，那人四周瀰漫琥珀與火焰般的色澤，而且發出耀眼的光輝一如彩虹。

當以西結目睹了這一切，在上帝的榮光之前，他俯伏在地。

以上，大約即是有關以西結所見證的不可思議的異象之內容。

環繞在至高無上的上帝周圍的輪天使，鼓舞著對上帝權柄的信心。若以略帶詩意的語言來描述，聖母瑪莉亞也被說成是座天使：「屬於上帝的眞實座天使，她提升了上帝的寶座」。不過，這只是一種修辭上的比喻而已，因爲在實際上，聖母並不被視作天使。在天主教的教條中，聖母被設想成沒有原罪的人（她因此得以純潔受孕），同時亦無染上人類的罪愆，所以她受到榮耀與頌揚，位列天界中所有天使之上。作爲上帝之母，她也被認爲是天使的女王。

我認識一位太空物理學家羅伯特・傑斯特羅（Robert Jastrow），他任教於達特茅斯學院（Dartmouth）。他主張，以西結所見到的異象，與天使一點干係也無，而是一艘載人太空船從外太空駛來：那些人穿著太空裝，移動身體的方式很僵硬，就像機器人一樣，必須整個軀體一起動，所以他們的腿才會始終是「直直的」。而至少在我

「耶穌受試探」，馬賽克畫，十三世紀；現存於威尼斯的聖馬可教堂。

認識他的時候，他並不信神。但他確實相信，人類會朝著更為高等的智慧形式演化，而且我們此刻也已經朝向一個令人振奮的新階段前進，最終人類就會全然被取代……那就是電腦的出現！

在《舊約聖經》所記載的最早的故事裡（〈創世紀〉，6），大約西元前兩千年左右，天使與人間的關係很緊密。確實，他們與人類是如此親近，這群上帝之子會與貌美的「人類的女兒」交合，也因此產下了「有名的人」——拿非利人（Nephilim）這個種族。這已成為一般的民間傳說。希臘人與其他民族也流傳著某種祕密的信仰：天使與人類可以同房，並孕育子嗣。然而，到了猶太人囚禁在巴比倫的時期，大約西元前六百年，天使與天使長已經移居到較高的靈界上去，雖然他們有時候依然會化作人形現身；而再經過六百年，來到耶穌的時代，人們很清楚地認為，不管女人如何性感妖媚，天使也不會與她們發生性關係。

隨著尼布甲尼撒二世（Nebuchadnezzar II）征服猶大王國，派系紛爭不斷、反抗成性的猶太人三度被流放到巴比倫：分別是西元前五九八年、西元前五八六年（耶路撒冷的聖殿毀於一旦），與西元前五八二年，在另一次暴動發生之後。猶太人不啻是一個紛擾不斷的民族。他們被帶往巴比倫，這座屬於波斯征服者的京城；波斯人既富裕又有文明，生活作風奢華，在他們的魅力影響之下，猶太人不禁墮落了起來，甚至開始膜拜虛假的神祇。

猶太人背棄上帝而去，這並非第一次。大約早兩百年之前，當亞哈（Ahab）統治撒馬利亞（Samaria）時，就發生了正直的先知比如以利亞（Elijah）等人勸誡猶太人嚴守上帝律法的事蹟——然而，這卻造成先知以利亞生活困頓，被當權者視爲罪人，處境艱險。亞哈的妻子耶洗別（Jezebel）殺害了以利亞的四百五十名同修。有一次，以利亞被驅逐到荒野之中，又狼狽又沮喪的他，準備放棄鬥爭，他已經筋疲力盡了，躺在一棵羅騰樹（Broom tree）下，這時，一名天使帶著食物前來。「吃吧，」天使說：「你需要體力。」天使的話一說出，就產生效果，以利亞起來吃下食物。稍後這位聖人還在沙漠中走了四十晝夜，行齋戒與冥想，然後他走進撒馬利亞，一舉讓四百名侍奉神祇巴力（Ba’al）的教士遇害。

在猶太人遭囚禁的時期，尼布甲尼撒二世統治下的巴比倫（西元前六〇七年至西元前五八七年），大興土木，進行了好幾個大型工程，包括有空中花園、鎮城之神馬爾杜克（Marduk）大神廟（或稱金星神廟），以及與其相關連的金字塔型廟塔艾特墨南奇（Etemenanki）高塔，即我們所知的巴別塔（Tower of Babel）——正因爲建造這個塔，所以尼布甲尼撒二世需要奴隸。該塔有七層，塔高三百英尺，屬於古代世界奇蹟之一。另外還有奉祀伊絲塔（Ishtar）、寧麥須（Ninmalsh）與古拉（Gula）等神祇的神廟。依照古希臘歷史學家希羅多德的說法，巴比倫是當時全世界最華麗堂皇的城市。

天真的人，全然不會把美好的事物歸功於自己；他們視自己為收受者，而將一切成就歸諸上帝；他們希望獲得上帝的引導，而不是自己獨自前行；他們熱愛良善的事物，他們陶醉在真實的體驗中，因為，如此一來……即是展現對上帝的愛……

——艾曼紐爾．史威登堡，《天堂奇蹟與地獄》，278

而同樣在猶太人遭囚期間，巴比倫王尼布甲尼撒二世也建造了一幅上帝的肖像：以純金打造，高「六十肘」，寬「六肘」。這裡的度量單位「肘」（cubit），是指人的前臂長度，約合二十英寸長，所以這幅畫像有一百英尺高、十英尺寬，聳立在杜拉平原（Dura）之上，而在日光照耀之下，神像光彩熠熠、耀眼奪目。尼布甲尼撒二世通知他麾下的親王、總督、將領、法官、財政官員、政務顧問、警政官員，與所有的地方首長，前來參加神像的開光典禮；而且，所有文武百官必須在聽見儀式的樂音響起，即一起俯伏膜拜神像。演奏禮樂的樂器包括：短號、長笛、豎琴、低音喇叭、索爾特里琴（psaltery，藉由撥弦彈奏的弦樂器）、洋琴，以及「各式各樣的樂器」。當如此震耳欲聾的樂音奏起，每一個人皆如所通知的命令，通通俯伏在地，以免被活活丟入熾熱的火坑中燒死——而這卻是不聽令者的下場。

所有人皆依令行禮如儀，除開三位聖潔的猶太人，而我們也知道他們的名諱：沙得拉（Shadrach）、米剎（Meshach）與亞伯尼歌（Abednego）；他們三人不僅在巴比倫王國的管理階層中位列總督或省長，而且也是信奉耶和華的虔誠人士，他們皆知曉不該去崇拜雕刻出來的神像，因爲上帝不可量度、沒有既定形式，而且如此莊嚴崇高，並非能力有限的凡人之心所能掌握一二。

他們三人，連同但以理，在孩童時期，即被帶往王宮宮殿教養三年——這是那個時代的習俗——吃最好的肉，喝最佳的酒，讓他們健康長大，長成相貌堂堂的青年，看日後能否在宮廷中有所表現、獲得重用。但是當時這四位少年乞求太監長讓他們維持茹素的習慣；他們說，他們吃素並不會讓他們變得體弱多病與面容醜陋。他們於是進行爲期十天的齋戒，以證明他們所言不虛。十天過後，果然說服了太監長。太監長遂違反國王的命令，允許他們只吃豆類蔬菜。而這樣的餐食內容，也正是世界各地虔正虔誠人士的飲食方式：所有的印度教精神導師與苦行僧，所有的隱士、僧侶、尼姑與瑜珈信徒，所有藉由禱告、冥想，以尋求發展出與上帝之間在意識上聯繫的人們，皆奉行這樣的飲食紀律。經過三年之後，尼布甲尼撒二世發現，這四位年輕人聰慧過人、悟性高，他們的才智「遠比在他領地上所有的術士與占星家都高過十倍以上」。

在神像的開光典禮上，我們不知道但以理人在何處，但是其他三人皆站在聳立於杜拉平原之上的金像之前，並且拒絕俯伏在地。他們於是被綑綁手腳，而熾熱的火爐則繼續添加燃料，直至火焰的熱度比平常高過七倍，緊接著，就把這三人丟入火爐之內——連同他們所穿著的帽子、外套、鞋子、長襪等所有一切都丟入火中（顯而易見，故事的寫作者很樂於描述這些細節）。烈焰如此高溫灼熱，以致把這三人丟入火中的士兵，自己也著起火來，活活燒死。這多麼難以想像！

國王接著看向火坑裡面，卻見到這三個人，連同另外一個人，一起行走在焰火之中。然後他們走出火坑。親王、總督、將領與政務顧問一干人等，皆看到這些人絲毫不爲烈焰所傷。「連一根頭髮都沒有燒焦，他們的外套也沒有變形，他們身上亦無飄出火焰的氣味。」對上帝之愛一無所知的尼布甲尼撒二世，也全然不熟悉「唯一眞神」的概念——即便神有許多名字——但卻讚美起這三人與送他們出火坑的天使所共同敬拜的上帝，並且立即下令說，任何膽敢出言違抗這三名聖潔猶太人的神的人，將遭碎屍萬段的刑罰，並且房子會充公改作堆肥場，因爲，沒有任何其他神明可以如這位神明一般，自烈火中將人拯救出來。

直到讀到上述的故事，我們才了解到，講故事的人除了述說某些歷史事蹟之外，還帶有一個目的：他們想要彰顯，天使會獎賞皈依上帝的信眾。較早時期的天使，與獎賞一事並無干係；他們的降臨，要不是帶來這樣那樣的訊息，或是摧毀一座城市，不然就是來照顧與守護某些男人或女人（通常都是男人）。他們不太會去獎賞堅守上帝信仰的人。而其原因或許是因爲，在巴比倫奢華生活的影響之下，人們的行爲變得較爲放縱，逐漸淡忘上帝，才需要講述這樣的警示故事；又或者是因爲，在時間的演進之下，天使所負擔的職務增多之故。

而在但以理與獅子的故事裡，也可以見到相同的精神——這是一個較爲親切可愛的故事，因爲，比起尼布甲尼撒二世，國王大利烏（Darius）的行事風格較爲細膩。在《舊約聖經》中，唯有〈但以理書〉（*Book of Daniel*）這部書在提到天使時，直接說出天使的名字：有加百列與米迦勒。他們是「守望者」，他們好幾次出現在但以理所見到的異象之中，不過，「封住獅子的口」的那位天使，卻還是不具名的。（在屬於「旁經」（Apocrypha）中的《多比傳》〔*Book of Tobit*〕裡，則說這位天使名叫拉斐爾，他伴隨多俾亞〔Tobias〕一起旅行，讓多俾亞遇見未來的妻子，並醫

「多俾亞與天使拉斐爾」，菲利皮諾・利比（Filippino Lippi）的作品，十五世紀。

「在獅子坑中的但以理」，本圖選自西班牙修道士貝特斯（Beatus）爲〈啓示錄〉（Book of Revelation）所做的註釋（d. 978）。

治了多俾亞父親的眼疾，使他重見光明。不過「Apocrypha」一字，意謂「隱密的文件、祕密」；在正統上，《多比傳》並不屬於《希伯來文聖經》或基督教的《舊約聖經》。）

在此之前，世局的大權已經歷幾番轉變。尼布甲尼撒二世已經過世，由他的孫子伯沙撒（Belshazzar）繼任王位——記得吧，就是那位看見牆上手寫文字的巴比倫王；他召來能與上帝攜手同行、神聖的先知與預言家但以理，來爲他解釋牆上文字的奧義——而在伯沙撒的手中，巴比倫王國覆滅，爲塞魯士（Cyrus）所征服。而塞魯士的繼任者大利烏，在西元前五二二年登基，年紀大約六十二歲；服侍過四位東方君主的但以理，如今位列三位總長之一，權力僅在大利烏之下，統管王國內的一百二十位親王。而在這三位總長間，大利烏最偏愛但以理，認爲「他的內裡有傑出的靈魂」。

所以，其他的親王、總督、總長、將領與政務顧問大感眼紅，設計欺騙大利烏簽下一紙敕令：在三十天內，除開大利烏本人，任何人皆不能向任何神祇或君王進行祈願，若違此令者，一律扔進獅子坑中餵獅子——這樣的刑罰方式是可能發生的，因爲，在那個年代，東方帝國的省長皆設有動物園，豢養奇珍異獸，很像今日的元首會蒐集稀有的藝術品一般。大利烏匆匆簽下文件，卻沒有想到，依照瑪代人（Medes）與波斯人嚴格的律法慣例，他一簽下，就無法反悔撤銷，亦即，一經國王簽署的敕令，即不容變更。（我的祖母老是會這麼講上一句：「說到底，這又不是瑪代人與波

「天使伊斯拉菲爾」（又稱「音樂天使」）。伊斯蘭教手抄本上的繪畫。

斯人的法律！有什麼不能改的？」）

當但以理得知禁令已經簽下，他返回住處的房子，打開面向街道的窗子，一如既往每日三次跪地大聲禱告，以感謝上帝的賜福。

想當然爾，但以理的敵人們立即火速向大利烏稟報這個消息，說但以理並非國王，卻仍兀自進行祈願，必須扔到獅子坑中去。大利烏驚恐萬分，對於自己此前批示的命令感到惱怒。他鎮日想方設法，企圖找出解救但以理的方法，但最終只是徒然地理解到，他無法取消法令。該晚，在滿腔的哀傷之情下，他下令把但以理帶去獅子坑，並對他說，他希望但以理的上帝可以來解救他。然而，大利烏會不會暗中命令他的士兵，在當晚照例餵獅子時，多給獅子一份肉吃，使牠們飽腹以致沒有食慾？誰知道呢？大利烏自己徹夜未眠，在宮殿中進行齋戒與禱告；直至黎明，立即趕往獸欄察看但以理是生是死；然後他下令，將慫恿他簽下敕令的獻策者，連同妻小，全扔進獅子坑中——這個處罰或許有些極端，但在那個時代，還尚未有福利制度的作法，所以舉家滅口也許還算有些許善意——這些人於是全進了獅子的肚子裡。國王接著下令，舉國上下全要膜拜但以理的神，因爲他的神可以施行奇蹟。在大利烏以及其後的繼任者的統治期間，但以理持續獲得重用，成就卓著。

我的神遣來天使，封住了獅子的口，所以牠們不能傷我。

——〈但以理書〉，6：22

……那充滿榮光的夜晚，遠比千月燦爛！
憑藉上帝的恩澤，天使與啓示飄然降臨。
——《可蘭經》，97

・2・

在猶太人的民間傳說裡，經常提及天使。這些故事大抵指出，在上帝的御座邊，侍立著四名天使，位置如下：

拉斐爾

加百列　御座　米迦勒

烏列爾

烏列爾（Uriel）爲人們帶來上帝的知識之光。他是預言的詮釋者，是「職司懲戒報應的天使」。他的名字意謂「上帝之光」，而在米爾頓的《失樂園》中，則稱他爲太陽王。

加百列則是駐在人間的天國大使總長。他的名字意謂「上帝的英雄」。他是「職司天啓的天使」。他的法相莊嚴，衣飾華麗，在基督教的聖像譜中，被描繪成半跪在聖母跟前，兩手交叉放在胸前，或是手持卷軸古書、權杖或百合花。

加百列是捎來佳音的天使。他在伊斯蘭教中被稱爲吉布里爾（Djibril），意謂「忠實的聖靈」，在那個「溢滿榮光與神力的夜晚」，以清晰的阿拉伯語，爲穆罕默德帶來啓示。在猶太教，加百列是「審判天使」，而在基督教，他卻是「慈悲天使」。他是由火形成的天使。

而米迦勒是天堂軍團的王子，雖然在天使的階級排序中，天使長其實排在倒數第二。米迦勒是天界大軍的總司令。他的名字意謂「模樣一如上帝」或「神似上帝」。

三度他嘗試（啓口）
三度面對嘲弄環伺
淚水突然如同天使悲嘆一般汩汩流出。
——約翰・米爾頓，《失樂園》，第一卷

他身形壯碩、年輕俊美，在文藝復興時期的畫作裡，被描繪成一身盔甲上陣。他是羅馬天主教會的守護者，亦是希伯來民族的主保聖人。在民間傳說中，正是米迦勒前去解救被關在牢中的彼得（Peter），領著他走過監獄的守衛身邊，不過，在《聖經》中並沒有如此指名道姓。米迦勒與加百列聯袂來到先知穆罕默德的面前。如同偉大的苦行者與聖人能夠同時現身兩地與漂浮空中，米迦勒也能同時出現在七層天中的三層。（有關天界的分層細節，我們所知甚少；這個概念可以追溯自祆教的起源，雖然我們也知道，聖保羅（Saint Paul）被帶往第三層天，而第七層天則是最高層。）米迦勒是由雪所形成的天使。

拉斐爾是熾天使，亦是守護天使之首；他是「職司天佑的天使」，守護著凡間眾生。他的名字意謂「神聖的療癒者」或「上帝醫治眾生」。通常他被描繪成伴隨年輕人多俾亞與他的狗兒同行，拉斐爾始終忠實地長伴旅程左右，如同神仙故事裡的天界來的伙伴。他特別與朝聖者有關——亦即不只關心旅行的人，而且關懷那些因爲想要朝拜上帝而上路的人。所以，他帶著手杖、裝水的葫蘆，肩上揹著以皮帶綁縛著的旅行袋，穿著草鞋陪伴步行，是一名友善的天使。以下是米爾頓在《失樂園》中對拉斐爾的描述：

俯視著，往下飛行
他加速滑翔，穿越無垠的輕盈天空
航行在一個又一個的世界之間，以穩健的翅膀，

「天使長米迦勒」。來自俄羅斯的畫像。

沒有人可以如伊斯拉菲爾
唱得如此動人心弦。
暈眩的群星（一如傳說中所言）
停止了頌歌，在等待他的魔力樂音傳來，
萬物俱寂。
——艾德加・愛倫・坡（Edgar Allen Poe），〈伊斯拉菲爾〉

駕馭著極地之風；然後又以加速的雙翼，
鼓動清新跳動的空氣……

以上這一個大段落，即是前四名天使長的介紹。此外，在傳說與猶太神祕傳統中，尚有好幾百名其他的天使名單，而有些天使的名字，亦有上百個在拼寫上的差異別名，底下將再述及。

伊斯蘭教亦擁有許多天使，而且也各有名號。他們守衛著天堂大門，以防止惡魔、妖怪、邪靈的「傾聽」。

伊斯拉菲爾（Israfil），是「燃燒的聖靈」，亦是「職司審判日的天使」。他擁有很多副舌頭，能以一千種語言頌讚阿拉；而阿拉亦從他的呼息裡，創造出百萬多名的天使來頌讚自己。伊斯拉菲爾日日夜夜都會望向地獄，滿腔難抑的哀傷，致使淚珠汨汨湧出，「如果阿拉不制止，淚水將會淹沒人間」。伊斯拉菲爾亦是「音樂天使」，他所吹奏的喇叭或號角，形狀如同獸角，其內包含有類如蜂巢的房間，而這一個個的小房間，則是死者靈魂的安息之所。

在伊斯拉菲爾誕生五千年後，阿拉創造了米卡伊萊（Mika'il；即米迦勒）。他從頭到腳長有如番紅花的橘紅色毛髮，而一雙翅膀則是晶瑩的翡翠綠顏色。他的每一根毛髮裡，長有一百萬張臉，而每一張臉則有一百萬隻眼睛，而每一隻眼睛會湧出七萬顆淚珠。而淚珠會一一變成智天使（kerubim；即cherubim），然後一個接一個傾身靠上雨滴、花兒、綠樹與果實之上。米卡伊萊有一百萬副舌頭，每一副舌頭都能講上一百萬種語言。米卡伊萊不會笑。

在米卡伊萊誕生五百年之後，吉布里爾（即加百列）也被創造出來。他擁有一千六百隻翅膀，也有橘紅色的毛髮。太陽位在他的兩眼之間。他每日均會飛入海洋三百六十次，而當他從海中起身，每一隻翅翼會灑出一百萬滴水珠，並一一變成天使，對阿拉唱出讚美的詩歌。吉布里爾在那個「溢滿榮光與神力的夜晚」，現身在穆罕默德面前，向他揭示了《可蘭經》，而他的翅膀則從東至西伸展開來。他的雙腳是黃色的，翅膀是綠色的，頸子上戴著一圈紅寶石項鍊，他的臉龐則發散出明亮的光芒。而在他的兩眼之間，寫著如下字眼：「主是唯一，而穆罕默德是主的先知」。

亞茲拉爾（Azrael或Azaril）是「死亡天使」。對於回教徒而言，他是拉斐爾的另一種形式。他遮掩在一百萬層面紗之後。他有四張臉，一張臉在他的前方，一張臉在他的頭部，一張臉在他的後方，一張臉則位於腳下。他擁有七萬四千隻翅膀，他的身體覆滿著眼睛。當他身體上的一隻眼睛眨動，即意謂有人死去。他比天堂還寬廣巨大。全世界就處於他的兩手之間，而世界宛如一道菜餚，他想吃什麼，隨意就可取之吃下，所以，死亡天使可以任意翻轉世界。他坐在第六層天中的寶座上。

《可蘭經》還提及了幾位有名號的天使：哈魯特（Harut）與瑪魯特（Marut），他們屈服在性的誘惑之下；馬力克（Malik），則是負責地獄事務的天使。此外，還有十九位天使，他們是看管地獄的守衛，被稱爲「暴力武士」（al-Zabaniya），不過已經不再使用這樣的字眼；他們被認爲個性「粗野」、「暴烈」。在地獄受酷刑折磨的人會呼喚「喔，馬力克！」，以引起地獄管理人的注意。

在《可蘭經》中，爾撒（Isa，即「耶穌」）位處於離阿拉最近的天使群之中，被認爲具有準天使的特質。

「malaika」一字，即伊斯蘭教的「天使」，意謂「信差」，是人類的守護者，並負責記錄人類的一言一行，雖然《可蘭經》中有經文顯示，其實是阿拉親自記載。在傳統上，人們以爲天使是由光所形成，而撒旦，或稱伊比利斯（Iblis），以及所有的魔鬼與妖怪，則由火所創造。但是，《可蘭經》中並無任何段落談及天使生成的方式，再加上火與光是如此相近的能量，可以彼此轉換、生發彼此——光變成火，火變成光——如果我們想追根究底，也只是徒然，因爲唯有阿拉才知道其中眞相。

如同基督教的天使，伊斯蘭教的天使並無性別上的分野，而如果他們具有某個性別（有些人相信他們有），他們很可能也不會使用它。所以，就這一點而言，比起處在我們之上的天使來說，人類甚至被認爲擁有較高的進展潛能，因爲我們必須學習如何控制肉慾。

・第五章・
雷鳴如鼓點

・1・

爲何天使喜歡喬裝改扮？他們似乎可以採取，受訪視對象願意接受的任何形式現身；有時候，也能完全無形無狀——或是出現在夢境中，或是成爲靈光一閃的想法，或是化作某種氣力的突然湧現，或是凝聚成當事人心中一股受導引的感受。而且，他們的出現，似乎與一般自然發生的事件無異，不必然會導致人們大驚小怪。這也能夠來解釋，爲何天使的出現，很容易被合理化搪塞過去，而懷疑論者仍舊能以理性的原則來推導來龍去脈，並不會受到奇異事件的影響而改宗，因爲，（我們觀察到）不管發生任何事情，對這些理性主義者而言，他們都可以藉由邏輯，自然而然地去解釋一切異象的發生因由——而這正是天使所帶來的最最神妙的奇蹟！懷疑論者並非不能體驗神祕的神靈經驗，相反地，呈現在他們眼前的奧祕現象，是出之以如此平凡、實際、日常、合理的方式，並不會引起他們的不安——這也是天使所奉行的規則所在：沒有人會接收到，超乎自己所能承受範圍之外的訊息。所以，天使帶來的信息，是以接收者得以完整收訊的形式發出，甚至會以方言來傳達。

同理，那些虔誠的宗教人士或追求靈性的人，並不一定能夠看見異象；這一切端視他們所信奉的教派而定，也許還與他們在心靈上的開放程度相關。即便如此，我們還是驚訝於以下這樣奇特的現象：有關神靈訪視與靈感乍現等等現象，通常與收受者本人的教養歷程與身心條件協調一致。少有印度教徒看見耶穌降臨，而基督教徒通常不會夢見佛陀，雖然很奇怪地，這樣的事情並非必然沒有。我有一位猶太友人，讓她感到恐怖與困惑的是，只要她一吸大麻菸，她就會目睹耶穌基督與所有基督教的象徵符號。透過窗戶的暗影，她瞥見了基督的面孔，或是一個閃亮的十字架；這件事情改變了她的人生。我還認識另一位女人，成長背景是聖公會教徒（Episcopalian），有一天目睹異象，所遭受的衝擊如此劇烈，被認爲精神失常。她當時在紐澤西收費高速公路上駕車行進，然後天啓異象就在她面前展開——她看見掃羅（Saul）踢走了他的馬，在前往大馬士革（Damascus）的路上突然眼睛失明。她後來因爲逆向行駛被警察攔下。她說，她剛剛看見另一個時空的景象；而當她從恍惚出神的狀態漸漸恢復過來後，她就一舉改變了自己的穿著、飲食、慾望、禱告等等習慣，並前往印度，成爲印度教徒，事實上最後是成爲一名女祭司。她今天在美國東岸地區主持一間道場。她的

我仰首觀雲，有兩名男人正往那兒來，他們的頭朝前，就像箭矢斜斜地朝下俯衝；當他們到達那兒，他們唱起一支神聖的頌歌，而雷鳴宛如鼓點敲擊。我也為你唱這首歌；歌曲與鼓聲，就像這樣：「聽啊，神聖的聲音正召喚著你；整個天空響徹神聖的召喚之聲。」

——《布萊克．艾爾克如是說》（*Black Elk Speaks*）

故事很耐人尋味，因爲實屬罕見。天使與神祇現身時的模樣，通常會以訪視對象所處的文化傳統來裝扮自己。

天使對某些人會化身動物現身。先知以利亞在荒野中，由大烏鴉啣來食物；烏兒早晚各飛來一次，帶來上帝給予的維生食物。牠們是天使嗎？

就美國的印第安人來說，大型的飛禽，如大烏鴉與老鷹，鮮少會幫助人類，也不會玩弄幻術、醫治病人、帶來火種或傳送來自上帝的訊息；通常是由「精靈」擔任這樣的角色，他們有時有翼，有時無翼，友善地行走在人們之間，指引他們遠離災禍，並以薩滿巫術來幫助人。

珮蒂．利普門（Patti Lipman），之前是位人類學家，在史密森尼學會（*Smithsonian Institution*）任職，研究對象是西北海岸的印第安人。她總是感覺自己對烏鴉有份親近感。她說，烏鴉會嘲弄你、揶揄你；牠們會趕走掠食者；牠們很聰明，可以馴服牠們。烏鴉是珮蒂的圖騰動物。當她處在比較低潮的時期，她就會尋找烏鴉，而只要她看到一隻，她就知道接下來將一切順利。牠們是她的天使。

有一年，珮蒂在韋爾鎮（Vail）發生滑雪意外事件。她撞上了一棵樹，導致肋骨骨折，與右手、右手肘的神經損傷。這類高速衝撞事件，通常死亡率很高；每年總會有三、四位滑雪高手，死於撞樹意外。

事件發生後，她鎮日獨自一人療養，等待身體復原；她說，當時的疼痛，眞是難以忍受！她坐在沙發上，這就是她的活動空間，她一個人拿著遙控器看電視。她無法站起來，她開始哀嘆：「爲什麼是我！神啊，爲何這種事會發生在我身上」？

然後，她看見兩隻烏鴉停在附近人家的屋頂上。她感到很驚訝，因爲，她說，在韋爾鎮很少見到烏鴉。牠們飛到她的陽台，停在欄杆邊上，接著她清清楚楚聽見一個聲音說：「不過，珮蒂，我們讓妳活了下來」。

之後，我會講述我自己跟一隻天鵝相遇的經驗，但是先談談侯葡・麥唐娜德的故事。她是一位作家，她寫過有關一名年輕女孩蘿莉（Laurie）所遭遇的事情：蘿莉有一天晚上，很晚才搭巴士回家，發現自己被一名形跡可疑的男人盯上。她很恐慌，於是開始禱告。在她要下車的那一站，有一隻大白狗站在路邊，是一隻大白熊犬（Great Pyrenees）；這隻狗兒的頭在她的手的下方晃動，亦步亦趨跟在她的身邊，一路護送她到家爲止。那個男人因此有所警戒，閃人走開。而到了她家門口，大白狗隨即消失不見。

對於住在靠近大自然的人，聖靈可說無所不在——大岩石、小石頭、樹林、河流、動物、沙漠灌木叢等等，都有他們隱藏的身影。神性在四處閃爍，所以，我們的守護聖靈爲何不會恰好陪伴在你我身邊呢？爲何心思純眞如孩童的遊牧民族，不應相信他們的感覺呢？

居住在比較接近大自然的人們，必然會相信這樣的道理；他們很難忽視萬物互有關聯的想法。而死亡也是一樣；在鄉間，隨處可見死亡，你不斷見到鴨、豬、蛇、魚、貓、優秀的馬匹、聰明的獵犬一一死去，而也還有嬰兒或家族成員之死。當你遠

「兩名聖靈為布萊克・艾爾克（Black Elk）降臨」，美國原住民繪畫，二十世紀。

世界充滿著上帝崇高的印記，

它會頃刻點亮四處，如同金箔波動的閃光。

——哲羅德・曼利・霍普金斯（Gerald Manley Hopkins），〈上帝的博大〉（*God's Grandeur*）

離市中心，像個隱士過著孤獨的生活，並由此獲得寧靜與安詳，你後來會猶如神祕主義者一般觀看事物，聽覺也變得更爲敏銳，直到你自己最終也融入生與死、絢爛與平淡這樣單純的奇蹟之中。達到這樣境界的歷程，可能會花上數日、數月，甚至數年之久。僧侶、隱士、薩滿，與所有的哲人、聖人，皆尋求如此的孤獨，並付出時間去禱告（這是無止無盡的努力，一般人恐難以忍受），因爲，唯有如此，才得以踏進直接與上帝接觸的大門。

靜默自處，便能悟得自己即上帝。

一旦發生這樣的領悟——我們隨即脫胎換骨！

一八五三年，蘇瓦米許族（Suwamish）的酋長西雅圖（Seathl），在一封寫給當時的美國總統富蘭克林・皮爾斯（Franklin Pierce）的信中，寫道：

白人務必對待這片土地上的野獸，如同自己的兄弟。我只是一介野人，我無法想到還有其他與大地相處的方式。在大草原上，我看見數以千計任憑屍骨腐爛的野牛，都是那些搭火車經過此地的白人所隨意射殺的結果。我只是一介莽夫，我無法理解，爲何一列噴出濃煙的鐵馬，會比我們因爲維生所需才宰殺的野牛還要更重要。

沒有了動物，人類會如何？如果野獸絕跡，人類只會墮進精神的巨大孤寂中死

如果我們能透視與敏銳感受人類的一般日常生活，就好像我們可以聽見青草生長與松鼠心跳的聲音，那麼，我們將死於寧靜的另一面轟隆作響之中。

——喬治・艾略特（George Eliot），《米德鎮的春天》（*Middlemarch*）

去。因爲，無論這些動物遭遇了什麼事，皆會牽連人類。所有事物是環環相扣的……無論大地遭逢什麼禍事，一樣也會降臨在大地之子身上。

・2・

在古巴比倫時代，人們崇拜一系列的神祇，包括有：長有翅翼的人頭牛身神、名叫尼波（Nebo）的神、月神，與許許多多的「蘇卡利」（Sukalli），即天使信差，他們是眾神之子。而瑣羅亞斯德（Zoroaster）引介了一神教的信仰進來，將古巴比倫與亞述的一干眾神，轉化成天使長，而這些天使長再慢慢滲進猶太教與基督教的信仰之中，並從此確定下來。在猶太人遭囚禁於巴比倫的時期中，祆教的勢力達於顛峰。大利烏王即以祆教爲官方宗教；今日西方有關天使的許多說法與認識，即可追溯自這個時期所肇下的影響。

瑣羅亞斯德，或稱查拉圖斯特拉（Zarathustra；這個名字意謂「駱駝成群」）；他所生活的年代，大概在距今西元前一千年至西元前六百年中的某段時期。他出生在瑪代王國（Medea），活躍於巴克特里亞（Bactria）地區，本身是一位先知，反對著當時在教義上可能與印度教《吠陀經》（*Vedas*）相近的宗教；這個宗教擁有拜火的儀式，並以牛爲祭品，可能崇拜著女上帝與神祇巴力。瑣羅亞斯德努力使人們戒除這樣的多神教，而改以信仰講求倫理道德的一神教。如同佛陀在五百年後所倡行的教義，他也高舉善念、善言、善行的大纛；他教導人們說，世界在無休無止的善惡鬥爭

當我鋪下大地的根基……當晨星齊聲歌唱，上帝之子也同聲歡呼，你人在哪裡？
——〈約伯記〉，38:4,7

中分裂爲二，而我們應當分辨善惡，時時進行抉擇。

在祆教中，由至高的唯一上帝阿胡拉・瑪茲達（Ahura Mazda）統領善，他是「智慧之主」，是純粹無上之光。而對抗他的惡靈，則是安格拉・麥因努（Angra Mainyu），或稱阿黑丁（Ahaitin；即「撒旦」），他是黑暗之靈，麾下圍繞著一群魔鬼，或稱「迭伐」（daeva）。不過，有七位「阿麥沙・史班塔」（Amesha Spenta），即天使長或聖靈，會協助阿胡拉・瑪茲達，接受他的指令行事，而他們分別代表七種基本的道德概念。這七位天使容有許多不同的名字，而某一系列的名稱，可以翻譯如下：「善知識」（或「智慧」）、「眞理」（或「道路」）、「虔誠」、「救贖」、「不朽」（或「美的喜悅」）、「服從」與「幸運」。這七者又分別守護著某個領域：「智慧」是大地的保護神，「眞理」是火的保護神，「美的喜悅」是植物的保護神，等等。善者「阿禧」（Ashi）是「神恩天使」，她是「阿夏」（Asha）的女性版，而阿夏代表著眞理、正義、美德、神聖、宇宙律法與秩序。凡是追隨阿夏的人，亦即服從神的眞理與神聖律法的人，阿胡拉・瑪茲達都將賜予他滿滿的祝福（此即「阿禧」）。阿禧爲「阿麥堤」（Armaiti）所生，並受其保護；阿麥堤是「信仰天使」，或意謂「落處於我們心中的上帝之愛」。阿麥堤的三個兄弟與玩伴，分別是：「斯瓦夏」（Sraosha），即「神的靈光天使」；「瓦戌努」（Rashnu），即「正義天使」，他會在靈魂將死之際考量其善行與惡行間的比重；「麥爾」（Meher），即「光明與慈悲的天使」，他會在瀕死的困頓時期中，持續支持與安慰

僅僅上帝，就已足夠。

——亞維拉的聖女大德蘭

靈魂。

此外還有其他的天使，或稱「亞札塔」（Yazata），包括：「塞可龐波」（Psychopomp），他是「天界的護衛」，主管「物質世界」；「伐塔」（Vata），駕馭空氣與風；擁有一千隻眼睛的「米斯瓦」（Mithra），他之後成爲波斯人的「光明上帝」，他本身即是一個神。在祆教裡，米斯瓦則是天地兩邊的媒介天使，亦是法官與世界的保護者。在古代的紀念碑上，他被刻畫成一位俊美的青年，將一把短劍插進公牛的脖子裡；祭拜他時，於地下墓穴中舉行，儀式則包括灑水禮、吃奉祭用的麵包與水、以蜂蜜進行塗油禮等。

似乎直到瑣羅亞斯德的時代之前，最高的神明，不管其名諱爲何，皆包含善惡二端，並無區別好壞的概念；上帝兀自在人間播弄事件，而由人們去感知是善是惡，並予以命名分別，但是那些事件原本既非善、亦非惡，或者，也可說成是包含著善惡二者的種子。而隨著祆教的傳播，善惡二元性逐漸爲人熟悉；我們於是知道，一邊有善天使，而另一邊則是惡魔鬼，兩相對峙。他們進行著不平等的戰鬥，因爲善始終會獲得最後的勝利。

西元前三三〇年，亞歷山大大帝（Alexander the Great）幾乎將祆教的勢力範圍掃蕩一空。在西元七世紀，伊斯蘭教征服了小亞細亞，則徹底根除了祆教餘眾；在西元十世紀，大多數的祆教徒均遷往印度，他們在那兒被稱爲「帕西人」（Parsee），直至今日，仍維持著一個小宗派，由於實行嚴格的內族通婚制度，所以族群規模日漸縮

「一位有翼的人物，屈膝跪在聖樹之旁」，攝自位於尼姆羅德（Nimrud）的亞述納希帕爾二世（Ashur-nasir-apal II）之宮殿上的一塊牆板，西元前九世紀。

在靈性的朝聖之旅中，自始至終，想要與上帝面對面相會的強烈、堅定的熱望，就是引領你達成目標的燈塔。

——迪力普・庫瑪・洛伊（Dilip Kumar Roy），《星辰朝聖者》（*Pilgrim of the Stars*）

小。

在今天，帕西人已經同化入印度教的社會之中，他們在服飾與習俗上皆無相異之處。還有大約二十五萬人生活迄今，大部分住在孟買（Bombay）附近。

瑣羅亞斯德曾針對天使，寫過大約二十一首頌歌。以下是從查拉圖斯特拉所著的《詩歌集》（*Gathas*）中，選錄兩首：

當我目不轉睛凝望你，我才了解到，在我心中的你，哦，瑪茲達，是最初與最終的永恆，是否胡・瑪納（Vohu Mana）之父，亦即「善心」之父，是阿夏的眞實創生者，亦即「神聖律法」的創生者，而且也是高踞所有生活行動之上的眞主。

——《頌歌》（*Yasna*），31・8

她（阿麥提，即信仰天使）確實給予我們完好的庇護……她是否胡・瑪納（即「善心」）所鍾愛的天使。所以，阿胡拉・瑪茲達爲了她，在太古之初即遍栽茂林。

——《頌歌》，48・6

四、五千年之前（大約西元前二千五百年），亞利安人（Aryan），或稱印歐民族，在伊朗與印度定居下來。他們的最高神祇是「狄伊烏斯」（Dyeus；由此衍生出「Zeus」（宙斯）、「deus」（神）、「deity」（神）等等字眼）。狄伊烏斯是光耀的「天空大神」，是造雨者，是以雷電征服敵人的常勝將軍。他的配偶是「大地之

人類的形式，高過天使的形式；在所有的形式之中，人類的形式是最高者。人類在創造上是最高的存在體，因為他們渴望自由。

——帕諾瑪漢沙・尤迦南達，《一名瑜珈修行者的自傳》

母」（Mother Earth），從他們生化出許多神祇、太陽、月亮與曙光。早期的人們崇拜火與一群聖靈「提婆」（deva）以及許多自然神明。「deva」這個字，意指「閃閃發光者」，但這些聖靈在當時並不一定被視爲天使，如同今日的印度，並不把他們當作天使。

那麼，印度教有天使嗎？我找不到直接的答案。因爲，天使主要出現在一神教類型的宗教裡；在這樣的宗教中，會需要有中介者往來於人世與遙遠的神明之間進行溝通。而在多神教類型的宗教中，神祇本身則可以直接現身授意。在印度，人們並不會看見天使，而是看見上帝，如同基督教中那些偉大的神祕主義者——亞維拉的聖女大德蘭（Saint Teresa of Avila）、聖十字若望（Saint John of the Cross）或諾利其的朱莉安（Julian of Norwich），皆鮮少提及天使，卻屢屢談到基督：因爲，基督即是上帝，直接顯現在他們面前，而且備受他們崇敬。天使則是地位附屬的聖靈。

我有一回去見一位德高望重的印度教大師，就有關印度教的思想中，是否有天使存在的問題請教他。他並不直接切入天使來談，反而討論起萬能的上帝，那遠遠超乎我們貧乏想像力所能及一二的造物主。上帝是絕對的知識、絕對的智慧、無條件的愛。上帝也許擁有一千個名字，但卻是舉世唯一的眞神。在上帝的神性中，並無好壞之別，而只是純粹的存在。上帝無限、無形、無界、無狀，卻需要與人類建立關係，而因爲無形無狀的上帝，意謂著無法看見祂，所以擁有無窮同情之心的上帝，會藉助某個形體現身，以出現在膜拜祂的信徒面前。大師說，上帝會採取「能量」——

「天使環繞著濕婆（Shiva）與雪山女神」，印度教木刻作品，攝自尼泊爾一棟建物的正面裝飾。

在一八九〇年代末，偉大的印度聖人斯里・羅摩克里西納（Sri Ramakrishna）曾被問道：「大師，您相信上帝嗎？」

「是的，我相信。」他回答道。

「大師，您能證明上帝存在嗎？」

「可以。」

「怎麼說呢？」

「因為我看見祂，就像我現在可以看見你一樣，只是還更強烈一點。」

——帕諾瑪漢沙・尤迦南達，《一名瑜珈修行者的自傳》

或稱「夏克緹」（shakti）——的形式，來具現自身。「夏克緹」通常都以女神、提毗（devi）的形式出現，比如雪山女神（Parvati）。（順道一提，「提毗」並不能與男神「提婆」相混淆；提婆在印度是層級較低的自然神靈，而在瑣羅亞斯德的教義與稍後的波斯人的民間傳說中，則等而下之被說成是「迭伐」〔魔鬼〕、「狄夫」〔div：魔鬼〕、妖怪或惡魔。）「難近母」（Durga）是層級最高的夏克緹，不過也還有「時母」（Kali），這一位黑臉裸身的醜婆子，從嘴裡吐出舌頭，渾身沾滿血漬。這都不是我們所熟悉的一般的天使。時母的四隻手裡，分別握著寶劍、盾牌、一個被砍下的巨人首級與一條絞索。她戴著一串由頭顱骨所綴成的項鍊，在狂野的心醉神迷中舞蹈，如此忘我，如此威力十足，以至於在某一刻，會踩碎躺在她的腳下的自己丈夫的腦袋，然後在盲目的衝動中，她會極度驚恐、充滿愛憐地再讓丈夫復活。她嗜飲魔鬼的血。她是上帝諸多面向的一個展現。

還有其他的提毗，比如吉祥天女（Lakshmi），或稱豐饒女神；比如辯才天女（Saraswati），她是一身白衣、氣質平和的女神。提毗一向是女神，是上帝藉由女性形式來顯現自身。瑜珈修行者（yogi）這些虔誠的神祕主義者，可以藉由在身心靈上與這樣的夏克緹或提毗「做愛」——亦即與這些女神交媾——而得到解放與智慧。之後我會回來談談有關天使在性層面上的問題，不過，我們也在基督教中發現與上述相同的表達語彙：當女性聖人委身於上帝之愛時，會稱呼基督爲新郎，而稱自己爲新婦，來表述自己的喜悅心情。

提毗似乎並無肩負信差的功能，不過，印度教中卻也存在有有翼的聖靈，如「欽普奴須」（Kinpuru'sh），他們虔誠地盤旋在眾神之間，勉強可算是天使。他們與神仙生活在相同的空間之中，但卻處在另一個意識層面之上——在此，我無法告訴你，這究竟意謂爲何，或是他們的職責是什麼。另外則還有「天女」（Apsara），這群美豔的藝妓，以音樂、以舞蹈、以愛慕之情、以情色歡愉，來討眾神的歡心。天女是被造來做愛之用的；她們是完美的極樂之愛的施予者，可以無止盡地與情人交媾。天女通常都留在天界。不過，神仙們有時候會遣派她們下凡，去誘惑那些刻正摧毀著宇宙和平的男人，來使他們分心（我們一心只願天女們可以更常下凡來出任務）。天女喜歡愛，喜歡讓她們的愛慕之情受到青睞。她們喜於從所有神妙的情愛形式中，去給予歡快之樂，而且本身不會有麻煩的體液分泌、月經、疼痛、懷孕、生產或哺育等等問題。不過，天女如果一旦成爲天使，就不再負擔以上這樣的事情。

「在早期的印度教宗教思想中，有天使的存在嗎？」我持續追問大師。

他答道：「有的。」但他不知道他們的名字究竟爲何，雖然他思考著波斯人有關「斐瑞斯塔」（Feresh'ta）的概念：這是一群有翅翼的聖靈顧問，他們會讚美與崇拜上帝，可見於傳說故事與藝術作品的呈現之中。但是，在現代印度教的習俗裡面，卻充滿天使出沒的足跡。難道他們是文藝復興時期之後，由西方的商人與葡萄牙傳教士所引入的嗎？

現代印度教的天使，與基督教的天使相仿，一樣也是與上帝的關係較親，而與人類較遠，但他們會尊敬人類中的聖人與先知，如同尊敬上帝一般。帕諾瑪漢沙・尤迦南達（Paramahansa Yogananda），在他所寫作的那本優美的《一名瑜珈修行者的自傳》（*Autobiography of a Yogi*）一書中，曾講述，他在一九二〇年代，去拜訪印度的一位虔誠女人的故事。這位女士是受過開示的大師拉希里・瑪哈塞亞（Lahiri Mahasaya）的妻子與終生伴侶；她向當時還是個年輕人的尤迦南達描述，有一個晚上，她夢見自己的房間裡出現天使，而且夢境非常栩栩如生。她從夢中醒來，結果發現整個房間散射著耀眼的光芒，而在房間的正中央，處於冥想狀態的丈夫則浮在半空中。他居然離開地板，飄浮在半空中！她一時瞠目結舌，自忖著應該還在作夢，因爲在丈夫的周身，有好幾位天使，手掌交叉，正在禮敬進行禮拜儀式的丈夫。

拉希里・瑪哈塞亞對她妻子說，她並非在作夢，而她充滿敬畏與恐懼，跪了下來，謙卑地乞求丈夫的原諒，因爲她此前並不知道他是位聖人。丈夫請她也要對天使鞠躬，而天使則齊聲以天界之音回報她的敬意，然後即消失不見。房間則重回原本的漆黑。

她於是成爲自己丈夫的門徒，而丈夫則不再與她同床而眠。

這是個很令人難受的結局。就我們的思考方式來說，這樣的結局顯得很悲傷——看起來，天使與她的丈夫的偉大靈性力量，似乎把這一對夫妻從婚姻情愛中給拆散開來。這從而強化了，我們對於天上世界抱持懷疑態度的所有理由，因爲我們會恐懼。

我們害怕失落。

我們害怕失落了某些美好的事物。

我們害怕這一切並非眞的爲我們好。

不過，我援引這個故事的用意，是想呈顯，在印度教的異象中，的確存在有天使；如同基督教的天使一般，他們也會出聲歌唱，而且對於將生命交給宇宙無上大能支配的人們，也會表達他們的敬意——很難想像吧！——再者，他們也如同基督教的天使一般，從不接受禮拜，也不能被誤認爲上帝，然而卻可接受人們的崇敬之意。

• 3 •

在馬來西亞，人們把臉上的雀斑稱爲「天使之吻」。道教並無給予天使一個如我們向來所知的正式位置，但是，如果天使意謂著職司服侍的聖靈，是一個崇拜天神並聽候差遣的聖靈，那麼，在中國與日本的宗教之中，天使也是一個經常受到關注的宗教論題。此即所謂的「仙人」（Immortal）：他們原本是一介凡人，一朝得道成仙，就達致永生不死的境界。仙人被歸類爲眾神之列，但在位階上，仍隸屬於眾神之下，與人世間的關係較緊密。仙人如同天使，也能凌空飛翔、周遊不同世界、行使奇蹟、治病療傷、斬妖除魔，與教導智慧。他們就像天使，可以藉由人形或動物外表現身，出手救援與給予勸告，而且也與天使相同，他們本身就是一道訊息。不過，聖人所做的每一次事情，同樣也是一則則的訊息……

的確，我們只要從波斯愈往東走愈遠，有關天使的概念即益發模糊起來。在佛教

「爲天使環繞的彌勒菩薩（Maitreya）的神龕」，北魏時期，西元第六世紀。

中的「菩薩」，這些即將成佛的聖靈，亦可比擬爲天使，因爲，他們如同仙人一般，也選擇下到紅塵俗世，來度化我們，引導我們覺悟。在佛教的菩薩與道教的仙人兩者之間，存在有些許的差異。道教的長生不死的概念，是存在於客觀物質面向上，即身體的永生不死，並且，道教的仙人林林總總、爲數眾多，混合起在地的薩滿習俗與佛教傳統，創造出一系列內容龐雜的傳奇與民間故事。

另一方面，佛教的菩薩是已經達成救贖的高等聖靈（亦即，他們已經被給予機會，可以脫離轉世投胎的輪迴命運），而出於大愛與慈悲，他們決定返回人間普度眾生。

菩薩與靈性世界合而爲一，並且法喜充滿，但他們也是神明的代理人。他們不只是從事著天使的工作——給人類帶來指導、醫藥、獎賞與懲罰——他們也指引垂死者的靈魂在斷氣之際去到適當的處所。

有其他的天使在服侍菩薩嗎？在大都會藝術博物館（*Metropolitan Museum of Art*）中，有一件青銅器的表面雕著一位菩薩，而在他的四周，盤旋飛繞著一群有翼的神祇，表情充滿崇敬與歡欣。

在西元第四、第五世紀，有一個有關於基督教隱士的故事：據說，有一天，一位行政長官來到沛魯西亞（Pelusia），要對住在那裡的修士們課稅，彷彿他們也是一個世俗團體。這引發了這群修士的恐慌；即便在那個年代，也已經有某種程度的政教分離。他們想到，應該就此事去晉見國王，但是其中一位虔誠的修士阿摩拿特哈斯神父

我們所説的奇蹟，並非意謂與自然事物相悖。我們的意思是，如果單單依靠她自己的資源，她絕對無法產生奇蹟。

——C. S.路易斯（C. S. Lewis），《論奇蹟》（*On Miracles*）

（Abba Ammonathas），告訴他們說，每個人都回到自己的修道室中，並且進行齋戒兩週，而他會在上帝的恩典之下，把這件事處理妥當。所有修士皆按照指示行事。然而在兩週進入尾聲之際，修士們卻怏怏不樂，因爲，阿摩拿特哈斯神父只是在自己的修道室中靜坐，完全沒有處理此事。第十五天，依照約定，大家集結在一起，而阿摩拿特哈斯神父出示一封印有國王印璽的信件，人人莫不感到詫異。

「您從哪兒得到這封信的？」所有人問道。

「請相信我，」阿摩拿特哈斯神父說：「最後一天晚上，我去面見國王，他寫下這封信；然後我再趕往亞歷山卓城（Alexandria），請那位行政長官簽名副署。然後我再回到這裡，給大家看這封信。」

每個文化的聖潔之人都擁有這樣的特異功能；不需身體即能雲遊四海，亦能離地飄浮與同時現身兩地，他們也能數週無須進食，彷彿他們全無生理需求。凡是將自己的意志與生命獻給大愛上帝照顧的人，皆能達致如此的境界。

• 4 •

不知已經有多少次，我屢屢被問及以下的問題：我們所愛的人，是否死後會變成天使？這是一個非常古老的想法：在許多文化中，以及許多的哲學家，都始終堅信，人類的靈魂會演化成守護天使，而天使則會晉升至更高的聖靈等級。由此，天使遂成爲「所愛者的亡靈」（manes），而死者的靈魂會幫助還在世的我們。我聽過一個故

「一名大成就者（Mahasiddha）與空行母天使，一起享受著靈性飛翔的喜悅」，西藏唐卡（局部）。

事：一名德國婦女，在丈夫過世十天後，遭遇了一場嚴重的車禍；被撞爛的車子，夾在一輛卡車與一棵大樹之間，但是這名婦女與她的妹妹卻奇蹟式地毫髮無傷，從車子殘骸中爬了出來。她將自己倖免於難的原因，歸諸於僅僅十天前過世的丈夫所起的保護，因爲，她在車禍發生當時，強烈感受到丈夫的存在。這樣的想法很古老：我們相信，我們所摯愛的人會照顧我們，或者他們會很開心見到我們在人間的生活一切安好，雖然說亡靈並非一定是和藹可親的：

這一天，吾兒的亡靈將笑逐顏開，
當我躺在血泊之中，復仇的誓約也付出了代價。

——約翰・德萊頓（John Dryden）

就我所知，全世界沒有哪一個文化不相信死後仍有靈魂存在。我認爲，在儒教中，有關祖先崇拜的作法，將這個想法推展到極致。在儒教中，每個鬼魂可以活上十代的時間，而還在世的後代子孫，必須藉由尊崇與紀念的儀式，來維繫鬼魂的存在。這並非是個簡單的工作，因爲，十代的祖先，意謂著你會有一千零二十四位鬼魂需要服事：你要燒香祭拜，你也要準備供品。當一個個鬼魂在記憶中逐漸褪色，他們在形式上同樣也漸漸變輕變淡，直至最後消失不見。但只要這些祖先的鬼魂依舊「健康」，而且「有如在世一般」，他們仍然會與子孫後代有所關連。他們從未被描繪爲擁有翅膀或來自一個高等神明；就我所蒐集的資料推論，這些鬼魂相當接近於古希臘人的「幽靈」，只要他們的英勇事蹟繼續在吟遊詩人的歌唱中，迴響在時間的長廊之

我的問題如下：人類到底是猿猴，還是天使？如今，我的答案是站在天使的這一方。

——班傑明・迪斯雷利（Benjamin Disraeli）在談及達爾文的《物種原始》（*Origin of Species*）一書時，所做的談話。

中，他們就擁有超越死亡的不朽。所以在史詩《伊里亞德》（*Iliad*）一書中，只要我們心中持續保留有關阿基里斯（Achilles）的英雄功績的記憶，他就還是活靈活現；若非如此，他也只不過是一個徘徊在幽暗冥界中的鬱鬱寡歡的陰魂而已，而且渴望著舉行血祭儀式。

而古希臘人與中國人不同的地方是，在遭逢困境的時候，他們無法請求阿基里斯或阿嘉門農（Agamemnon）的幽靈來幫助他們。這些可憐人的生活，只是處在眾神草率隨意的監督之下，有時還會遭受強加干涉；眾神會經由夢境或異象給予人們訊息，或者，宙斯、阿波羅或雅典娜（Athena）也會直接現身指點。然而，死者的幽靈則名符其實地死了。

就本世紀來說，據說住在加拿大中部、北極圈內的銅族愛斯基摩人（Copper Eskimo），他們堅信每個小孩都有自己的守護靈。在嬰兒的命名上，皆取自最接近他誕生日期的死者的名字；該死者的靈魂被認爲會在嬰兒降生之際，進入他的體內。如果是過世祖母的靈魂，那麼小寶寶就被稱爲「祖母」，如果是舅舅的靈魂，則稱「舅舅」，因爲，剛生出的嬰兒還太小，還未發展出屬於自己的人格。而且，在對待小嬰兒上，會出之以對待成人一般的尊敬；小孩子幾乎可以爲所欲爲——比如玩弄一把會割傷人的刀——而且沒有人會干涉，因爲，「祖母」或「舅舅」很清楚怎麼使用一把刀。直到小孩六歲左右，他可能才會生平第一次受罰；他們相信小孩在這個年紀，已經可以獲得屬於自己的人格與名字。

「觀世音菩薩」，廟宇的大旗圖案，中國乾隆皇帝時期，十八世紀。

然而，這樣的祖先靈魂，並非如我們以爲的，即代表守護天使，原因是，當小孩日漸長大，鬼魂即離他而去。

愛斯基摩人主要崇拜渡鴉、烏鴉、熊、鯨、海豹，而有關眾神的創生神話，則以自然神靈的展現爲主，眾神會協助渺小的人類解決問題，並擊退四處梭巡、想找人附身的魔鬼或惡靈。

・第六章・天堂戰役與地獄王子

讓這一切讚美主的名：
因他一下令，一切皆被創造。
——〈詩篇〉，148：5

・1・

上帝創造天使之後，祂接著創造了人類，並告訴天使要禮敬人類，要尊敬他們、照顧他們。在某些說法中，正是這樣的原因，引發了天堂戰役與撒旦的墮落；出於驕傲或嫉妒，撒旦拒絕了上帝所交派的照顧人類的工作。但另外一些說法則指出，遠在亞當與夏娃降生之前，魔鬼的勢力早已蓬勃發展起來。

這些故事並非出現在《舊約聖經》。這部經籍，並無提及墮落天使或天堂戰役，但在《新約聖經》中，當時住在拔摩島（Patmos）上寫作〈啓示錄〉的約翰，曾談到，米迦勒率領天使大軍對抗龍、撒旦與他的魔鬼兵團這一場天堂大戰（〈啓示錄〉，12：7—9），與欺瞞了全世界的蛇，如何遭放逐到人間，以及天使部隊如萬箭般從天而降的經過。

耶穌在〈路加福音〉，也談及此事，他說：「我見到撒旦墮落，如同一道劃開天堂的閃電。」

而五百年後，在伊斯蘭教中，這段故事改頭換面成爲一則傷痛的愛情篇章。在波斯人的版本中，上帝創造了天使來讚美與崇拜自己。然後上帝創造了人類，有男人與女人，並且要求天使服侍他的新造物。但是撒旦，或稱伊比利斯，是所有天使中最珍愛上帝者，他拒絕向人類行禮，他只願意朝拜創造他的上帝。

上帝說：「離開我的視線」；撒旦於是立即被拋入地獄，因爲，要讓所摯愛的主人看不到你——只能被驅逐出去——就會落入地獄。而他如何忍受與所愛上帝的分離之苦呢？他在心中留存著上帝的記憶，迴響著祂所說的那句「下地獄去」的回音。

我們必須了解到，善天使與惡天使比鄰而居，不過他們之間的「距離」卻相隔極大。雖然，天堂位於地獄之中，而地獄也位於天堂之中，但是二者之間並非直接可見。即使一心想要進入天堂的魔鬼，要走上好幾百萬英里的路程，才得以看見天堂，但他還是身在地獄之中，看不見天堂。

「米迦勒與天堂戰役」，阿爾布雷西特・杜勒（Albrecht Dürer）的「啓示錄」系列作品，木刻版畫，十五世紀。

祂創造了你，以泥土塑造了你，然後告訴天使：在亞當面前俯伏在地！天使於是俯伏在地，除了伊比利斯之外，就只有他沒有伏下身子。

祂說：當我下了命令，是什麼問題阻止了你不俯伏在地？（伊比利斯）說：我比他好。您以火創造了我，而您只用泥土捏造了他。

祂說：那麼你下去那裡吧！這裡不是你表現驕傲的地方，那麼你就下去吧！聽著！你屬於那些墮落者之一。

——《可蘭經》，7

——亞可布・波墨（Jakob Böhme），《大奧義》（*Mysterium Magnum*）

在西元第二世紀之時，基督教即普遍以爲，每個男人、女人（特別是每個小孩）的身邊，都有一位守護天使；而有些人相信，我們每一個人都擁有一位善天使與一位惡天使，用來衡量我們的行爲：善天使站在右肩上，惡天使站在左肩上，而在我們的一生中，我們無時無刻都要在二者之間進行選擇。然而，天主教教會從未正式宣說，有關天使如何犯了罪而被貶爲魔鬼的過程；也沒有在教義上表明每個人都有守護天使，甚至沒有指出天使有階級排序。

・2・

我認爲，所有宗教都有撒旦式或魔鬼式的人物，他們長於說謊、欺騙、扭曲眞理，並且會以虛榮、恐懼、疑惑、縱慾與貪婪，來引誘軟弱的人類。我並無任何權威地位可以來談魔鬼之事，但我至今看過三次有關魔鬼附身或驅邪的案例，而從這些有限的經驗出發（我很高興不用再知道更多），我相信——我是漸漸這麼相信——邪惡，並非僅僅是上帝的闕如，而是它本身即具有一股明顯的力量。它伴隨有某些現象。第一，被附身的人會知道它的存在：他們會知道「有事情不對勁」，彷彿有一股其他的莫名力量抓攫住他們；他們完全無法控制，他們感覺有東西活在他們體內。第二，他們受苦；他們的痛苦是如此難捱，他們同時感覺到身體的疼痛與可怕的孤寂。第三，他們深感驚恐，但這種恐懼，遠遠超乎所有人偶爾會經受到的那種不安；被附

「天使禮敬亞當與夏娃」，伊斯蘭教手抄本上的繪畫。

> 魔鬼是具有理性心靈與消極的不死靈魂的動物。
> ——阿普列烏斯（Apuleius）

身的人完全陷在最殘暴的恐懼深淵之中——有時則是憤怒——其程度之劇烈，是我從未見識過的。所以，我認爲魔鬼本身必定日日遭受憤懣與恐懼的折磨。最後一點，也是最有趣的，就我所見到的這三個人來說，他們個個俊美有加——在外表上，如此具有魅力，我不禁頻頻讚賞他們的優雅模樣，而其中一個人，還擁有一雙柔軟、晶瑩的眼睛……但是他們每個人都鬱鬱寡歡。他們的靈魂都在憤怒與寂寞中呼求救援。

威廉・布雷克認爲，魔鬼是上帝的另一個面向，受到啓示的靈魂可以在魔鬼所發散出的屬於天使長的閃亮光輝中，辨認出上帝使者的另一個模樣。

有關附魔與瘋狂兩者間的差別，我並無任何可以提出一談的論點；在我們的社會中，甚至去思考有關邪惡或魔鬼的概念，本身就被視爲有點瘋狂。而我想說的是，毒癮與其所引發的傷害，完全是魔鬼作弄的惡事；這樣的說法不管是比喻或眞有其事，我都覺得沒什麼差別。

在中世紀時期，人們相當關注「天使何時被創造出來」這樣的議題。而問題的答案，莫衷一是。是在上帝將黑暗與光明劃分之時？還是在祂把天空與海洋分開之際？聖伊皮凡尼烏斯（Saint Epiphanius）認爲，天使在開天闢地之後被創造出來，但聖奧古斯丁則主張，天使與天地同時俱生。

> 上帝稱穹蒼爲「天」。有晚上，有早上，是第二日。
>
> 上帝說，讓天下的水聚集在一處，讓乾燥的土地出現；一說完，水與地即各就其

位。

上帝稱乾燥的土地爲「地」，聚集的水爲「海」；上帝以爲這樣很好。

——〈創世紀〉，1：8—10

那麼，何時興起邪惡勢力？形成的過程如何？它是隨著上帝而來，還是來自他處？魔鬼也會得到救贖嗎？他們可以享受上帝之愛嗎？

在印度教的哲學中，魔鬼之所以行惡，是因爲他們不知好壞之辨。但在基督教〈擁有最慈悲上帝的宗教〉的教義裡，魔鬼從一開始即知道善惡之別，並且始終選擇惡的一方。

墮落的智天使如果軟弱，是可悲的
要繼續做什麼，或者受苦：唯有這件事是確定的，
行善絕非我們的工作，
作惡則永遠是我們唯一欣喜的來源，
去違逆他的崇高意志
正是他，我們所反抗的正是他。

——約翰．米爾頓，《失樂園》，第一卷

在《聖經》中，撒旦作爲魔王的角色，是在祆教的影響之下、在猶太人囚禁於巴比倫之後，才出現的。而在此之前，撒旦依然處於天庭之上，是上帝的僕從之一。確實，在〈約伯記〉，撒旦表現得如同上帝的伙伴，會質疑與挑戰上帝的判斷，但用意

「逐出天堂」，阿爾布雷西特・杜勒木刻版畫，十六世紀。

卻是在證明上帝的至善與權威。直至巴比倫時期的影響之後，撒旦才一躍成為反對勢力，而其威力幾乎可與上帝分庭抗禮。

慈悲為懷的希臘哲學家與教會大老俄利根（Origen），將魔鬼視為是演化進程的一個階段，他們會花上好幾世的生命，爬離悲哀與孤寂的深淵，往上朝向上帝之光前進。但是，其他人則認為，甚至是天使也協助不了魔鬼去找到上帝，或讓他們自嚴峻的苦痛中獲得解脫。不過，我骨子裡依舊是個浪漫之人；我總是想著以下的故事，以安慰自己：在伊斯蘭教中，「榭坦」（shaitan，即「惡魔」）屬於魔鬼的一個階層，而其中有一個榭坦，他是伊比利斯的曾孫，他來到穆罕默德面前，聆聽幾章《可蘭經》的經文，以作為邁向快樂之途的第一步。

伊斯蘭教的天使，是在人類被創造之後，才往下沉淪，但是猶太基督教的天使，卻是在上帝捏塑人類之前即走上墮落之途。那麼，真正的時間究竟為何？但丁在一三〇〇至二〇〇年間所寫作的《神曲》（*Divine Comedy*）中說：「在『時間』創造之前，在他們統理天堂之前」，惡天使旋即墮落——「比你數到二十所需的時間還快」——而在撒旦驕傲的神色中，惡天使通通被驅逐出去。然而，三百五十年後，置身在人類時空視野下的文藝復興時期、寫作《失樂園》的米爾頓，則將「天使墮落」的時間點，放在三日慘烈的天堂戰役之後；這場叛亂最後得以弭平，是因為上帝之子（在天父的命令之下）的親自介入，他們擎著一萬根「雷電」下場迎戰。而謀反的天使，他們「頑抗的意志與勇氣盡失；派不上用場的武器掉落一旁」，一心只希望崇山

「路西法（Lucifer），地獄之王」，古斯塔夫・多雷（Gustave Doré）的作品，版畫，十九世紀。

峻嶺可以落在自己身上，以保護自己免於遭受盛怒上帝的懲罰。他們跌撞入天堂的水晶之牆，

從玄祕的穹蒼中，全身著火，往下倒栽墜落
是這麼恐怖的焰火焚燒，直直墜向
無底的地獄

天堂中龐大的天使軍團，有三分之一跟隨撒旦參與叛變，「惡天使的數目，無法盡數」，而且，這些天使皆是菁英之最：「偉大的熾天使首領與智天使」。

座天使與莊嚴堂皇的能天使（powers），天堂的子嗣
還有靈妙的力天使（virtues）；難道這些頭銜
如今皆須捨棄，通通改稱爲
地獄王子？

——約翰・米爾頓，《失樂園》，第二卷

撒旦花了九天的時間，從墜落之傷復原起來，然後重整旗鼓，自己一個人悄悄接近亞當與夏娃這兩個新近在天堂中形成的造物。這首長詩即是描寫他們兩人失落天堂的過程。

米爾頓筆下的魔王，被禁錮在一座燃燒的湖上，他的身形巨大。當他走動之時，他砍了一棵比船桅還高的樹，以作爲他的權杖。他使用一對敏捷的翅膀飛翔；他還尚未喪失，作爲熾天使之時，所具有的獨特光芒與天使的光輝。而之後，在長詩當

中，他改用蝙蝠翅翼，前去尋找伊甸園；其他的天使看見他「一臉邪惡、晦暗的偏執神色」，遂認出他來——當他意外碰觸到天使伊斯瑞爾（Ithuriel）的兵器「天使之矛」，他在訝異之餘，臉色扭曲成原本的自然狀態——充滿恨意——而且變成「格瑞斯力王」（Grieslie King）。

> 四面八方皆是懾人的地牢，
> 一座大火爐熊熊燃燒，但火焰所放射出的
> 並不是光，而是映入眼簾的幽暗
> 僅用來探看悲哀的景象
> 傷心的國度、陰鬱的冥府……不斷燃燒著
> 永無止盡的硫火。
>
> ——約翰・米爾頓，《失樂園》，第一卷

撒旦住在地獄宮殿之中，四周一片渾沌之氣，但誰能指出這個地方的確切之處？它經常變動不居。

> 心即是它的處所，而心的本身
> 即能夠以地獄來形成天堂，以天堂來形成地獄。
>
> ——約翰・米爾頓，《失樂園》，第一卷

米爾頓稱呼魔王爲撒旦；而但丁稱他爲路西法或狄斯（Dis），並把他凍藏在冰湖之中，而非置放在熾熱的火坑中，因爲寒冰更適合於無法愛人的冷血心

在米爾頓的長詩中，墮落天使形成一大群的集團，占有原本天界軍團的三分之一，而且來自所有的天使階級：權天使（principalities）、力天使、智天使、熾天使、座天使等。而僅有其中一些天使提及了名字：

撒旦，即魔王
別西卜（Beëlzebub），位階僅在撒旦之後；在其他文獻中，亦稱蒼蠅王或糞屎王，他會誘引人們崇拜異教
摩洛（Moloch），一位令人聞之喪膽的惡神，渾身塗滿獻祭的人血
基抹（Chemosh），摩押人（Moab）的子孫所害怕的神，亦稱比珥（Peor）
巴力，一位男神
亞斯他錄（Ashtaroth），一位女神
亞斯托瑞特（Astoreth），戴著一頂新月形角冠（亦稱為阿斯塔蒂〔Astarte〕，天之女王）
阿撒瀉勒（Azazel），「一位高大的智天使」
瑪門（Mammon）
塔姆茲（Thammuz）
大袞（Dagon）
臨門（Rimmon）
彼勒（Belial），最邪淫之鬼，一開始卻是集優雅與慈悲於一身，由舌頭上會掉下稱為「嗎哪」（Manna）的食物

以上這些墮落天使，連同異教的神祇如歐西里斯（Osiris）、伊里斯、歐勒斯（Orus）、金牛犢（Golden Calf）與希臘諸神等，一起落處在地獄之中。

在撒旦陣營裡，有其他六位天使被擊倒，但並無列名在墮入地獄的名單裡。難道因為這些天使死於那場慘烈的戰役中嗎？他們分別是：

亞得米勒（Adramelec）與阿斯瑪代（Asmadai），兩位皆為座天使

亞利（Ariel）

亞歷爾克（Arioc）

雷米爾（Ramiel）

尼斯洛克（Nisroc），是一位權天使

沒有加入撒旦陣營的善天使，則包括：

烏列爾

加百列

米迦勒

拉斐爾

烏西勒（Uzziel）

伊斯瑞爾

列朋（Zephon）

亞必迭（Abdiel），一開始受到誘惑，但之後拒絕加入撒旦的軍團

腸。但丁筆下的路西法，同樣也身形巨大，而且醜惡懾人的程度，一如他之前令人動容的俊美。他的頭上有三張臉。正前方的臉是紅色的，另兩張比鄰的臉，則位在肩膀之上，一張爲黃白色，一張爲黑色。

> 在每一張臉之下，皆伸出兩隻強有力的翅膀，翼幅相當於一隻巨鳥，如同海船之帆，我從未見過如此寬廣的船帆。翅膀上並無羽毛；它的形式與質地宛若蝙蝠；當他鼓動翅翼，會捲起三股風從他向外吹起。
>
> ——但丁，〈地獄〉（*Inferno*），34

這些蝙蝠翅膀所搧出的寒風會使湖水結冰，路西法於是就受困於湖中。從六隻眼中，他流下血水之淚；而每一張嘴，則恨恨咬著一名叛徒……其中一位即是猶大。

在《神曲》中，但丁回答了所有困擾中世紀學者的形上學問題——有關世界的創造，與「假使上帝是善心的，痛苦如何有存在空間」的疑惑；有關天使的肇生、某些天使的墮落、天使從何形成，以及，是否他們可以思考與進行邏輯推論，或者，他們純然只是上帝的工具——就像個機器人或發條玩具，全無選擇愛或不愛的自由意志，而那是人類所擁有的能力。

天使會思考嗎？但丁說，天使永遠可以同時看見所有事物，所以並不需要記憶或邏輯或推理能力。

然而能夠思考與使用自由意志的人類，卻特別爲上帝所鍾愛。正因如此，點燃了撒旦的怒火，去對抗——

……安坐在幸福寶座上的
稱爲「人」的新族類，這一回
被造得如我們一般，雖然擁有較少的
能力，也不盡完美，但卻比較討統治一切的
他的歡心……

——約翰・米爾頓，《失樂園》，第二卷

在猶太教的傳統中，天使是男性；而在基督教的傳統中，天使則是雌雄同體。當從中世紀過渡到以自然物理爲導向的文藝復興時期，基督教的天使漸漸以輕盈的、較爲女性化的外表來呈現。然而，在十七世紀，當人們的注意力更加集中在塵世之上（這已經離但丁筆下那些散發出環形光芒的人物爲時甚遠），米爾頓所描寫的天使即具有某種官能性，卻也讓他受到各界責難，因爲，他筆下那些一例爲男性的天使，能吃喝、能排泄、能享受魚水之歡，雖然比起我們，他們的具體形象更爲細緻精巧，唯有具有透視能力的人方能親眼目睹他們。所以，拉斐爾與亞當、夏娃席地而坐——這兩人在天氣溫暖時即一絲不掛，心性天眞一如孩童——而且，眞摯地吃下遞給他的食物。

然後他告訴這兩個人類，有關天使的性活動。米爾頓寫道，因爲聖靈可以隨心所欲決定他們的性別，不管是男是女，或雌雄同體，皆可任其爲之，所以他們的本質

「阿爾比恩（Albion）之舞」，威廉・布雷克的作品，版畫，十八世紀。

「並不複雜」。再者，拉斐爾解釋說，「沒有愛就沒有快樂」，而愛要求彼此分享。他們做愛的方式，是在雙方的慾望促動之下，相互穿進彼此體內，就像兩片翅膀交合在一起一般。

不管你多麼純粹地享受肉體，
（拉斐爾說）……我們也
盡情盡興享受，沒有任何障礙
會發生在薄膜、關節或肢體之上，毫無阻滯：
當聖靈彼此擁抱，比空氣之間的交流更容易，
他們全然相混起來，純粹與純粹聯姻，
慾望：當肉體交疊，或靈魂交合
完全不會受限於交流的方法。

——約翰・米爾頓，《失樂園》，第八卷

這相當不同於魔鬼的性活動——米爾頓同樣有所描寫——因爲惡靈的假面具之一，就是對於性的誤用。在撒旦仍然是一位上帝御座旁的熾天使時（亦即他還尚未與上帝兵戎相向之前），有一天發生劇烈的頭痛，然後從中迸出一位美麗的女天使。撒旦於是壓在她的身上（雖然他當時還是純潔的熾天使），以她來解決相互滋生的、令人生厭的糾纏肉慾。她的名字稱作「罪」（Sin），而他們兩人亂倫所生下的兒子稱作「死」（Death）。在米爾頓的長詩中，「罪」（如今已從美貌轉爲不忍卒睹的醜

唯有一種自由：與死亡和平共存。如此一來，凡事皆有可能。我不能強迫你信仰上帝。信上帝，意謂著與死亡達成協議。當你接納死亡，上帝的問題也就迎刃而解——這是唯一的路。

——阿勒貝爾・卡謬（Albert Camus），《筆記》（*Notebooks*）

怪）與她的兒子「死」，守衛著地獄的大門。當撒旦爬出他的洞穴要去尋找亞當與夏娃，「罪」立即阻止了他。

在某些較早的猶太教法學專家著作中，撒旦是「死亡天使」，因爲，死亡在當時被認爲是一件惡事。不過，死亡與罪惡已不再是相連的概念，而在上帝的命令之下，死亡天使如今已是一位神聖的傳令人。

・3・

我們不能把魔鬼與死亡天使相混淆。魔鬼的特長（不管在眞實上或比喻上）是謊言連篇，他致力於使我們相信，在我們的苦痛與疑惑之上，宇宙並不存在有任何秩序。即便我們相信他的說法，也許僅僅只有一刹那的時間而已，我們也會絕望地被拋擲進地獄之中；我們的內心會感覺到一股駭人的空虛，而求助於毒品、性愛、謀殺、戰爭或貪婪等等任何可以麻木痛苦的東西。但是，死亡天使展開明亮的羽翼，這完全不可同日而語。

鄉村歌手強尼・凱許，兩度見到帶來死亡消息的天使。第一次是在他十二歲的時候，天使的降臨，讓他的房間盈滿莊嚴的氛圍；天使來告訴他，他的哥哥傑克即將死去；而許多年後，天使再度降臨，一樣光芒四射，而這一次是預言他的好友強尼・霍頓（Johnny Horton）死亡的消息。第一次來的天使，「我只能這樣描述……他並沒有臉，而周身散發出燦爛的光芒。他也沒有翅膀或光環。他講話的聲調很輕柔，他說：

這些無垠空間的永恆靜謐，讓我心驚不已。

——帕斯卡，《沉思錄》（*Pensées*），206

『你的哥哥傑克就要過世了』。然後他就消失不見」。這兩次天使的造訪，他都感受到心底湧出一股甜蜜的平和情緒，所以在哥哥與好友去世之際，他的心裡已經有所準備。

另一個故事：住在華盛頓特區的貝絲·匹考克（Beth Peacock），她的父親有一回同時見到好幾位死亡天使。

事情發生在七月。當時，貝絲的祖母要過九十一歲的生日，於是貝絲飛到北卡羅萊納州（North Carolina）的威爾明頓市（Wilmington），去接祖母前往維吉尼亞海灘市（Virginia Beach）的父母家來慶祝，因爲，貝絲的母親是祖母的獨生女，即將不久於人世。貝絲的媽媽潔西蓓絲（Jessiebeth）罹患肝癌，這完全出乎眾人意料之外。在六個月前，即當年一月，潔西蓓絲去醫院進行一項小手術，結果卻發現結腸上有顆腫瘤，而且癌細胞也已經轉移到肝臟。

貝絲的父親去機場接她與高齡的岳母，而在載送她們回家途中，他講述了前一天晚上所發生的事。他講話的語氣既單純又平淡，彷彿在談論農產品價格或股票市場消息，完全是一位見過世面的退休商人所做的尋常談話。

「當我上床睡覺時，妳的媽媽已經靜靜地在休息了。然後我突然驚醒。潔西蓓絲並不在床上，我感到又驚又怕。我跑進書房。房間裡有好幾位天使。

「就像作夢一樣，但又不是。潔西蓓絲正要跟他們離開。我簡直急壞了。我叫她回來。我求他們不要帶走她。然後他們就消失不見。

他們的臉龐是活生生的火焰，他們的翅膀金光閃閃；至於其他的部分，他們的白晰是如此極致，連雪花都無法匹配他們所透顯的晶白。當他們往下爬到那朵盛開的玫瑰之上，一層又一層，他們彼此分享著所獲得的安詳與熱情，翅膀則不停地在身邊開闔。

——但丁，〈天堂〉（*Paradiso*），31

「我跑進客廳，希望可以找到他們。但客廳裡，一個人都沒有。我全無頭緒，不知道該怎麼辦。我回到臥室來，然後我發現妳的媽媽，睡在床上，就像她之前一樣。我於是大大鬆了一口氣。」

「他們看起來像什麼樣子？」貝絲好奇地問道。

「他們是天使啊，有翅膀，穿著袍子。他們一句話也沒說。」

「他們有多高？」

「很高，很高。大約在三十到五十英尺之間，就好像房間沒有天花板一樣。」

那時是七月。而接下來幾個月，貝絲漸漸明白，雖然媽媽已經接受自己即將離世的事實，但她「爲了我們的關係」，而繼續活著。貝絲除了幾次短暫的公事出差之外，都留在維吉尼亞海灘市。「那是一段我很珍惜的時光。」

最後，在這個天使異象發生過後四個月，她的母親與世長辭。「她直到我們能夠接受她離開，她才選擇死去，」貝絲對我這麼說著，然後沉吟半晌。

「我的爸媽給我們的最後的禮物，」她說：「是他們的臨終過程。他們眞的給我們好多好多……」

• • •

天使占據著我的心思。他們行走在屬於我的過往的長廊上，如同永恆不滅的一道陰影，出現了，又會再度消失；而當一切往事皆成追憶，誰能斷定何者爲眞、何者爲假？

當我還住在紐約的時候，發生了一件社會新聞：有一名婦人在紐約地鐵的西四街（West Fourth Street）站，把自己年僅五歲的小女兒，往F線的軌道推下去。她希望她的女兒可以「去跟天使在一起」。這是她愛女兒的方式；而這也是她對於，在紐約人行道上討生活，有多骯髒污穢、有多可怕悲慘的反應。陰溝裡的剩菜殘羹，比起她每天可以找來提供食用的東西——街路邊上爛掉了的萵苣菜梗、果肉已經掏出的發黃的葡萄柚皮——都還要營養許多。我兩隻手浸在洗碗槽的髒水中，腦子裡揮之不去這名婦女的身影。我想像著她爲小女孩穿上最漂亮的衣服；我彷彿看見一件上過漿的白色小洋裝，繫著一條紅色的腰帶，而一雙別的小孩穿過的舊鞋，有一點太大，不太合女孩的小腳。她昂首闊步地跟在媽媽身邊，就要去地鐵站，而她拉了拉媽媽的手，問：「媽咪，我們要去哪裡？」

走過坑坑巴巴的街道，然後往地獄的坑穴拾級而下，在月台入口前停了一下，把票投進收票孔，可以讓你一路搭到冥界之河司提克斯（River Styx）。還必須再往下走好幾個階梯，因爲月台位在西四街的地底深處，然後你的耳朵就聽見迴響在密閉空間中的列車隆隆聲，以及刺耳的煞車聲；偶爾也有不定時出現的片刻寧靜，而這時只會聽見人們走向入口或往下來到月台、朝座椅走去，鞋子踏在水泥地上所發出的窸窣聲響——只聽見囚禁在地底的人們，如此柔和的腳步摩擦地面的聲音，也許一次僅維持幾秒鐘的時間……十秒鐘……十二秒鐘，然後下一班列車突然從隧道那頭出現，巨大的音響撕裂你的耳膜，你整個胸腔都跟著振動了起來。

「媽咪，我們要去哪裡？我們要坐這一個車車嗎？」

她可曾彎下腰來，給自己孩子一個訣別之吻？她是否上前最後一次將自己親愛的骨肉擁在懷裡？小孩這時還夠小，媽媽的手臂如翅膀張開來，剛剛好可以把她攬進自己的臂彎中。她在下定決心之前，可曾等了好幾班列車駛過？這班不要，還不行……她焦慮地站在那裡，手指頭神經質地彈來彈去，而心口上的痛楚隨著進站列車的轟隆聲而加劇，那是來自孤寂與恐懼的心痛，是人類惡待自己所會產生的痛苦。

「看看妳自己弄了什麼！妳怎麼把臉弄得髒兮兮的！」她在自己的衣角上吐了一口口水，用力擦著女兒瘦巴巴的臉頰，而小女孩則身體扭來扭去想逃開。

「妳站好啦，妳不能這個樣子去啊，讓我把妳弄乾淨。」

然後，緊跟著上一班列車，又有一班快速駛來。月台整個震動起來。她拉著小女孩的手，朝向月台的前端走過去，那兒是地鐵列車從黑漆漆的拱型水泥隧道中全速奔出、進到月台的起點。前方有兩道光束從黑暗中射來，這兩道燦爛的黃色燈光正好朝著這對母女照過來。

「快點，走快一點。」

小孩被媽媽拉著手，在她身後走得腳步踉蹌，小孩試著要跟上媽媽，但太大的鞋子讓她無法走穩。然後母親強有力的手臂伸出，甩了出去，女孩就被丟擲到列車之前，在耀眼的黃光中撞了上去。女孩像小鳥撞上窗玻璃般，迎面撞擊金屬車頭。事情發生太快，電車駕駛完全來不及反應。他只知道自己感覺到砰的一聲，就像有一隻手

「一位父親有關孩子的回憶錄」，威廉·
布雷克的作品，版畫，十八世紀。

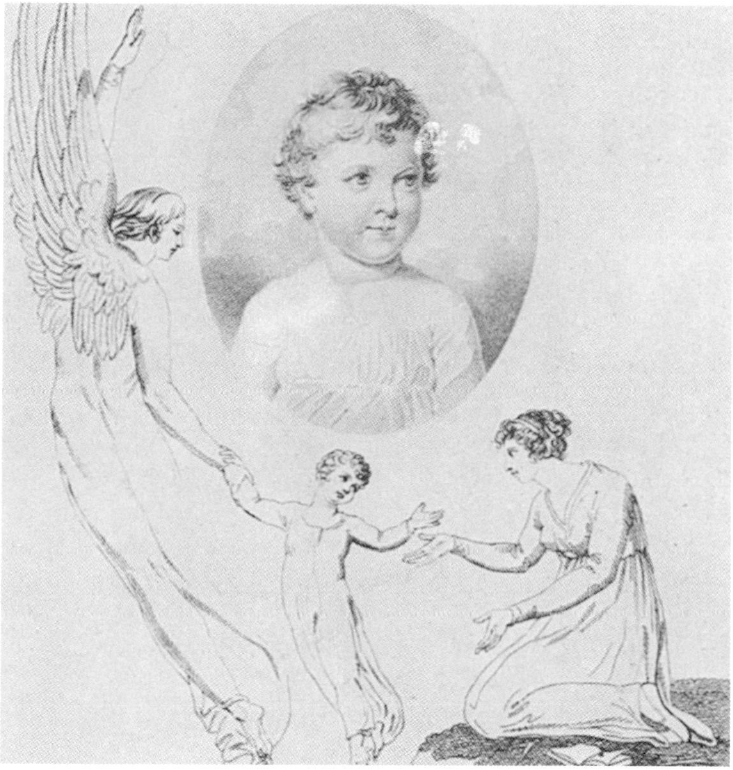

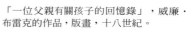

打在他的胸部上，而列車突然往一側傾斜，彷彿有東西頂了一下輪子——也許是一根木頭。他已經踩下煞車，刺耳的聲響迴盪在幾個連接的拱頂之間，而其中也雜有這名婦人的尖叫聲。

她的一舉一動都被旁人目睹。

其他人上前捉住了她。

警察隨後也來到現場。

「我把她送到天使那邊，」她說：「我要她跟天使生活在一起，而不是我們這裡。」

她被送進治療精神病患的醫院貝爾尤（Bellevue），去留院觀察。

直直墜下的脆弱屍體

一聲哀嚎自畜欄與屠宰場傳出，
而死神，厭倦於控訴
與持續不斷的惡待，自行撤回到地下的車庫中。
他還年輕，他的工作令他苦惱。
玩完了，切斷動力，人們就會像街車寸步難行。
他們失去重力，開始漂浮起來。

而沒有浮力，就開始下沉。每一個人
於是變成單獨的一間暗室。堅定地抵在後腰上的小手
突然消失無蹤，而人們旋轉又旋轉，直至停了下來
宛如花瓣掉落。為何這麼急？
為何從床上起身？人們走出地鐵，
搭上地鐵，又走出地鐵，通通在同一站。
每一個地方，當指針在睡眠中鎮靜下來，
時鐘在古董店裡日形憔悴。
沒有時間與腐敗，人們變得較為醜陋。
他們停止進食，並開始研究自己的腳。
他們停止入睡，並耗上數週的時間尾隨流浪狗。
首先反應的是，教會長久下來的遺風。
他們曲解奇蹟，展示擺著屍體姿勢的教士
直到他們最後打了噴嚏或變得孤寂。
然後政府單位主辦特別的選舉，以選出那些
願意加入志願性死者行列的人——都是不快樂的人
被迫坐在直板板的椅子上，一次為期數週之久。
興致很快降低下來。然後軍隊掌握大權

而軍人跑過街路，以紅色油漆噴灑在
生者身上。你死了，他們說。也許是
明天，人們回答，今天我們還能呼吸；
眺望天空，凝視青草的顏色。
由於沒有死神在場，每一種顏彩都更為明亮。
最後，召開了一個商人所組成的委員會，
因為隨著死亡而去的金錢，都沒有了價值。
他們前往死神所在的白色房間，他在等待，
他席地而坐，看上去像個小男孩，
有著一頭淡金色的頭髮與一雙清澈如水色的眼睛。
在他的膝上，放著一顆失去生命的沉重紅球。
商人們奉承著他。我們要奉你為王，
他們說。我已經是王，死神回答。我們將
把你的肖像刻印在全世界所有的錢幣上。
早已經這麼做了，死神回答。我們敬愛你
沒有你就活不下去，商人們說。
死神說，我會考慮你們的提議。

死神如何回到他的子民之間：

首先，最小的生物開始死去——
細菌與某些昆蟲。沒有人瞥見。然後魚類
開始浮流在水面上；蜥蜴與樹蟾
從曬著太陽的溫暖石頭上倒了下去。還是沒有人注意到。
然後鳥類開始從天空上掉下來，
而當陽光閃耀在堅鳥的藍色羽毛、
老鷹的棕色羽毛、鴿子的白色羽毛之上，
人們於是抬起頭，望向天空，
而瀰漫著企盼氛圍的街頭上，歡迎的呼聲四起，
宛如鋪開一張網，可以接住一隻隻直直墜下的脆弱屍體。

——史蒂芬・多賓斯（Stephen Dobyns）

•4•

哦，至高無上的天使，
在遺忘成性的世間之上，有著寬廣翅膀的陌生人，
照護我，照護我吧。讓我不知危險爲何物

而且沒有懊悔
而且不會忘卻我降生時的純眞

——艾德娜・聖文森特・米萊（Edna St. Vincent Millay）

我並不相信地獄。我並不相信我們會永世受火刑的折磨，或被凍在寒冰中不得翻身。我們所下的地獄是在我們人間，在我們的腦海，在我們心底的牢籠，正是爲了逃離這些地獄與咆哮追著我們的魔鬼，天使才前來告訴我們，我們擁有自由，我們並非必定要活在恐懼與仇恨之中。

有一些人經由瀕死經驗發現了這個道理，比如休・席爾德斯比（Hugh Hildesby）。他是英國人，身形高大，動作大開大闔，而且手勢很多，極富表達力。他是位於紐約市第五大道（Fifth Avenue）與第九十街（Ninetieth Street）交叉口上的天安教堂（Church of Heavenly Rest）的牧師，而在此之前，他曾任職於國際拍賣公司蘇富比（Sotheby Parke-Bernet）擔任拍賣官。

「不過我沒有看見天使，」他跟我說：「應該可能有天使隨伺在旁，但因爲上帝的聖靈是如此明顯，以至於沒有注意到天使的存在。而且，我是如此強烈地感受到聖靈照顧人的力量，所以肯定有天使陪伴在我身邊。」

雷蒙・穆迪（Raymond Moody）寫過一本書——《生生世世》（*Life After Life*），收集了這些非比尋常的瀕死經驗談，雖然該書所要述說的主旨並非很清楚，因爲，畢竟書中的受訪者沒有一個眞正死去！但他們確實要告訴我們，沒有死亡這回

這是你所要緊緊握住的——對於不可見世界的同情與交流。那些無法被看見的世界，如今無疑是對我們最好的事。它可以在我們心中培養出高度的感受力，此即稱為「信念」。但是，甚至對於生活在此地人間的人們，誰能說不可見的世界有朝一日將被看見的時機不會到來？

——菲立普斯・布魯克斯（Phillips Brooks）

事；當我們被拉進另一個向度中時，並沒有什麼需要恐懼的。我並不知道此中的過程爲何，但如今我確實知道，我們會繼續活下去，不只是以靜電團或火花的形式，而是會帶著我們個別的人格繼續另一世的生活。有些人說，我們會立刻直接「過渡到另一邊」，然後遇見親友，而有些人則說，需要花上數週或數月的時間，但每一個人皆同意，生命不會因死亡而終止。尤里庇德斯認爲，我們在人間的這一世會死，一旦我們如其所然地「死」了，就會重生。

休・席爾德斯比博士所遭遇的經驗，可以用來說明這一點。他躺在手術檯上，頃刻離開了自己的身體。這個經驗並不使人驚恐。「我整個人沐浴在光線之中。我感覺體重消失，而這一片跳動的、流動的、無比燦爛的光線——一片流麗的金白色，白得如此純粹、閃閃發光，就像是活生生的，然後一波又一波湧到我的身上。

「在這一片光線的四周，有『天使』存在，不過他們的樣子，並非如我們所設想的那樣。他們是沒有形體的聖靈。我清楚知道他們陪在我的身邊。他們是我認識的過世的親友，是我希望見到的人。

「另外一件事是，我笑了出來。這整個過程，都帶有一股幽默感——在底下的那些人，注視著我的身體，我想著：『我並不在那裡，爲何他們那麼關心那副軀殼？』我突然對那副臭皮囊感到很好笑。『感謝老天，我不必帶著那個東西跟著我。』

「我的感受很強烈，很美好。我被上帝的臂彎緊緊擁住。我被照顧得無微不至，是我們在這一世所無法領受到的經驗。沒有任何的焦慮與不安，我受到完整的保護，而天使也在其中，由滿滿的愛意所形成的一群聖靈的力量在照顧你。然後，你會認出，」他繼續說道：「你也是其中一位天使。你由此發現了自己的身分。」

・第七章・
天使博士

・1・

在《新約聖經》中，並無提及復仇天使或死亡天使，也沒有天使展現英勇功績，或放火摧毀城市，或屠殺亞述人、埃及孩童，或讓在上位者染上痲瘋病。他們似乎只是很簡單地出現在，一些充滿神的榮光的時刻裡而已。雖然，在耶穌受到撒旦誘惑、精疲力盡之時，天使確實來到沙漠中安慰他，不過，在《新約聖經》中，直到耶穌去世之後，才有天使展開若干眞正行動的記載。其中一位天使（在〈約翰福音〉〔*Gospel of John*〕中，提及兩名天使），出現在耶穌的墓穴中，獨自坐在耶穌屍身的右側。他沒有翅膀，模樣宛若常人，「神色如閃電」，而衣著「潔白似雪」。有幾名女人看見他，包括抹大拉的馬利亞（Mary Magdalene）、雅各（James）的母親馬利亞與一位叫作約亞拿（Joanna）的婦人；她們一同來到墳墓上，驚訝地發現，耶穌的屍身不見了，而這名天使告訴她們說，耶穌已經從死裡復活。她們上氣不接下氣跑去告訴其他男人，於是一群人趕緊前往墳墓察看，發現墳墓空空如也，連同天使也消失不見。每部福音書的作者在講述這個故事時，情節上或有不同，但故事的梗概大致如此。

在〈使徒行傳〉（*Acts of the Apostles*）中，一名天使（米迦勒）帶領彼得逃離監獄；天使突然出現在他的牢房中，解開他的鎖鍊，讓彼得大感訝異，然後領著他經過所有打瞌睡的獄卒，沒有受到任何阻攔，他們從容離開。另一名天使，則現身在百夫長哥尼流（Cornelius）的眼前，是「一位穿著明亮服飾的男人」，告訴他要差人去請彼得前來。

這些天使，一例還是男性，而這些沒有翅翼的父系人物形象，排擠了柔軟的女神形式，盛行於早期的歷史之中。而不到一千年之後，我們卻看見天使再度以女性化或甚至稍帶魅力的外貌出現。

西元三百年左右，在羅馬的地下墓穴中，發現畫有一名天使的圖像，而更多的天使畫像，則出現在君士坦丁大帝（Constantine the Great, 306-337）統治下的時期。君士坦丁大帝是拜占庭的君王，有一回看見天空中出現十字架的異象，之後就改信基督教，而在他的影響之下，大部分的人都了解該信什麼教，對自己的利益最大。（他的信仰虔誠的母親，聖海倫〔Saint Helen〕，曾在一次前往聖地的朝聖之旅中，帶回「眞十字架」的碎片與耶穌降生時的那個馬槽當紀念品！）在君士坦丁大帝的統治時期中，可以發現早夭孩童的石棺上，雕刻有天使的圖像。這些圖像看起來，是全然傳統的希臘樣式，採借自飛翔的勝利女神奈琪的形象。

在此同時，教會的發展如火如荼。隨著一個接一個殉道者在環形競技場中被獅子咬死或被行刑手處決，更多的人群集起來加入被鄙視的教派。到了第四世紀末，天使的形象即帶有翅膀，並有光環與光暈，亦即我們今日一想及天使，心中所浮出的典型圖像。

在第四世紀之時，神學的論辯也益發蓬勃起來。西元三二五年，於尼西亞（Nicaea）所舉辦的第一次會議（後世稱之爲第一次尼西亞大公會議），正式確立「聖父、聖子、聖靈互爲表裡」（coinherence）的信條，並將肉體與靈魂嚴格區分爲對立二者。屬於肉體的、自然的、物質的世界之價值，遭到否定；眞正的基督徒生活，提升至性靈的層次上，人們該盡的本分是期待上天堂，而非上帝轄下這個俗世的王國。喔，完全不能沉迷於我們在這個美麗世界所分享的歡愉，也不能固著在物質上的欣喜。

向天使讚美這個世界……
讓他看看
世世代代所形成的，在我們的手邊，在我們的視野之內，
如同我們自身的活生生的簡單事物。
告訴他這些美好的事物……

羅盤方位

米迦勒統領東方
拉斐爾統領西方
加百列統領北方
烏列爾統領南方

——萊納・馬利亞・里爾克，《杜伊諾哀歌》，第九首

對於教會而言，卻很難照單全收有關「天使」的一切。從鄉民之間、從民族根基裡所湧出的對於天使的興致，這一股風潮有時似乎壓過了對耶穌的崇愛之情。想當然爾，必須建立起一個崇拜的階序來，將神子列於金字塔的頂端；這項工作，在早期即由一向熱心於撥亂反正的聖保羅所完成。他斥責「某些人所盲目進入的崇拜天使的現象；這些人不過是出自一介凡人的想像，卻因此沾沾自喜」。西元三二五年所舉行的第一次尼西亞公會議，亦一併公開宣告，有關天使的信仰屬於教會的信條之一，其可能因此揭開了天使崇拜風氣的復甦，因爲，不到二十年後，西元三四三年，另一次的公會議主張，天使信仰屬於偶像崇拜。最後，在西元七八七年，第七次大公會議建立了「有限度的」關於天使長的信條，也同時確立了他們的名字與所負擔的特定職責，這樣的原則於是在東方教會裡穩穩紮了根，但是在西方教會裡，不信任的傾向卻有愈形加劇之勢。

在中世紀中期，天使被視爲支配風、火、水、土四大元素。他們可以移動星辰、照料植物，與保佑所有生物的繁衍，包括人類的生育在內。一週的每一天，皆有個別所屬的守護天使；每一季、每個占星星座、白日或黑夜的每一小時，事實上，你所想、所做、所寫、所看的每一件事物，通通有各自的天使在統管。

這樣的想法依然持續至今。我有一位友人，住在新墨西哥州，她的花園美得叫人驚嘆。請教她如何在這樣高海拔的地方，卻能栽植出如此繽紛的花卉與高大的樹木，從那條水流中，噴發出許多跳動的星火，一顆顆降落在花朵之上，沾滿所有層瓣，就像鑲嵌在黃金中的紅寶石：然後，彷彿為香氣所迷醉，它們再度舞動起來，形成令人驚嘆的光瀑；只要一顆星火沉落，就有另一顆星火躍升。

——但丁，〈天堂〉，30

她於是娓娓描述自己如何與管領土地的天使與提婆談話，並且詢問每一種植物的聖靈保護者有關栽種的方法。然後她一一依照指示行事。如果比較起中世紀中期的那些想法——每棵植物或行星皆有天使管理——兩者之間有很大的出入嗎？

隨著天主教會逐漸壯大，也發展出一整套天使學的學說。在整個中世紀期間，有關天使的問題普獲世人的關注，經常成爲熱烈論辯的主題，而我們與天使之間的關係也具有極高的重要性。我們現在會嘲笑這些早期參與思索的人士——一群成人爲了有關天使生自何物，或是「大頭針的針尖上可以站多少名天使」（實際上這個問題從未被討論過）等論題而爭論不休，相互指責對方是異教徒，拼命捍衛自己對於天使的想法（但，畢竟鮮少擁有可資證明的資料）——或許，多一點寬容，並對各種意見保持距離，才是較爲妥當的作法。不過，對於論戰人士而言，這卻是屬於科學性的問題，其重要性如同我們的化學或重力理論：他們也渴望了解自己與自然之間的關係爲何。兩個不同的東西，可以同時占據相同的空間嗎？如果是涉及無形的東西，又如何？

在十三世紀，有兩個敵對的學派爭鋒相對：一方是蘇格蘭的神學家約翰．鄧斯．司各脫（John Duns Scotus），另一方是義大利的經院哲學家聖托瑪斯．阿奎納——他以「天使博士」的稱號馳名，其原因不只是因爲他的仁慈與才華，而且也由於他在研究天使上著述甚豐之故。

爭論的焦點是：天使是由什麼東西所形成？司各脫認爲，天使是由「精神性物質」所組成，可能如同一團霧氣的東西；他們是無形無狀、非物質性的，但比較起上

天使名稱	所轄月分	所轄星座
加百列（Gabriel）	一月	水瓶座
巴奇爾（Barchiel）	二月	雙魚座
馬奇迪爾（Machidiel）	三月	牡羊座
阿斯莫德（Asmodel）	四月	金牛座
安比爾（Ambriel）	五月	雙子座
穆利爾（Muriel）	六月	巨蟹座
凡奇爾（Verchiel）	七月	獅子座
哈瑪利爾（Hamaliel）	八月	處女座
烏列爾（Uriel）	九月	天秤座
巴比爾（Barbiel）	十月	天蠍座
阿德納奇爾（Adnachiel）	十一月	射手座
漢尼爾（Hanael）	十二月	魔羯座

天使名稱	所轄天體	所轄日子	所轄樹木	負擔任務
拉斐爾（Raphael）	太陽	週日	羅騰樹	溫暖或燒灼
加百列（Gabriel）	月亮	週一	柳樹	助長或枯萎
薩麥爾（Sammael）	火星	週二	胭脂蟲櫟（Kermes Oak）	強化或弱化
米迦勒（Michael）	水星	週三	杏樹	增長智慧或變愚昧
契德基爾（Zidkiel；或阿尼爾〔Aniel〕）	金星	週四	篤耨香樹（Terebinth）	豐收或荒蕪
哈奈爾（Hanael；或卡夫契爾〔Kafziel〕）	土星	週五	榲桲樹（Quince）	允諾或拒絕心的渴望
凱發瑞爾（Kepharel；或薩德基爾〔Zadkiel〕）	木星	週六	石榴	圓滿或詛咒

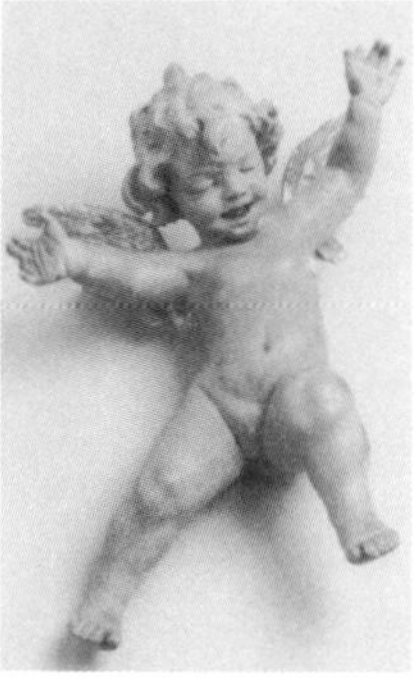

「男童天使」，義大利木刻雕像，十八世紀。

帝來說，卻比較濃密與具體一些。而在此之前，西元五百年左右，北非主教聖富爾眞德斯（St. Fulgentius）則提議，善天使擁有火之軀體，而惡天使則擁有氣之軀體，這與稍後的伊斯蘭教傳統說法相似但不同：天使由光形成，而魔鬼或妖怪則由火形成！

西元一二五九年，阿奎納在巴黎大學（University of Paris），發表了一系列有關天使論題的演講。在那個年代，大多數的人都不識字，「思考」，心智的運用，本身就是一場遊戲，一場受歡迎的競賽；諸如彼得・阿貝拉爾（Peter Abelard）或托瑪斯・阿奎納等大師的演講，經常吸引大批的群眾前來聆聽他們的講話；這些演講家以正反論述來講述某個主題，時常即席援引抽自經典書籍或《聖經》的冗長原文，並且使用複雜的邏輯與推論技術來發展論題。人們如同去觀賞足球比賽或西洋棋競賽的觀眾一般湧入會場，而所抱持的心態，純然是對於思考的清晰度與風格的仰慕之情。如此的講座，甚至會連續舉行數日。所以，阿奎納以爲期一週的時間，發表了十五場對於天使的談話，涉及所有相關的子題，並一一接受觀眾提問，然後予以回答。當他演講之時，講詞被記錄下來，並且成爲此後八百年，我們在有關天使知識上的基礎。

阿奎納說，天使是「全然的智慧」。而阿奎納本人，也是人世間迄今最偉大的知識分子之一；他的教導，讓我們得以思索，我們對於天使的感知，是否僅僅只是反映我們己身的能力與慾望而已。

他說，天使是純然的智慧，無形無狀。另一方面，他也相信，天使是沒有肉身的動物（如同魔鬼一般），但是，他們可以任憑己意去賦予自己肉身的存在，他們甚至

我把自己關進房間中，我召喚、延請彼方的上帝與他的天使前來，而當他們來了，我卻忽略了他們，只聽見蒼蠅的嗡嗡聲、四輪大馬車的轆轆聲，與門扉的咿呀聲。

——約翰・鄧恩（John Donne）

可以吃喝，就像我們所知的那個故事——在幔利的橡樹林邊，天使接受亞伯拉罕所提供的餐點款待。（所有的阿奎納及其跟隨者的論述方式，皆是從閱讀《聖經》，並藉由邏輯分析推演而來，而非來自個人經驗的累積。然而，曾經遇見天使的神祕主義者，相較於天使所帶來的訊息，似乎對於其他附屬性的問題，並不是那麼感興趣；被聖靈拂掠過的人，只會滿腔充溢著無止盡的、盈滿的愛意。）

還有一個問題是：天使長生不死嗎？如果天使如同星辰誕生，他們是否也會像如今已知會死滅的星球一般，有一天爆炸而亡或冷冷地逐漸消失不見？許多教會的神父皆對這個問題，發表過意見。（答案是——「他們會死」；這是一八七〇年的梵諦岡大公會議所提出的主張。）而另外一個引起討論的問題是：如果天使有生有死，他們是否也會成長，也會朝向不同階段演進？如果他們本身即是智慧，那麼，他們是否會思考？他們是否也擁有帶給我們自由意志的邏輯與理性的能力？釐清這一點，可說相當關鍵。天使可以去「選擇」信不信上帝嗎？他們可以「選擇」邪惡作爲自己的道路嗎？而他們會繼續「墮落」嗎？

希臘神學家俄利根（Origen,185?-254）相信，天使如同人類，不僅有生有死，也臣服於業力與幾番生命輪迴的演化；他們不僅可以演進到更高等的層次，而且即便他們已經選擇信仰上帝，他們還是可能墮落。可是，一千年之後的聖托瑪斯・阿奎納卻認爲，儘管天使是純粹的智慧，但他們並不會推理與判斷。雖然他們在降生的那一刻，會賦予他們擁有一次短暫的自由意志練習，但他們的圓熟狀態，使他們立即選擇

每一位天使都是可怖的。

——萊納・馬利亞・里爾克，《杜伊諾哀歌》，第二首

上帝作爲生命的依歸。而在那個時代，普遍接受如下的想法：

因爲，這些存在體，自一開始即因見到上帝的臉龐而歡欣……他們此後即未曾將眼神自上帝之臉轉開，所以，他們的視線從未被新對象所遮斷，他們完全無須重新去回想被打斷的概念。

——但丁，〈天堂〉

與阿奎納的見解不同，約翰・鄧斯・司各脫主張，天使可以思考、可以推理，並形成一個種類，如同人類一般，在一個群體之中，可以見到數千種不同的人格。而阿奎納則將天使置於一個較高層次的領域之中。阿奎納以爲，他們並非如人或狗一般，屬於同一個種類，而是每一位天使本身就是獨特的存在，本身即彷彿自成一個種類。

而有關阿奎納對於天使是否長生不死的看法爲何，我並不清楚。

但我對於另外一個問題則頗感興趣：如果我們的守護天使剛好不在身邊，他們會去哪裡？守護我們的天使，始終是同一位嗎？一位天使負責照顧一個人，或可同時照顧很多人？而不管是哪一種情況，如果天使沒有提醒我們避開危險，只是因爲他當時忙得分身乏術嗎？還有另一個層次的問題：在有需要時，天使會請求一般部隊——在附近出沒的天使大軍——前來支援嗎？因爲，我以爲，天使可以如同破碎的水銀一般自行增生——拋灑出成千上萬個複製體，而每一個皆如同一張活生生的立體照片或一面鏡子；這些碎裂成小單元的個體，個個就像是原本的整體一般。

所以，先知以利沙（Elisha）祈求神打開他的僕人的眼睛，僕人於是看到一整隊

由火馬所拉的燃燒的戰車大軍——一隊隊的天使起身來對抗亞述敵軍。另一次，則出現在對抗亞蘭人（Syrian）的軍隊——亞蘭人對撒馬利亞城進行長期的圍城之戰，情勢是如此嚴峻，導致城內通貨膨脹無以復加，並使得居民陷入人吃人的慘況——但是，亞蘭人突然逃之夭夭，留下帳棚、黃金、銀錢、馬匹、馬車、武器、麵粉、糧食與衣物：他們在慌亂離去之時，放棄了所有的財物，因爲他們聽見一支天使大軍，朝著他們發出雷霆般的巨響。而這一大群下到人間的天使是誰？這樣的問題並無任何答案。我們甚至很少見人問起如此的問題！

自阿奎納以降，有關天使的正規研究，已經從學究式的取徑，轉爲神學研究之一支。如今討論天使的文章，一般都只能在一些枯燥乏味的小冊子中讀到，而內容既具教條色彩，又讓人忍不住發笑，其所提出的資訊，皆在一千年前就已經受到質疑與多方論辯，如今卻被當成如同經過驗證的知識，彷彿我們現在已經知之甚詳；所以，有關天使的主題，已經移轉成另一個層面的問題——即「信仰」——其假定我們都該因爲信仰而照單全收。

天使的數量，不可勝數。每每提到天使，皆會以「軍隊」、「兵團」、「大軍」等詞來形容。他們的數量從一小群十萬名，至猶太教卡巴拉（Kabbalah）傳統所說的四千九百萬名不等。依照某個計數方式，計有四十九萬六千名天使，依序排成七個營。在〈馬太福音〉（*Gospel of Matthew*）上記載，基督可以向聖父請求派遣超過十

「在亞實基倫（Ascalon）戰役中的天使」（局部），古斯塔夫・多雷的作品，版畫，十九世紀。

二營的天使——一營計有三千至六千不等的兵士，包括騎兵隊在內——而但以理在一個異象中見到，「有成千上萬名侍奉著他，在他面前侍立的有上百萬名」。聖奧古斯丁則認爲，天使「可以像蒼蠅一樣繁殖」。

難怪天使會被分化成一個個階級排序，而且階層的嚴格一如封建貴族的劃分。唯一的困擾是，有關階級分野的問題，始終莫衷一是，以至於天使排序眾說紛紜，直到聖托瑪斯・阿奎納發表了演講，以及，七十年後的一三二〇年左右，佛羅倫斯的政治家與詩人但丁出版了《神曲》，將所有善惡天使做了一個具決定性的排列之後，爭議才算底定。從這兩部文稿，最終確立起了天使階級體系；而他們兩人，皆是依照西元五百年左右，由僞丟尼修所提出的分類系統爲綱領。

（然而，務必謹記在心的是，在這兩位中世紀大人物之後三百年，即一六六四年，英國詩人約翰・米爾頓在他的鉅著《失樂園》中，卻完全忽略了這個傳統。在他的筆下，撒旦的軍隊皆來自於天使的最高位階，而出身高貴的熾天使拉斐爾，卻彷如一般信差，負責傳送訊息而已。）

僞丟尼修是敘利亞人。他寫過四部有關神祕主義的論著，通篇充滿文學性慧黠的文筆，其中一本是《天界階級論》（*De Hierarchia Celesti*），闡述天使的本質與特性。在該書中，他假裝自己是西元一世紀時的希臘人亞略巴古的丟尼修（Dionysius the Areopagite）——此人在聖保羅於雅典傳道時皈依信主（參見〈使徒行傳〉，17：34）。但之後，他曾被以爲是雅典的第一任主教；又過了一段時間，人們又以爲他是法國的聖丹尼（Saint Denis）；直到一四五〇年左右，才發現他另有其人。爲了避免混淆，於是簡稱他爲僞亞略巴古（Pseudo- Areopagite）或僞丟尼修（Pseudo-Dionysius）。然而，他在中世紀所產生的影響，可說無與倫比，最知名的「天使階級分類」說法，即是出自他的貢獻。

依照僞丟尼修的說法，三位等級最高的天使，是《舊約聖經》裡的熾天使、智天使與座天使。而另外層級較低的兩組名單（每組各有三個），則出自保羅於西元一世紀在地中海地區進行宣教之旅、建立新教會期間，爲新進的基督教徒所寫就的幾份信文之中，所一一集結而成。就如發現好句子的作家會一用再用，保羅也在寫給以弗所（Ephesus）、羅馬與歌羅西（Colossae）等地教會的書信中，屢次提及。

> 由於天堂、人間裡的萬事萬物皆爲（上帝）所造，可見的、不可見的，無論是有位的、主治的、執政的、掌權的（或譯：「座天使、主天使〔dominions〕、權天使或能天使」），所有一切皆爲他所創造，並爲了服侍他。
>
> ——〈歌羅西書〉（*Epistle to the Colossians*），1：16

> （上帝）遠遠超過所有的執政的、掌權的、有能的、主治的（或譯：「權天使、能天使、力天使、主天使」），一切有名號的名字，不只是這一世，也包括來世。
>
> ——〈以弗所書〉（*Epistle to the Ephesians*），1：21

我並非聖經學者，我並不能確定，當保羅寫下這些句子時，他必然是談及天使。「誰將迫使我們遠離基督之愛？」他在寫給羅馬教會的書信中，說道：

我們無法事先規畫奇蹟的發生。如果你一絲不苟預作準備，那麼你將等不到奇蹟。

——塞提須・庫瑪（Satish Kumar）

難道是苦難、窮困、迫害、飢荒、赤身露體、危險或刀劍嗎？……不，藉由愛我們的主，讓我們在面對這一切苦厄之際，早已經身在凱旋的一方。因爲我深深相信，無論是死、是生、是天使、是掌權的、是有能的（或譯「是權天使、是能天使」）、是現在的事情、是未來的事情、是高、是深、是其他造物，皆不能迫使我們遠離上帝之愛。

——〈羅馬書〉（Epistle to the Romans），8：35；37—39

於是，就這一段文字，可以提問的是，爲何天使會想把我們與上帝拆散？而另一方面，爲何教會神父會以爲，「執政的、掌權的、有能的」這些字眼，是指「權天使、能天使、力天使」，而不是如同高、深、飢荒、危險、羅馬軍人與未來時間等等，只是一般的有力的短詞？

無論如何，僞丟尼修使用保羅書信中的名單，將天使分成三組，而其他人則接納了這樣的分類：

一、熾天使、智天使、座天使

二、主天使、力天使、能天使

三、權天使、天使長、天使（層級最低者）

有些人把「virtue」（力天使）寫成「might」。西元第六世紀時，教宗額我略一世（Gregory the Great）對調了權天使與力天使兩者的位置——這件事被但丁於《神曲》中，好好責備了一頓；在但丁筆下，教宗向位於天堂中的他道歉，並且承認自己

熾天使：層級最高的天使，身有六翼，圍繞在上帝的御座之前，不停頌唱聖哉、聖哉、聖哉。他們是愛、光與火的天使。

智天使：恆星的守護者、天界卷宗的保管人、知識的授與者。在《塔木德經》（*Talmud*）中，智天使相當於座天使的層級，又稱作歐芬（ophan）。主要的首腦人物有歐芬尼爾（Ophaniel）、瑞克比爾（Rikbiel）、柔菲爾（Zophiel），以及尚未墮落之前的撒旦。

座天使：爲我們帶來上帝的正義。有時會稱他們爲輪天使，而在猶太教卡巴拉的傳統中，則稱爲「戰車」（Merkabah）。在玄奧的經典《光輝之書》（*Zohar*）中，將座天使置於熾天使之上，而也有其他的資料來源，把座天使與智天使並列；有關座天使的說法，著實混淆不清。首腦人物是歐利菲爾，或薩伯基爾（Zabkiel），或薩菲爾（Zaphiel）。

主天使（Dominions，亦寫作「Dominations」）：規範著天使所必須擔負的職責。經由他們，得以彰顯上帝的主權。他們手持寶珠或權杖，以作爲權威的象徵，在希伯來人的傳說中，這一層級的首腦天使稱作哈須摩（Hashmal）或薩德基爾。

力天使：職司在人間行使奇蹟。他們是恩典與勇氣的授與者。

能天使：阻止魔鬼推翻世界的種種嘗試，或者，他們管理著魔鬼，或者，他們本身即是惡魔（依據聖保羅所言）。依照資料來源的不同，首腦人物或是厄托西（Ertosi），或是薩麥爾，或是卡麥爾（Camael）。

權天使：是宗教的捍衛者。在米爾頓的長詩中，尼斯洛克是「爲首的權天使」，而依據其他來源，則有瑞貴爾（Requel）、阿涅爾（Anael）與舍菲爾（Cerviel）。

天使長與天使：是人類與萬物的守護者。

所做的分類系統錯得太離譜！

僞丟尼修並非唯一一個嘗試製作天使分類表的人士。西元四世紀時，米蘭的一位主教聖安波羅修（Saint Ambrose），提出了另一個不同的天使階層表：熾天使、智天使、座天使、權天使、主天使、能天使、力天使、天使長與天使。在許多猶太教的著作與非正典的文獻之中，也可以發現其他的分類方式：在所謂的《西卜林神諭集》（*Sibylline Oracles*）中，天使分成四級；在《黑馬牧人書》（*Shepherd of Hermas*），分成六級；在亞歷山太的革利免（Clement of Alexandria）的著作中，分爲七級；而在民間信仰中，亦分爲七級——以上種種，只是顯示出一個事實：不管是天使的哪一個層面，我們均一無所知，而且也無法期待有一天能透徹了解。

依照中世紀早期的想法，主天使、力天使與能天使身穿長度及地的長袍或長禮服，繫著一條金色的腰帶，佩帶綠色的披肩；右手握著金色的權杖，而左手拿著上帝的印璽。

層級最低的一組，即權天使、天使長與天使，則身穿軍裝，腰繫金色腰帶，拿著小斧頭與標槍；而之後，在中世紀與文藝復興時期畫家的筆下，他們則手持百合花或飄動的緞帶，傳送著希望的訊息，或者，只是簡單地兩手交握，呈現祈禱的手勢。

第四、第五世紀之時，在猶太教與基督教的民間傳說中，許多天使都有了名字，而且始終都有新天使的出現，天使實際上的數目已經成千上萬。在羅馬天主教的傳統中，天使長的名字（與數目）並非完全固定不變，經常在四個至七個間變動，直到最

「但丁與碧雅麗采（Beatrice）處身於天使的圍繞中」，古斯塔夫・多雷的作品，版畫，十九世紀。

後，教會才決定，僅對七位天使予以命名。

然而，即便僅就傳統而論，隨著你所閱讀的經文的不同，七位天使的名字也經常變動不居；所以，實際上，只有四位天使長維持不變：拉斐爾、米迦勒、加百列與烏列爾。而另外三位的名字，依據猶太教與民間的資料來看，則可能是：司米爾（Simiel）、歐利菲爾（Oriphiel）與薩夏利爾（Zachariel）；有時又稱作夏穆爾（Chamuel）、裘菲爾（Jophiel）與契德基爾；而西元七四五年的拉特蘭宮宗教會議（Lateran Synod），則（有所異議地）提到了薩米爾（Samiel）與拉貴爾（Raguel）等名字。也正是在這次會議上，譴責了給予天使命名的習俗，因爲與會者皆同意，對上帝的正確崇拜，是針對上帝本身，而崇拜天使的作法，就好像把焦點轉移到指出方向的手指，而非手指所指向的上帝之光。（我養的狗兒也會有這個反應；牠以一股懷抱熱情的困惑，盯著我的手看，但我的手正指向牠的晚餐盤子；牠始終無法理解我的手勢的意義：我正導引牠去看見食物。）

這也是教會的立場，其顯示出，在幾世紀以來，天使不僅逐漸遠離人們，亦遠離上帝——遠離早期那種認爲天使是上帝的化身、是上帝言語的形體化之想法。在西元第一世紀，生於亞歷山卓城的猶太哲學家斐洛・尤迪厄斯（Philo Judaeus，西元前二十年至西元五十年）寫道，上帝以天使之姿顯現在世人面前——並非上帝有所改變，而是每個靈魂所感受到的上帝，以相異的外貌、天使的形式現身，這就如同無形無狀、非人格化的印度教神祇梵天（Brahma），他可以化身成某個神仙的外貌，來造

天使是聖靈，不過，並非因為他們是聖靈的關係，所以他們才是天使。他們成為天使，是由於受到派遣。天使這個名字，是指稱他們的職位，而非本性。如果你問的是他們的本性，那麼，他們是聖靈；而如果你問的是他們的職務，那麼就是天使，意指信差之意。

——聖奧古斯丁

訪信徒。同樣地，聖奧古斯丁以爲，天使這個字眼，即隱含有「上帝」之意：「它是指居處於廟堂內的聖靈之名，而非廟堂之名」。

我可以補充說明一點：在今日，許多人正是對他們所屬的天使的名字感興趣。人們經常詢問：「我該如何得知我的天使的名字？」我個人以爲，答案無須知道，特別是因爲，在我的經驗裡，天使根本不在乎他們叫什麼名字。他們不會要求彼此間要有分別，或與上帝有所區別。但如果一位天使向你現身，而你想知道他的名字，那麼，就直接禱告問他！天使（他們是如此親切）後來會帶著一個名字前來的。不過，你當然會有其他的疑問：是否該相信你所收到的訊息，或者一笑置之。

到了十七世紀，天使在協助人類的救贖問題上，不再扮演首要角色，這個任務已經移轉到基督身上。而留給天使所負擔的一件事情是，繼續以他們的意願與智慧來感動我們，默默以不現身的方式來導引我們的行動；依照教會系統的說法，這是他們會處理的工作。然而，天使還是會突然現身，讓我們乍見其身姿；他們並不會走開。

現在來講個故事。

我最近去喬治城（Georgetown）的一間長老教會演講。在會場中，一位教友聽眾講述，當他還小的時候，有一天，他在家裡前面的草坪上與同伴玩耍，而鄰居的兩歲大的小孩則在門廊上玩。這個小孩子站起身來，搖搖擺擺走向樓梯，想要去找草坪上幾個比較大的孩子一起玩；他站在樓梯前，嘗試保持平衡，已經伸出一隻腳要往前走——幾幾乎就要摔下樓梯來。所有的小孩都看著他，他的媽媽也是；她當時正看管

睿智的人，將如光輝的青天閃耀。
——〈但以理書〉，12: 3

著這群小鬼。他們同時見到這名小孩搖搖晃晃，就要往樓梯摔下——就在這時候，他所穿的T恤被捏起，就好像被兩根手指抓住，並往後拉。小男孩的身體站直，而他的媽媽立刻衝向樓梯邊去抱住他。但他們所有人都看見T恤被一隻看不見的手往後拉。

• 2 •

歐洲在有一段時期中，猶太人族群仍然與基督徒一起生活，並未全然分開。我並不清楚，還可以有哪一種神祕知識能在兩個族群之間流傳，尤其當其中一族人在消滅另一族，如同天使在亞述人間的作爲，或是大規模地將他們趕出家園——猶太人被驅離出西班牙與英國；而在德國與法國，發生好幾起謀殺事件；各地制訂法律，讓猶太人無法擁有土地；在東歐，則有大屠殺的慘劇，猶太人或個別或整村遭殺害。爲了維繫他們作爲一個民族的身分，與維持他們的語言與文化，中世紀的猶太人被迫走入宗教孤立的作法。所以，如果中世紀的基督教大師從未接觸過有關卡巴拉（Kabbalah，亦拼爲「Kabala」、「Kabbala」、「Cabala」或「Cabalah」）傳統的教導，說起來是有幾分可能性的。

另一方面，至少在西班牙一地，在一四九二年伊莎貝拉女王（Isabella）驅逐五十多萬名猶太人之前，猶太教與回教的神祕主義，已經對基督教的神祕主義者有所影響。在此前幾個世紀期間，阿拉伯人統治著西班牙，當時這三個宗教彼此和諧相處，產生了在文化的豐富度、寬容度與知識成長上成果最豐碩的時期之一。亞維拉

當上帝歡喜的時候，善靈可以向其他人現身，也能彼此現身，他們如同閃耀的星辰，依其慈善與忠實的質地而熠熠發光；然而，惡靈卻顯現一如燃燒的煤球。

——艾曼紐爾·史威登堡，《屬天的奧祕》（*Arcana Coelestia*）#1527

的聖女大德蘭的祖父是猶太人，或稱馬拉諾人（Marrano），在害怕遭受宗教裁判（Inquisition）的迫害之下，不得不改宗信仰天主教。在這次被迫流亡的過程中，猶太人不被允許帶走由販售牛隻、葡萄園、屋舍、家具或土地所得來的金子、銀子離開西班牙，而在他們可以帶走的事物中，其中一項就是「知識」。

「Kabbalah」（卡巴拉）這個字，源自希伯來文的字根「kbl」，意指「領受」；而這個字是用來指稱，那些在傳布上作風隱密的神祕主義著作（所有眞正的神祕主義的教導盡皆如此），其僅能依靠口傳的方式傳授，由一位宗師傳到下一位宗師。卡巴拉如此神聖、如此複雜，而且如此難於理解，所以，如果無法讀懂，並不必感到洩氣。我讀過一本談論卡巴拉的書，即明確指出：「在一個城市中，只有三人可以詮釋其奧義，而其中兩人還是同一家人。」

卡巴拉已經存在幾世紀之久。它在西元一世紀時，於巴勒斯坦地區興盛茁壯；它是環繞在先知以西結所見到的上帝神聖御座或「戰車」異象，所進行的忘我冥想，而逐漸發展出來。但是，主要的經文直到十二、十三世紀時才出現，特別是從西班牙傳開，因爲當地出現了經典《光輝之書》（*Zohar*）。

尚有其他幾部不同的著作，由寫作於第三與第六世紀之間的《創造之書》（*Sefer Yetzirah*）起頭，以及隨後在十三世紀出現的《燦爛之書》（*Book of Splendor*）與《圖像之書》（*Book of the Image*）等。

卡巴拉是通往上帝之路的指南，可以在天使的協助下，帶領你穿越一系列的天界長廊。經文中有冗長的段落在描述，如何藉由一株「天使之樹」的協助，使你在上到天界的旅程安全無虞。你需要知道其中所涉及的通關密碼，以戰勝路途上來自魔鬼的阻撓。

這個「上帝的御座戰車」傳統，又稱爲「Merkabah」（「戰車」之意），亦衍生出其他的卡巴拉神祕傳統，而在其中，天使扮演關鍵角色。一個十二世紀的德國學派傳授著一個有關「四個世界」的教義，每一個世界皆出自上帝之手；這個學派認爲，上帝遠遠超乎我們所能理解的範圍，所有嘗試探究其崇高的作法，皆將徒勞無功。這「四個世界」如下：

一、我們所居住的這個有形的物質世界。

二、十支天使大軍所駐紮的處所；這些天使皆有名號，由層級最高的天使麥達昶（Metatron）所統領，他本身即擁有七十六個名字。

三、在這個世界，充滿著從上帝所處的最高世界所流洩而出的光。

四、在這個世界，上帝與其對等的女性化身舍姬娜（Shekhinah）合而爲一。《聖經》中並無「舍姬娜」這個字眼，她只出現在神祕主義的文獻之中，其意爲「庇護」或「居所」。

在卡巴拉的傳統中，天使麥達昶（Metatron）被稱爲「主之天使」。他的一生起自凡人以諾（Enoch；即亞當與夏娃之子該隱〔Cain〕的兒子），是〈創世紀〉中所記載的一位先知；他的一生如此聖潔，上帝於是直接接引他到天堂，成爲最高等級的

伊斯蘭，意謂「臣服」。穆斯林，意謂「臣服於上帝者」。

Albions Angel rose upon the Stone of Night:
He saw Urizen on the Atlantic;
And his brazen Book,
That Kings & Priests had copied on Earth
Expanded from North to South.

「阿爾比恩的天使升起」，威廉・布雷克的作品，版畫，十八世紀。

天使，爲他取名「麥達昶」，其意爲「最接近御座者」。

在另外兩本眞實性待確認的神祕著作中，曾提及以諾的事蹟；這兩本書皆在描述通往上帝的神祕道路，而其曾經顯現在這位聖潔元老的面前。第一本「以諾書」（Book of Enoch），原文是以希伯來語或阿拉姆語（Aramaic）寫成，在巴勒斯坦地區翻譯成希臘文後，接著再翻譯成衣索比亞的版本。它是幾部著作的合集；而書中最古老的部分，寫作於西元前一六八年馬加比家族（Maccabees）起義對抗羅馬人不久之前。其抄本隨同死海古卷（Dead Sea Scrolls）於庫姆蘭（Qumran）一地被發現；這些書冊肯定爲基督所知悉。而某些段落的寫作時間，則遲至西元二世紀。

第二本「以諾書」，稱爲《斯拉夫書》（*Slavonic Book*），寫作年代約爲西元七世紀，雖然它是以一部寫於西元七十年的古老猶太教著作爲藍本而寫成。該書描述著一些異象之旅、占星學的計算法，也包括已經高度發展的天使學知識，並記錄著在通往上帝的道路中，一些與神祇相遇的個人故事。

這本書並不被看重，因爲有關墮落天使的描述備受爭議，而且大多數的抄本也已經遭到毀壞。一七七三年，一位蘇格蘭的探險家詹姆士・布魯斯（James Bruce），在聽到有關失落書冊的傳聞之後，前往衣索比亞，發現了三冊抄本。一八二一年，由一位牛津大學的希伯來文教授里查德・羅倫斯（Richard Laurence），將這些古書翻譯成英文版本，於是引起了現代世界的注意。

所謂的卡巴拉，指稱十個「瑟菲洛特」（sefirot），或稱十個天使，其擔負著流

由於我可以看見上帝顯靈，祂對此感到歡喜。祂開啓了我的心靈與靈魂的內裡，使我可以與天使同處於屬靈的世界之中，並且同時間，又能與人類同處於自然的世界裡，而迄今已持續了二十五年之久。

——艾曼紐爾・史威登堡，《契合的愛》#1

通神聖能量的基本管道。他們是十個神聖的屬性，形塑並統領整個宇宙；而每一個皆如一朵光之玫瑰盛開，在花瓣上可以見到有翼的人物顯現其中。與祆教相仿，這十個瑟菲洛特的名字皆爲一些抽象概念：基礎、光輝、永恆、美麗、權力、恩典、知識、智慧、理解與王冠。

這十位天使，站成一棵樹的樣子。在樹根處，是天使桑德芬（Sandalphon），儘管他的身高可以延展至整個宇宙，高度比「旅行五百年的距離」還長。桑德芬是守護天使。其他的天使則依序是，沙麥爾（Samael），他是邪惡天使（又名撒旦或路西法），全身發散出寶石般的光芒；薩菲基爾（Zaphkiel），是冥想天使；拉斐爾，是神聖醫生；加百列，支配著聖靈的智慧；米迦勒，是天堂大軍的統帥。另一位卡巴拉天使是法紐爾（Phanuel），其意爲「神聖的容顏」。

而位於樹的頂端者，則是麥達昶；他的周身圍繞著暴風雨、旋風、雷鳴與閃電。他擁有七十二隻翅膀與無法盡數的燃燒之眼。他的睫毛是一支支的閃電，他的骨骼由餘燼鑄成，他的肉體與肌腱則由火焰形成。

而所有這一切，皆來自於對於上帝的神祕冥想；上帝處於這些天使之外，如此無遠弗屆，沒有人能夠想像祂的模樣。這一條冥想之路，永遠都會導向至高無上的愛的能力，直到人們明瞭，所有的生命皆是聖潔、皆是上帝、皆爲對愛的臣服，而我們處在這個崇高的祈禱或冥想狀態中所做的每一件事，將組構成一個創造的行動，而這個行動本身，則會自上帝之中創造出新的天使來。

在所有的行動之中，最高者爲戒律（mitzvot）、《摩西五經》（*Torah*）的研究與實踐、禱告、愛與悔改。人們所服膺的每一條戒律，不僅是一項精神性的行動，不僅本身即具有神聖性，而且也是一個能夠改變物質世界的行動。

在巴勒斯坦與歐洲地區的偉大猶太教導師，均遵循這一條神祕主義的道路；聖潔人士以虔誠自期，行走於人間之上。而他們深深影響了，十八世紀的哈西德派猶太教（Hasidism）的社會與宗教運動，其至今依然存在於一些地區之中。

我們只聽聞，在過往歷史中，有關偉大的先知與哲學家的事蹟——或者，只要是知名的聖人與神祕主義者，就會有人去記錄他們的言行與風範。

而有多少見過天使或談論天使的人，我們卻從未耳聞一二？

我收到過很多很多的信件。如此多人對我吐露心聲。不只有一位女性寫到，她們在喪失所愛時——不管是她們的丈夫、兒女、父親或母親——所面臨的悲傷與痛苦，而且，在她們處於如此的悲痛之中，如何獲得神祕的恩賜：目睹聖靈現身、看見一團光芒、沉浸在一股全然安詳的感受之中。或者，她們會瞥見所愛之人的影像，臉上掛著充滿信任與愛意的微笑。有一名女子寫到，有一天，她躺在床上，就要睡去，然後她被一股很強的、有人在身邊的感受所喚醒，她感覺到有一雙手正在保佑她，並爲她祈禱；另一名女子則談到一片金色的光線，流洩在她的臥室之中。這些意外插曲，始終發生在人們處於困頓的時期之中。接收者本人在事發當時，並非一定處於祈禱當中，除非他們心中的那種傷痛與絕望的情緒，也能算是一種禱告的形式。母親過世或者離婚的打擊，讓你六神無主，然後一道光出現，你以肉眼與心靈之眼同時看見這道光，並且心底油然生起一股無可名狀的至福感受。窗外的樹叢也同樣沐浴在光裡，在那一刻，你領悟到萬事萬物皆爲永恆，包括你自己在內。你是光，你是樹，你是愛，而且你超乎想像地被寵愛著。此時並無天使，就只有大愛圍繞。

在我所收到的信件中，有些人談到所出現的光，一開始如針尖，慢慢膨脹到如葡萄柚大小，然後漂進來，穿過當事人的身體。有些人則描述，在黑夜中行走，發現一顆米粒大的閃光，盤旋在臉上……接著就親吻了上來！然後光點即消失不見。到底發生了什麼事？爲何事後會有欣喜的感受？

• 3 •

有幾個世紀，在天使學上的成績斐然，但有幾個世紀卻不甚了了——十二與十三世紀時，在神學與文學上有長足的進展，而在十四與十五世紀，歐洲藝術則大放光芒。在文藝復興時代晚期，人們對於天使的興趣逐漸衰頹。馬丁・路德（Martin Luther, 1483-1546）提及了他的「嚮導，是一群聖潔的天使」，但是，基本上，新教徒並非相當重視天使。約翰・加爾文（John Calvin, 1509-1546）並不贊成思索有關天使的論題，視之爲徒勞無益，因爲在當時，靈性事物已經被新世界的發現與科學進展所引發的興奮之情所掩蓋。嚴肅人士不再相信太陽或月亮是天使，他們也不再以爲，自己會受到天使力量的指引。哥白尼（Copernicus）與伽利略（Galileo）反轉了世人

因為祂的本質是愛，亦即神聖的愛；在天堂中，（上帝）在天使面前，宛如太陽，會發散出熱與光；這個「熱」……的本質是愛，而「光」……的本質是智慧；只要天使成為這個靈性的熱與光的接收者，他們本身即成為愛與智慧的化身；而這個愛與智慧並非源自他們本身，而是出自上帝。

——艾曼紐爾・史威登堡，《神的愛與智慧》#5

的宇宙觀（這已經爲早期民族與其他文明所知），證明了我們的地球繞行太陽運轉，所以我們並非處於宇宙的中心；而在此同時，美洲的發現打開了全新的視野。突然之間，屬於宗教與天使的舊世界似乎不再是注目焦點所在。

然而，在遠離流俗的角落裡，一些神祕主義者與天縱英才卻依然瞥見天使，並寫下他們所發現的一切。其中一人即艾曼紐爾・史威登堡（1688-1772），他是瑞典史卡拉（Skara）一地主教的兒子。他本身是一位科學家，也是貴族院的成員，以及發明家、作家、土木與採礦工程師；閒暇時，喜以書籍裝禎、製作時鐘與家具、製作版畫、研磨鏡片等自娛。他懂得九種語言，其中包括希伯來文、希臘文與拉丁文。他預先鋪下了未來的磁力理論、原子學說的基礎，並對於機動槍枝、潛水艇與滑翔機式飛行器等的發明，早有先見之明。他是首位將水銀用到氣動幫浦的人；他在冶金術上的貢獻前無古人。他是結晶學之父，他所寫作的論文主題包括數學、天文學、地質學、解剖學，並發現地球的經度劃分，也對物質宇宙的源起多有著墨。在四十六歲時，他發表了一項理論，認爲物體是由非物質力量所組成，並假定在原子之內包含有四個「層次」的粒子。簡言之，這個人非比尋常，是個不世出的天才。

史威登堡在二十八歲時，受命擔任瑞典皇家礦業董事會（Royal Board of Mines）的特別顧問，而在三十六歲時，則正式成爲顧問。而二十三年後的一七四七年，他辭去了職位，潛心探究有關他看見天使並與天使溝通所獲得的資料。他學習希伯來文，以便能更爲深入進行研究；而他以拉丁文鉅細靡遺寫下他的所見所聞。他發表了多部作品，包括有《屬天的奧祕》（計有十二卷）；《屬靈日誌》（*Spiritual Diary*，計有五卷），書名如今改爲《屬靈經驗》（*Spiritual Experience*）；《天堂奇蹟與地獄》；《契合的愛》（*Conjugial Love*）；與《神的愛與智慧》（*Divine Love and Wisdom*）等。如果你如我一般前往國會圖書館（Library of Congress）搜尋他的著作，可以發現那兒收錄有他的作品一百九十八種。

在今日，史威登堡基金會（Swedenborg Foundation）斥資五百萬美元，進行一項新的翻譯計畫。史威登堡的思想影響了後來的許多人士，其中包括威廉・布雷克、卡萊爾（Carlyle）、柯勒律治（Coleridge）、白朗寧夫婦（the Brownings）、史特林堡（Strindberg）、歌德、愛默生（Ralph Waldo Emerson）與海倫・凱勒（Helen Keller）等。他的作品已經翻譯成十多種語言，包括阿拉伯語、緬甸語、坦米爾語（Tamil）、祖魯語（Zulu）、拉脫維亞語與冰島語。

史威登堡把一七四三年標示爲他打開靈視的一年。

「我相當清楚，」他在《屬天的奧祕》一書中寫道：「許多人會堅稱，不可能每個人都能在一生之中，在身體內部與聖靈或天使交談；許多人也會說，如此的交合必定只是幻想的產物；而某些人會說，我捏造了這樣的關係，不過是爲了浪得虛名；而也會有其他人以其他不同的理由來反對我。不過，對於這種種，我並不在乎，因爲我早已經親眼看見、親耳聽到、親身感覺到那些神祕現象。」

史威登堡指出，聖靈或天使並非由實體物質所組成，他們無法反映日光而讓人看見。所以，我們能看見天使的原因，是因爲天使暫時現形在一個物質性的軀體裡，又或者是因爲我們的內在之眼、靈魂之眼打了開來，於是我們可以藉由心中的眼睛看見他們。然而，這個屬靈世界能被揭露多少，是與異象當事人的接收能力成正比，而且，絕對不會大於當事人心中所存有的善良與眞誠的水準。

天使告訴史威登堡許多事情：比如，棲居於身體內的靈魂，並非如籠中之鳥，而是像海綿中的水，每一個細孔都浸透著水；又比如，在死亡之後，依然保有性別，男人以男性靈魂繼續存在，而女人以女性靈魂存在下去，如果他們在人間即深愛對方，在死後則依然相互爲伴。天使也告訴他有關天堂的事情：那是一個散發著無邊無界愛意的處所。神並不存在於空間中，而是在愛中現形；天使告訴他，「每一個人皆被允許享受自己的喜悅之情，不管是聖靈或天使，甚至連喜於通姦、盜竊、瀆神、說謊——這些是我們的罪孽之喜——等等的質地最不潔的人也包括在內……每一個人，無論善惡，皆享受著自己的欣喜——對自己的善良欣喜，對自己的罪惡欣喜……而因爲罪惡是我們的欣喜，我們就被拋擲回去，繼續承受苦痛與折磨！」

史威登堡鉅細靡遺地描述天使的一切。

他告訴我們，天使所呼吸的空氣，是適合於天使肺臟的空氣；他們也能說能寫——雖然這件事並不需要史威登堡來告訴我們，因爲，在亞維拉的聖女大德蘭（1515-1577）的修道院中，不是有一個修女看見，有一天，聖女在她的桌子前進行冥想，而一支羽毛筆自行沾了墨水，完全沒有藉助她的手的導引，直接寫下她的回憶錄嗎？

而天使說話的方式則非常不可思議，史威登堡說，他們以母音來表達情感，而以子音來傳達想法，於是使用字詞就能進行完整的溝通；不過，他們無法表達出人類語言中有關懷疑、思想、衝突與議論等說話方式。原因很簡單：天使只能說出以至誠之心所表達的愛的語句，這是他們的本質，所以他們所捎來的消息，永遠都是無條件的、全然的、完整的愛的訊息。難道這是人類有時會成爲天使所運用的媒介的原因嗎？因爲他們有所不能。

史威登堡說，天使本身並無任何能力。他們是上帝的代理人，如果他們對於自身能力的來源有所疑惑，他們會立時衰弱下來，完全無法抵拒來自任何惡靈的誘惑與攻擊。（在此可以見到，史威登堡也相信有惡靈的存在，而且他本身也如同大多數聖潔人士一般，曾遭受邪魔與魔鬼的攻擊好幾次。）

「正因如此，」史威登堡在《天堂奇蹟與地獄》一書中指出：「天使並不會把任何優點歸諸於自己，而且厭惡對他們所立下的功績進行讚美與歌頌；他們將所有的頌讚與榮光歸給上帝。」

史威登堡的天使始終伴隨在他的身邊，對他悄聲細語、對他歌唱。他提及他們之間的靈性溝通——經由靈光一閃的思緒，進入他的心中；其中一次，在傳入的訊息指示中，他得知，天使將所有的事件，視爲是來自上帝的意旨所產生的結果，他們並以巨大的信心如此相信著，但這樣的想法，與人類或惡靈則極爲不同，後者希望一切事

如同前幾次一般，在我眼前出現萬分美麗的彩虹，而且在感覺上還更炫麗，還伴隨著一片純白的光芒，而在其中心之處，有一個朦朧的、似泥土狀的東西；那片明亮的雪白，隨著另一股透明之光幻化著，煞是美麗，如此奪目，在其上也看到一些小小的黃點，宛如小星星一般閃耀著。也還可以見到其他同樣美麗的變化形態，如果我記得沒錯的話，在它周圍，圍繞著五顏六色的花朵，而且可以由此進入最清澄明亮的部分之內。這是左眼所見到的景象。而在右眼之前，則是一些美麗絕倫的圖樣，發出藍色與相連的漸層色彩，如此鮮明，讓人目不轉睛，因為右眼代表情感，所呈現的顏色並非來自透明的白色，而是屬於質感熾烈的顏彩。

——艾曼紐爾・史威登堡，《屬靈日誌》#3636，一七四八年十月二十一日

情如其所願，若非如此，則疑惑叢生，甚至否定上帝的存在。史威登堡的天使不斷地對他說，我們這些可憐的人類不應憂慮未來，而應該全心相信上帝。因爲上帝將帶來所有我們想望的事物——並不必然是我們一心所繫的事物，「反而是，只要對人們有好處，他們之後就會得到它，即使並沒有時時刻刻想著它。」

這讓我想起，在波士尼亞的默主哥耶（Medjugorje）鎮，聖母瑪莉亞所帶來的訊息。難道所有的聖靈都嘗試告訴我們相同的事情？

史威登堡的作品並非總是容易閱讀，雖然他的學說的影響力，甚至在他在世之時，就已經跨越他的原生地瑞典海岸，遠播國外。他的思想，特別對另一位哲學家魯道夫・史坦納，產生了不可磨滅的衝擊。

一八六一年，史坦納生於講德語的捷克斯洛伐克（Czechoslovakia），該地彼時屬於奧匈帝國境內。他才華洋溢，頗具領袖魅力，自八歲起即了解他具有透視事物的能力，可以看見其他人無法見到的靈界與異物。直到四十歲左右，他才告訴別人有關他與這些無形靈物的對話，而自那時起，直至一九二五年六十五歲去世爲止，他持續教授有關他的所見所思，並且著作等身。

如同史威登堡，史坦納在許多學科領域接受過教育訓練，而他最後埋首研究於自然史、數學、哲學、藝術、建築、醫學、教育學與農業學。他的博士論文的題目是「眞理與知識」，他翻譯歌德的作品，在他近四十歲的時候，他開始在位於斯圖加特（Stuttgart）的華德福・亞斯托利亞菸草公司學校（Waldorf Astoria Tobacco

Company School）執教鞭；當時他發展出一套細緻無比的教育系統，今日依舊持續在世界各地的華德福學校中施行。他起先是與神智會社（Theosophical Society；其標榜「眾神的智慧」）一起合作教學的計畫，但在該協會的主任安妮・貝森特（Annie Besant）決定以一位年輕的印度人克里希那穆提（Krishnamurti），作爲基督的新化身，史坦納便與他們分道揚鑣，另外成立屬於自己派別的思想學派，稱爲「人智學」（Anthroposophy；意指「人的智慧」）。只要他有興趣鑽研的領域，皆成就斐然，雖然許多人都把他看作瘋子。

史坦納並非神祕主義者。神祕主義者會在沉思冥想中走入自身，發現萬事萬物在本質上皆爲一體。史坦納的任務是進行區辨分析。如同中世紀的煉金術士，他藉由探究物質世界，來發展出屬於精神世界的一個具差別性的意識模型。他猶如科學家一般來思索自己的研究，他認爲我們正站在一個新世紀的開端，神祕事物不再只掌握在祕密團體的精神導師與教士的手中，而是屬於眾人皆能體驗的經驗。

史坦納藉由從古希臘文與猶太教的資料，提出了他自己的天使階層體系，其與爲丟尼修、阿奎納所發展出的體系並不相同，並且更爲複雜；他的天使與早期的宇宙世界關係緊密。

在史坦納的系統中，熾天使、智天使與座天使（三者階等逐個往下降），組構成第一個階層體系。熾天使從三位一體的神那兒，接收到有關宇宙系統的想法與目標。智天使將這些想法改換成可行的人類實踐計畫。而史坦納指出，「比喻性地來講」，

座天使會與人類合作，讓這些由熾天使從上帝那兒接收，並由智天使深思熟慮後的可行性想法，逐一實踐出來。

接下來則是主天使、力天使與能天使，最後則是權天使（希臘文拼爲「archai」）、天使長與天使。天使（依古希臘文拼爲「angeloi」）是層級最低者；史坦納以爲，每一個人皆擁有一位天使來指引他一世又一世的降生（因爲史坦納相信，人類會有超過一世的生命，不管是在人間降生或進入其他靈界）。在某一個階段，你可以請你的天使告訴你有關前一世的歷史。

位於階層體系最低者的天使，守候在每一個人的身後，伸出指引的手搭在該人的肩膀上，而天使發揮影響力最大的時期是在童年。當人們逐漸年長，天使會自行離開，以便讓人們可以在二十五至四十歲之間，發展出自由意志與個人的人格，而在人類的意識發展上，成家立業實屬最重要的里程碑。之後，在人們步入中年的時期，當他們再次朝向靈性面向的探索與了解時，天使又會重新前來會合。

天使是「水聖靈」，他們統領地球至月球之間的空間。

天使長是「火聖靈」，他們所關照的面向並非個人，而是種族靈魂、民族靈魂等的演化發展。他們統管著個人與一個民族或種族的全體兩者之間的關係。他們所影響的地域，是從地球至水星之間的空間。

而位於這最後一個階層體系中最高階的權天使，或稱「人格聖靈」，則統管著地球上全體人類之間的關係。權天使棲居在時間之流中，每一年都會改變他們的靈體形

◀▶「兩名天使」，義大利，十四世紀。

貌，是「與時俱變的聖靈」。他們所統領的地域，遠至金星。

許多偉大的人物皆出自權天使這一階等，他們下凡到人間來指引我們的方向，比如菩薩、瑜珈修行者、先知與聖人，他們以人形現身，卻並非人類；面貌不過是幻覺，如同人間的萬事萬物，包括所有有形物質，一切皆爲幻覺泡影。

史坦納的作品，如同卡巴拉的傳統，皆內容豐富龐雜，很難仔細一一介紹；唯一值得一提的是，他的認識論的基礎，是奠基在「思考」之上，而這個方法學，可說與神祕主義寫作中多不勝數的神祕遭遇經驗——如同一襲簾幕上或隱或顯的縫隙——大相逕庭。史坦納與自然界的精靈多有交往，爲天使所圍繞，但他既嚴格又審慎的德國人作風的建構主義作法，是全然不同於過往的聖人所傳遞的訊息，也與今日民間傳說中那些愚蠢傷感的仙女、小精靈與天使的故事不能同日而語。他一直堅持以科學研究的方法入手。

但我回想起那些傳統的神祕主義者、那些德行高尚與滿腹智慧的預言家，依然充滿著感激的安慰之情；他們臨受恩典而能一見上帝，對於什麼天使歌唱或天使體系並無太大興趣，卻一心只想追求靈魂的純淨境界，其虔誠的風範著實使人欽佩。

> 上帝，出於你的善心，你把你自己賜與給我，因爲有你，我已經足夠。我無法要求其他較少的事物，而能酬報給你完整的禮拜。假使我要求較少的東西，我將永遠都有渴望；唯有在你手中，我才擁有全部。
>
> ——諾利其的朱莉安，《上帝之愛的啓示》（*Revelation of Divine Love*）

・第三篇・

夢與影像

・第八章・
寧靜之翼

不管我們怎樣琢磨，
事情的結局還是由神來安排。

——莎士比亞，《哈姆雷特》（*Hamlet*），第五幕，第二場

・1・

當眾神還年輕的時候，他們創造了人類來作為玩伴。但可惜的是，人們拒絕和他們玩耍。人們還記得自己出自何處，一心只想重回上帝至福的懷抱中。所以，眾神就把這一批人類給摧毀了。

眾神接著一同坐了下來，企圖集思廣益，尋找可以藏身之處，如此一來，被造出來讀人類就不會發現他們的身影，而破壞了遊戲的趣味。他們左思右想，皆無法找出一個完美的藏身之地：如果他們躲到月球上去，人類會建造火箭，追逐他們而來；如果他們藏到海底，人們會駕駛潛水艇尾隨而至；而如果是聖母峰頂呢……或者是地心深處呢……都不行，沒有地方是人類找不到的。

智慧女神於是開口了。「我們可以躲在男人與女人的心底，」她說：「他們絕不會想到要去那裡尋找我們。」

所以眾神重新造出一批人來，然後躲藏在每個男人與女人的心底，像玩洋娃娃般與他們新造的這些孩子玩耍，而因爲人類不可能找到上帝，所以會繼續跟他們玩遊戲下去。

休・席爾德斯比，之前在天安教堂擔任過牧師，他告訴我說，他的教區裡有一位會眾是天使。此人的名字叫菲爾（Phil），是一名街友，就是以前所稱的流浪漢。席爾德斯比說，這個人也是個「信差」。菲爾罹患精神分裂症，無家可歸，卻拒絕住在收容所。他睡在樓房的門口，小心地維持著日常生活，出沒在附近的街區過日子。在白天的時候，或戶外天氣太冷，他會坐在教堂裡。他從不洗澡，整個人污穢不堪，衣衫襤褸。有時，他會突然大聲辱罵路過的人。「他很無禮，又嚇人，但他讓我們可以誠實面對自己。」

有一回，教堂正在爲一位傑出的律師舉行葬禮。而菲爾坐在教堂後方的長椅上，

絕不能去指稱天堂位於每個人之外；天堂是在每個人之內的……如果人們能接受天堂，他本身也是接收者，也是天堂，也是天使。

——艾曼紐爾·史威登堡，《屬天的奧祕》

一身髒骯，臭味刺鼻，看上去就讓人不舒服。死者的合夥人上前來詢問席爾德斯比，語氣中帶著一股還算溫和的輕蔑：「您可以請他離開這裡嗎」？

席爾德斯比答道：「我完全了解您的感受。是的，我可以請他出去。不過，您要知道，如果他走，我也會一起離開。他屬於這裡；十年來，他一直是這個教區的會眾的一分子。」

那個人吃驚地看著他，並說：「我想我了解。很抱歉我問了這個問題。」

菲爾正是以這樣的方式，成爲我們寬容待人與否的測試指標。

在聖誕節那一週的某個晚上，教堂在禮拜儀式過後舉行聖誕派對，所有信眾在教堂後方吃餅乾、喝咖啡，突然傳來一陣莊嚴崇高的歌聲，吟唱著〈平安夜〉。歌聲聽上去像是受訓過的專業歌者所唱，如此優美迷人，在場每個人滿懷敬畏之心聆聽著，隨後紛紛跑進去教堂想一睹是誰在唱歌。

席爾德斯比說：「是菲爾與上帝在那裡。」

如果去回想，中世紀的神學家，或甚至是現代的史坦納學派，投入如此多的時間與心力，嘗試去找出天使的排序與居處地點，不免令人納悶。天使無處不居，如同上帝無處不居一般。他們落處於永恆的空間之中，位在我們內心深處，而有時候，我以爲，我們每一個人也能成爲上帝的媒介、上帝的天使，爲寧靜之翼所撫觸，被促動去做出如同天使所負任務的行動。我稍早前曾談及，陌生人來到我們面前，帶給我們所需要的訊息。但當我們被促動去當天使時，我們也會有所知覺。我們會感受到一股焦慮感，一種惱人的催促感，完全無法予以忽略。

當我住在紐約的時候，有一次，我打算與家人去海灘玩，正忙著爲孩子們準備中午野餐的食品；突然間，我感到非常焦慮不安——我知道，我去海灘是「不對的」，我「應該」去與我的編輯一起午餐才對。這個決定不僅讓倒楣的孩子們覺得掃興，也對其他四位大人造成不小的麻煩；我取消了所有海灘上的安排預定，一個人趕去曼哈頓區，心中並不清楚自己爲何如此急迫，而且也對自己的行事反覆頗感厭惡。

在餐廳中，坐在我們的隔桌上，有一位我已經十年未曾謀面的男性友人。我們早已失去聯絡，但我們卻必須這樣見上一面，即便爲時甚短，來總結我們此前這麼多年來未了的事情。如果我那一天沒有去找我的編輯吃午餐，那麼我與這位友人就不會再同處於同一座城市之中。

我的女兒莫莉在幾年前，也發生過一次相似的經驗。有一晚，她決定與友人在曼哈頓區過夜。但她突然被一股同樣的焦慮感抓攫住：她感覺到，她「一定要」回到布魯克林區的家。當時已經凌晨一點，她及時趕上地鐵，並遇見一位老婦人——這名老婦人原本也在掙扎要不要回家——並陪伴她至安全返抵家門爲止。

依麗莎白・珮姬（Elizabeth Paige），本身是位作家。有一次，她一個人在希臘旅行，前往帕羅斯島（Páros）度假。她打算在島上只停留兩天，然後轉往克里特島（Crete）。但就在她要離開帕羅斯島那一天，她心底開始感受到一股巨大的疑惑。

只要你相信自己，你就會知道如何過活。
——歌德

有什麼東西在推促著她要留下來。然而她完全沒有繼續停留該地的理由；她暗暗責罵自己：整個島都已經逛遍了！她於是仍舊去結帳離開旅館，買了船票，而當她登上了船，她的焦慮感陡然上升至如此之高，使她匆匆忙忙推開人群走下船。而當她回到碼頭上，她整個人立即放鬆下來。她帶著困惑不解的心情，返回到原先的旅館去。

現在她多出了兩天，要留在帕羅斯島上。

隔天早上，她決定不去曬太陽，於是她帶著素描簿，到村子裡有蔭影的街道上，幾個小時寫生畫畫，心頭全無雜念。到了午餐時間，她發現自己走過一家又一家餐廳，漫無目標走到村子之外，並且沿路往上走到懸崖之上，她任憑雙腳帶著她走。

天氣很熱，她自己一個人走著。時值正午，烈日直接曬著她，正是她先前決定不想碰到的驕陽，不過她還是繼續往前走。在她的右邊，是藍色的大海，而她的左邊，則是長著灌木叢的荒涼山丘。她很快便感到口渴。沒有一棵樹可以抵擋蒸騰的熱氣，但她的雙腳還是領著她向前走。

就在她的右方，往路邊走下幾英里之外的地方，她看見有一棟小屋立在那兒，而房子前面植有一株松樹。小屋緊閉門窗，掛著一塊牌子，其上寫著電話號碼。她盯著牌子看了一會兒，想著上面的希臘文，是否是「出租」二字。

由於她又熱、又累、又口渴，她便從路邊往五、六階石梯往下走，到達下方的房子，並且既開心又感激地在樹蔭底下躺了下來。

她還沒休息到五分鐘，就駛來了一輛摩托車，停在上方的馬路上。機車上的兩名

「天使」，艾迪絲・馮內果（Edith Vonnegut）的作品，二十世紀。

女人好奇地望著她，然後年紀比較長的女人下了摩托車，而較年輕的那位則把車騎走。

依麗莎白突然間理解到，這名婦女就是屋主。她站起身來，對於自己隨意踏入別人房子四周，頗感不好意思，一方面也遲疑再三，不曉得該用她所懂的三種語言中的哪一個，來開口跟對方講話。出於某些考慮，她選擇了她的學生式的法語：

「女士，抱歉。我因爲看見您的屋子前面這棵樹有樹蔭，所以……」

婦人眼睛睜得老大地注視著她，因爲婦人來自法國，並不會講英文。她堅持要邀請依麗莎白進屋去——「您要喝點水嗎？」由於依麗莎白很渴，再加上對於希臘房子的內部陳設感興趣，而且也因爲她很喜歡婦人的容貌，所以她接受了邀請。

這名婦人叫作妮可（Nicole），來帕羅斯島探望自己的女兒。她跟依麗莎白解釋說，當她看見她躺在樹下時，爲何她會感到無比訝異的原因：因爲，在前一天，「我們在海灘上看見您帶著素描簿，而我跟我女兒說：『那位女人很像我，也是自己孤單一人，但她看起來心情這麼祥和與滿足，我很想跟她聊一聊』。然後，您就出現在我的房子前面，這眞是奇蹟。」

妮可在第二次世界大戰期間，參加過反抗德國的地下組織。她後來嫁給了一位基督教的牧師，生養小孩，然後經過三十年的婚姻生活後，他的丈夫愛上一位較爲年輕的女人而與她離了婚。自此以後，她就活在憤怒的陰影中，無法原諒他的丈夫，也無法忘記那名曾經是友人的女人。

她們兩人打開了話匣子。依麗莎白很驚訝地發現自己可以這麼流利地說法文。她不知道她自己的法語能力有這麼好。

在某一刻，妮可轉而問她：「告訴我，我想您很清楚有關上帝的一切。」出於某些理由，依麗莎白幾乎毫不意外對方會這麼詢問她。

「我無法告訴您有關上帝的什麼事情，」依麗莎白說：「但我可以告訴您如何去發現上帝。」在午後接下來的時間中，她們兩人熱切地討論起有關冥想、通往靈性之路的方法，有關寬恕與祈禱，有關受苦與愛，有關作家卡山扎契斯（Kazantzakis）、佛陀與基督。依麗莎白回憶說，她當時說話的一腔熱情，讓她自己很驚訝。她用法語說出，她甚至無法用英語侃侃而談的事情；她津津有味地聆聽著，從自己舌尖流利說出的話語，而且是談論上帝。

在她起身離去之前，她們兩人一起跪下禱告。事情單純得令人發窘：兩名中年婦女跪在石頭地板上，祈禱能脫離苦痛並恢復愛人與信任的能力。她們兩人並爲可以進一步了解上帝而禱告。依麗莎白之後徒步走回旅館，對這場會面嘖嘖稱奇。這是她前一天無法離開此地的原因嗎？她在上帝良善的光輝下，深感謙卑：上帝讓她以法文言之有物，並且賜與她成爲祂的話語的媒介，這是一份莫大的禮物。因爲，她知道，那天下午如此口才便給講話的人，並不是她，並不是她自己。

第二天，她即動身前往克里特島。

一年之後，她收到一封來自妮可的信。信件以英文寫成，是在醫院病榻前口述，而由他人代筆寫成。妮可罹患癌症，餘日無多，但她希望讓依麗莎白知道，她們兩人在希臘那一天下午的相遇，已經改變了她的生命。妮可說，她認爲那是一場奇蹟，因爲，從那時起，她掙開了憤懣的枷鎖，重新與上帝和平共處。她即將死去，但她希望依麗莎白知道這一切。

我曾經遇見一位天使，以天鵝之形前來。或者說，也許天鵝就是天使。又或者，那次的事件不過是一場穿鑿附會的巧合：只因一事在前、一事在後，所以兜在一起而已；亦即，因爲兩個事件一前一後發生，就把第一個事件說成是導致第二個事件發生的原因罷了。而這個故事也是一個有關駕船的事件，雖然這一回聽起來有幾分傻氣，不過並無滅頂災難發生。

事情發生在長島灣（Long Island Sound）上的一個冷涼的秋夜；那一夜是九月三十日晚上至十月一日凌晨之間，天際掛著一輪下弦月，在濃濃的雨雲間慢慢升至天頂。

大衛與我把孩子們托給他的父母照顧，租了一艘三十英尺長的單桅帆船，出發去度個只有我們兩人的兩天假期。只要熟悉長島灣的人，皆能了解我們的航線規畫。出發當日，強風狂吹，把我們的船從康乃狄克州這一頭迅速橫越海灣，吹向長島那一端；我們依照既定行程，到達傑佛遜港（Port Jefferson）。當時是午後近晚。我們打算當晚下錨在港口邊，去餐廳吃頓飯，或許再看場電影，然後隔天返航回家。但當我們抵達傑佛遜港，我們發現港口上打出了小船警示的標誌；我們被告知，在這種直直刮進港口的強風下，不能在碼頭上下錨，不然會有碰撞碼頭撞毀的危險。不過，反正港內也已經沒有停泊船隻的空間，我們必須另外再找地方下錨泊船。

我們先上到港口岸邊，去買了雞肉與一瓶酒當晚餐，然後再開船出港，去尋找當晚安全的避風港。

在主港的西端之外，有一條狀如彎曲手肘的水道，延伸至一個深水塘（或稱「潮淹沼澤」）。在它的中心處，有一座泥巴島，並長有沼澤植物；而在它的西側，則是一片高高的峭壁，上頭築有宏偉的房舍。看起來是個停泊的好地方。

我們慢慢駛進這條肘狀的水道，小心地查看水路圖，然後丟出了錨，今晚就待在這裡。我們才剛完成下錨，有一名男人出現在岸邊，並對我們揮手。

「你們不能停在那裡，」他大喊：「潮水很強勁，你們會被沖到岸上擱淺。」

「那我們可以停在哪裡？」我們問道。

他以手示意我們再往前一百碼左右的地方；他說我們在那裡安全無虞。於是我們把船錨拉上來，如今兩個人都很累，也很氣惱；我們發動引擎，慢慢往前開上一段可觀的距離後，再重新下錨，並且幾番測試，確定是否已經抓牢水底。這時，燦爛的夕陽已經沉落至峭壁上的屋舍之後，光線漸漸黯淡下來，夜色迅速掩上。那名指路的男人早已回到屋內去，只剩下屋舍窗戶所透出的黃光從那兒對我們眨眼睛。我們在甲板上站了一會兒，在冷風中瑟瑟發抖，心中自忖在船尾如果能有第二支船錨就好了。我們多希望可以在沼澤之上享有「雙錨」的安全感……不過我們下錨下得很深，我們覺得應該沒有問題了。

我們下到船艙之中，做了美味的雞肉米飯佐沙拉的晚餐，在煤油燈的溫暖光輝中津津有味地品嚐著。吃完晚飯後，躺在鋪位上，我們兩人皆感覺自己像塊石頭，那種身體疲憊的感受，如同做完一場費勁的苦工一般。

午夜時分，我們兩個醒來。船首顛簸不定，就好像船尾下了錨一般。我們穿上褲子、運動鞋、毛衣，趕緊跑上甲板；外頭是鬼魅般的黑夜，月兒彷彿為流動的破碎雲絮所追逐，狂風颳著護桅索咻咻作響，而升降索碰撞著桅杆發出乒乒乓乓的聲音。

我們發現船隻出事了。我們猜想，入夜之後，船隻被急流牽扯擾動，結果打旋起來，造成位於船首處的錨索，最後纏上了螺旋槳推進器。所以錨索如今纏在船尾底下，船身等於在它的繩子上跳動，彷彿繩索成為船隻的彈跳加速器。更糟的是，船錨已經從水底泥地中被拉出，我們正被潮水往岸上沖過去。

我們無助地望著這一切。我們不能發動引擎，駛向海面，因為錨索纏在螺旋槳上，這麼做會讓槳葉斷裂。

我們也不能潛到水面下，去解開捲在螺旋槳上的錨索。水面黑漆漆一片，無法看透過去。而且我們沒有必需的裝備：沒有潛水衣，也沒有防水手電筒。此外，水溫也太冰冷；在我們得以在船身下摸索，進而解開錨索之前，就可能失溫而死。

而我們更無法在甲板上切斷錨索，然後期待在水面下，錨索可以自動從螺旋槳解

為何當我們對上帝說話，被說成是祈禱，而當上帝對我們說話，我們就被說成是精神分裂？
——莉莉・湯姆琳（Lily Tomlin）

開，因爲，即便果眞一如我們所願發生，我們那時又該怎麼辦？沒錯，我們屆時是可以發動引擎，駛離岸邊；但是，我們並沒有另一副船錨，一旦開動，就不得不持續移動，駛到海面上去。而我們要如何在黑暗中穿越這條狹窄、多稜角的水道，尤其還頂著颳向船首的強風前進？我們對如此的航行要求，可說毫無準備。

在此同時，船隻遭潮水沖擊而觸礁。或許是碰撞到柔軟的水底，因爲，如果我們撞到岩石，我們將受傷慘重。

出於想做點什麼事而非已經設想好一個合理的救急計畫，我們開始動作。我們自船首與船尾把長長的錨索一寸寸拉上來，然後緊緊綁在兩端的繩栓上。於是繩索從船首的繩栓上，一路往後延伸，像條繃緊的提琴弦，越過整個船身底下，越過被纏住的螺旋槳（是否還纏得更緊一些？），完全沒有鬆弛的部分，直直拉緊至船尾的繩栓上。

我們所做的一切，是爲了確保繩索緊繃無比，讓水流因此無法繼續沖刷先前它所造成的狀況。

我們站在甲板上，注視著黑色的急流，一步步把我們帶向岸邊。

然後，我突然看到船隻一側，出現一隻美麗的白天鵝。我之前並未注意到牠。牠直接來到船邊，從牠的側面那隻銳利的、如珠子般的黑色眼睛瞅著我看。我在離家前，爲了這次出遊做了一些麵包帶來吃。我下到船艙裡，切了厚厚的一塊，然後回到甲板上看天鵝。（爲什麼不呢？我還有更好的事情可做嗎？）我把麵包丟入水中。水流很強勁，天鵝不得不盡可能快速地往後游去，以吃到麵包。我還記得牠的蹼腳飛快向後划去的動作，而當牠啄食麵包皮時，長頸擺動的白色身姿，甚是優雅迷人。然後天鵝再度游近我過來。

「哦，天鵝，」我說：「我希望你可以潛到水面下，解開纏住的錨索。」

牠的眼睛一眨也不眨地凝視著我。

然後聽見大衛大喊：「已經解開了！已經解開了！」

我立即又跑下船艙去切更多的麵包來，而且對天鵝許了另兩個願望，是更為重要的願望，其中一個如此重大，讓我得以作為測試之用。我在手中握著最後一片麵包，我想著：「如果天鵝從我的手中吃下這片麵包，那麼我的願望就能成真」；而我知道天鵝是狡猾的動物，而這一隻是有可能將我的手掌咬成兩半。牠靈巧地自我的手指間把麵包咬開，如同貓兒細細的咬嚙。整個過程不到五十秒的時間。我接著跑到大衛那邊，幫他一起把繩索拖上來，並且發動引擎。我們開心地聽著引擎發出的轟隆聲響。我們及時掉頭，慢慢駛離岸邊。我們重新下錨，把船隻往後傾斜，丟下船錨，抓牢水底，並且搖動船隻以確定已經牢固無虞。這花了我們好多的時間。

當我們關掉引擎（被突來的寧靜嚇了一跳），我往四周察看。天鵝已經消失不見，四處都看不見牠的身影。

流動的月光輝映在水面上，照亮了岸邊土地與沼澤。卻完全沒有一絲發亮白影的痕跡。我們相偕走下船艙，一邊思考著所發生的事情。為何拉得緊繃的錨索，可以從引擎上解開？當然，天鵝與這件事無關；我與天鵝間的遊戲，我所許下的無聊願望，那都只是好玩而已。

隔天早上，我繼續尋找著天鵝的蹤跡。但是沼澤上一隻天鵝也沒有。

• 2 •

有一次，我夢見我的丈夫所做的夢。我夢見有一名男人朝著我爬樓梯上來，我可以看見他的臉，一張可怖的臉孔，他露齒而笑，臉上布滿血淋淋的傷疤，既扭曲又猙獰。我醒來，心怦怦跳著，知道自己剛剛瞥見了「恐懼」的形象！然後發現躺在我身邊的丈夫也醒著，拳頭緊握，整個人籠罩在焦慮不安的情緒中；我在睡覺之中，接收了他的情緒狀態。

科學家已經證明了，所有的物質——如桌子、樹木、卡車等等，如果壓在我們身上，會感覺如此堅實的物體——實際上皆由如石頭般旋轉的原子所組成，而且原子間相距甚遠，相對來說，就如同太空中的群星一般。在原子之內，質子與中子由一股所謂的「強力」所鍵結在一起，聚成原子核，並持續地與所謂的「弱力」形成交互作用。科學家告訴我們，如果這股力量哪怕是被削減了極小的比率，比如十億分之一，整個宇宙的母體基質都將分崩離析飛散開來。或者，想像一下相反的效果：假使這股結合的引力稍稍增強一點點，那麼將會造成宇宙自爆，質子彼此強烈擠壓形成固狀的團塊。在這個情況下，宇宙也會逸散出自由的質子，形成氫分子的原子核。沒有氫的

心為法本　心尊心使　中心念惡
即言即行　罪苦自追　車轢于轍
心為法本　心尊心使　中心念善
即言即行　福樂自追　如影隨形

——《法句經》

話，就沒有太陽或恆星；反之，則一切運作如常。所有的原子編織成完美的平衡狀態，由它們之間的結合力所牢牢繫住，並由彼此間的斥力與重力的拉扯而相互分開。

物理學家與神祕主義者皆同意，人類也由電子、中子與質子所組成，而這些粒子也在同樣的漂浮狀態中旋轉著。我們每一個人有時也能經驗到所謂「屏障消解」的現象：靈光一閃，我們瞬間理解到某些始終無權知悉的事物。我們可以覽讀他人的心靈；我們接收到天外的靈感；我們來到阿克夏的知識之河，舀出晶瑩的珍珠……以至於我們無法確定，我們的所見所思是否僅僅屬於我們個人所有，或者是飄散在「空氣之中」——每個人在某段時間中皆能嗅聞那抹靈思的暗香。

西雅圖市的一家劇場的文藝經理有一次告訴我，在他所收到的劇本中，經常出現戲劇故事主題循環出現的情況。他無法忽略這個奇特的現象。比如，有六個星期，他所閱讀的劇本，皆是刻畫希特勒的故事。而接下來的六個星期，他卻可能只接到涉及祖母、中風的父親、遭強暴的母親、戰爭中的士兵或監獄等主題的劇本，彷彿我們所有人皆從彼此的背後探看對方的創作，然後抄襲彼此的想法。

當達爾文寫作《物種原始》之時，有一位澳洲人也同時在探討與發展完全相同的主題與想法。但達爾文先行出版了論著。那名澳洲人指責達爾文剽竊他的發現，不過大多數人皆以爲這只不過是巧合罷了。

不管這所謂的「巧合」意謂爲何。

知名的精神分析學者卡爾·容格，則稱這種情況爲「同時性」的現象。

然而某些人則指出，思想本身即擁有龐大的能量；他們認爲，負面性的想法，會導致如此思考的當事人發生負面的事件，而正面性的想法，則只會帶給思考者與其身邊所有人美善的事物。

物理學家如今開始在研究預知與念力等現象。他們觀察具有超自然能力的人，依靠想法來移動桌子上的香菸或扭彎釘子。他們設計實踐來檢測預言的準確度，或者測試遠距透視（或稱爲「遙視」〔remote viewing〕）的正確性。這裡所要探討的問題是：我們可以悠遊於時間的內外嗎？我們可以藉由我們的意念來讓事情發生嗎？

有一天，友人瓊（Joan）順道來家裡喝咖啡，我們一起跟她坐在廚房裡聊天。我那天有點坐立不安。我很喜歡瓊，但她與大衛在聊事情。我想要離開去工作，不過不知道這樣做會不會失禮。大衛正在向瓊說明，如何以色澤明亮的大片塑膠薄板拼成廚房的天花板，並在上面嵌入日光燈管的作法；他的人站在廚房的流理檯上，取下了一塊正方形的塑膠板，就在這個時候，一個念頭掠過我的腦際：這塊板子會從大衛的手中滑開，並且砸中友人瓊。我往後退了兩步，離開大衛附近，而說時遲，那時快，塑膠板彈了出去，劃過廚房上空，砸到了瓊的前額，頓時皮破血流。她於是立刻返回家去。

這件事讓我感覺很恐怖。難道是我的想法導致了這個事件的發生？抑或，我只是預見會發生這件事？當然一定是後者，因爲我絕不會想要她受傷的！

物理學家也在企圖解釋巧合事件的肇生源由。早在一九三五年就已經發現，一度發生交互作用的兩個次原子的粒子，可以回應彼此之間相距好幾光年之遠的運動。此稱「電子順磁共振」（electron paramagnetic resonance；簡稱「EPR」）效應。愛因斯坦一生都對這個現象大惑不解，因爲這違背了他所創立的理論：沒有東西能移動得比光速更快。他說這個現象可以給科學界提供兩個「全然不可接受的」推論：若不是客觀現實只是一場幻覺，不然就是有關電子順磁共振效應的粒子的測量，違背了已知的物理法則——粒子之間可以經由「心電感應」的方式影響彼此的作爲。（這是一個極端複雜的理論；如果以上流於簡略的說明文字有所冒犯之處，還請相關領域的專家多多見諒。）

我曾經遭遇過雷擊。當時我開車駛入華盛頓特區的雷諾公路（Reno Road）上，而車外是滂沱大雷雨。車內除了我之外，還有一名演員芭芭拉・凱倫德（Barbara Callendar）。我當時突然心生一念：「我待會將遭到雷擊」。這個想法很可笑，因爲公路周邊林木蓊鬱。但有鑑於暴風雨的力道——雷聲隆隆不絕於耳，閃電不時劃破天際——雷電倒是非常有可能打到樹木，因而倒下壓到車子。所以我盡可能快地駛離地勢較低、布滿林木的山谷地帶，轉向上坡路段，駛向大教堂附近的威斯康辛大道（Wisconsin Avenue）。

就在這個時候，車子遭遇雷擊。

閃電很可能避開了道路兩旁的公寓樓房，以及大教堂的尖塔，直直從天空往下擊中車子（白色的富豪汽車）。我們被使人目盲的強光與能量團團圍住。在幾秒鐘之間，我腦中一片空白，只想及宇宙的可怖力量，然後閃電停止，芭芭拉與我兩個人嚇傻了，不停發抖，但倖存下來。

我認爲，我們之所以倖免於難，是因爲四個橡膠輪胎起了絕緣的作用。車子本身形成如同「法拉第籠」（Faraday cage）的效應，金屬的外殼迅速地將閃電的能量，從我們周邊往下傳導至地面。事件過後，我感覺自己如同童話故事中的人物，被神仙教母警告，在十五歲時會戳到自己的手指，結果在盡力避免之餘，事情卻仍然如預言發生。這是否意謂著，我們無法逃開命運的羅網？但是，爲何會出現這種說起來沒有多大用處的訊息？難道只是爲了讓我們知道，有命運這樣的事情存在？

在一般傳統的想法中，並不承認我們的所思所想會影響未來的事件。大部分的精神病學家認爲，凡是相信思想能控制未來的人，可能患有強迫症；這個病症的一個特徵是，對於整潔要求的偏執心態，與控制一切的慾望，而另一個特徵則是傾向於進行學者所稱的「魔幻思考」（magical thinking），其特色包括，當事人會相信，想法能引發事件。

大衛有一回出差前往西岸地區，爲期十天。一整個星期的時間中，我都處於孤獨與靜默之中，自己一個人進行冥想。孩子們都上學去了，而且當時也幾乎長大了，最小的都已經十二歲大。所以我擁有自己獨享的時間，而我也眞的需要。我的心中有太多煩擾的思緒；我的婚姻處於緊張狀態，大衛很沮喪，而我則很迷惑。

「天堂的家人團聚」，威廉・布雷克的作品，版畫，十八世紀。

在他要返家的前一天，我帶著狗兒去做了一場長長的散步；我們去到石溪公園（Rock Creek Park）中，走入林木深處。我還記得我當天很快樂，是如此開心，讓我覺得自己的身體會因此爆開來。在其他的情況中，我曾經因爲很不快樂，而導致全身痠痛，但我甚少經驗到如此絕妙的歡欣，而感覺骨頭發疼，而且這是發生在，經過一段長長的靜默冥想時期之後才得到的體驗。而我那天眞眞切切發生了這種奇妙的狀態。

我一路漫步而去，感覺到一則異象升起。我看到一架小飛機，大衛的人在飛機裡面，突然間，飛機的左翼往下傾斜，幾乎就要撞上一座山的山腰。然後，一則想法瞬間閃進我的心頭：「啊，這樣一來，就可以解決所有的問題了。」不過，在此同時，在我的心靈之眼中，我的雙手合成杯狀，放在飛機底下，想保護它。「讓他活下來，」我想著：「給他生命吧。」我找不到任何方式得以來描述這些純粹的思緒所立時具有的清晰度，也無法說明「活著」這個動詞所企圖表達的深遠意義。很快地，這則異象就結束了。

我吹起口哨喚回狗兒，然後走回家去，一邊思索著這個異象的意義。

隔天我去杜勒斯機場（Dulles Airport）接大衛回家。他說：「妳知道嗎，昨天我發生了一件不可思議的事情。我當時從理奇蘭市（Richland）搭乘一架私人飛機，去西雅圖。飛機正要降落，突然間飛機翅膀居然傾斜下去，離跑道路面僅有幾英吋遠。如果撞上去，飛機就會整個翻過去。我坐在駕駛員的正後方，聽見他大叫：『混帳的

不要只是因為我看見天堂與地獄、能與天使交談而相信我……而要因為我說出有關你的意識與直覺的話語——只要你就近聆聽——而相信我。

——艾曼紐爾・史威登堡，《神的愛與智慧》

東西！』他拉動著操縱桿，但是沒有反應。然後毫無理由地，飛機突然自動扶正，我們接著安全降落。事後我去跟駕駛員聊了一下。他說，當操縱桿卡住的時候，飛機的某個噴射口發生回燃現象。他認爲我們當時必死無疑。」

我感到腦子發暈，問道：「事情是什麼時候發生的？」

我接收到異象的時間，比實際事件早了好幾個小時，而這已經算入兩地的時差。然而，到底眞正發生了什麼事？是我預知了事件的發生？又或者是我起了影響的作用？更進一步探問，如果我在異象中打下飛機，那麼它就會失事墜毀嗎？

有關夢境與影像，這一個主題很難論述，因爲如今我們書寫的範疇不是鬼魂、天使、魔鬼與聖人，而是進到全然知覺的領域。而我們可以去指稱，知覺現象也是天使所造成的效應嗎？額我略一世曾說：「在這個可見的世界中，萬物的配置皆由不可見的靈物所安排。」那麼，我們的五官感覺是由天使的意念所導引的嗎？值得注意的一點是，一切異象的感知，皆代表著超越一般層次——我們被教導去相信的「分析」、「推理」與「邏輯」的這個層次——的訊息接收方式。這些接收訊息的管道，並非時時暢通無阻，而人們彼此之間在收受訊息的容易度上，也或有不同；不管是因爲練習或因爲意外之故，使某些人莫名地成爲訊息傳遞的媒介。我個人以爲，訊息是以電流的形式傳遞，而這股能量，與愛意、懸念等有所關連，甚至有時也會與疑惑相關繫。

我相信，這股能量彷若一條流動的河流，我們有時能舀上幾瓢，接收到超乎想像的神妙訊息。我們並不知道它來自何處，但我們知道它到來時的情狀：它被一片光芒所環繞，並以一股純然的信心衝擊我們，完全相異於我們所習於的自我中心思考方式，也與單純的慾望或恐懼迥然有別。它肯定始終會遭遇有關眞實與否的考驗，但只要它通過測試，你必定自始至終皆以它的訊息作爲行動準則，即便旁人奚落說那不可能是眞的，你也不爲所動。

上個世紀的西方人已經給予天使與魔鬼新的意義，重新以超我（superego）、自我（ego）、本我（id）等三元概念編織出新的神話學。然而，我卻看到了光線從人們的手掌與皮膚上流洩出來。這可能有點奇怪，尤其我還談過人類靈魂的黑暗性的問題。我有一次去醫院進行手術，在波士頓市的麻薩諸塞州總醫院（Massachusetts General Hospital）住院長達兩週；在我康復之際，經歷了一場宛如神靈顯現的現象。我經常在想，那是否只是藥物所起的作用，不過就我所治療的疾病而論，難道每個病人在醫院中都會發生同樣的現象嗎？我的視覺變得無比清晰，我實在心驚不已：那時我想，「這就是藝術家觀看事物的方式吧」；我在毛巾架、床單的折痕之前，一如目睹奇蹟一般，感到自己的渺小與卑微。窗外的一棵樹、草坪上踢足球的孩子們，在在讓我熱淚盈眶。那時我正讀著杜斯妥也夫斯基的《卡拉馬助夫兄弟們》，我不用一一抄下某些段落，就能了然於心，該書深深感動著我。有一天，我站在窗前，凝視著天空與流雲，全然著迷於宇宙和諧的秩序。我可以聽見行星的歌唱與岩石低沉深遠的吼聲。我能了解……萬事萬物的意義——那些我至今仍無法以言語質疑的事物；世界美

「波斯仙子」，取自飾有彩圖裝飾的手抄本。

得如此鮮明生動，屢屢讓我淚眼婆娑。而更爲特出之處是，當我望向窗外，樹木、枝葉、草皮盡皆閃爍著由其內在所發出的光。我看見人們的皮膚閃閃發光，護士與病友的臉龐與手掌皆流洩出光芒（除開一個人例外！有一位在醫院走廊上來回走路作爲運動的病患，卻籠罩在一片濃濃的黑雲之中；看見他會讓我覺得很反感，會想趕快走開）。然而，其他人皆爲光暈所圍繞。回到華盛頓特區的家中，我滿懷崇敬之情彎身在家裡的花園之上，爲每一片葉子、每一枝草、每一個活生生的草木蟲魚所散發的耀眼光芒而讚嘆不已。我會這樣說：「看啊，看看這片光啊。」然後才理解到，其他人無法見到比如葡萄藤所發出的焰火般的亮光，「如同金箔波動的閃光」。爲期兩週，我都能看見整個大地搖曳著生動的光暈，然後，當這樣的亮光逐漸褪去，我感覺自己彷彿喪失了視覺能力。我想著：「我希望可以讓我的靈魂繼續擁有看見如此景象的能力」，不過旋即了解到，我只能被授與這樣的能力。這次住院事件，發生在我看見母親的鬼魂之前。

在那次之後，我就甚少可以看見從人們皮膚上所發出的光。我有一回人在哥斯大黎加（Costa Rica），在聖荷西市（San Jose）當時設施簡陋的機場中，如同所有機場旅客一般，在等待我的飛機。這一次就沒有（如同在醫院中）可能有藥物作用的藉口，而也沒有酒精，甚或疲憊等其他因素來引發這次異象的產生。我當時坐在那裡，突然間，我看見身邊的尋常人們盡皆閃耀著光，不管是印第安婦女與小孩、學生、觀光客、美國商務人士、軍人與外交人員，全都閃閃發光。光從他們的臉龐、肩膀、手掌流洩而出，只要是他們所裸露的部分，就看得到發光。我坐在這個簡陋蹩腳的中美州的機場中，因為眼前的景象而顫抖起來，在感激與謙卑的情緒中，臉頰上緩緩滑下兩行淚水。我戴著墨鏡，所以沒有人瞥見我的模樣。我因為人們的「美善」，因為眼前這些一閃一閃的發光生物之美，而備受震撼。

大衛有一回在喬治城醫院（Georgetown Hospital）住院幾日。躺在他隔壁病床上的強森（Johnson）先生，因癌症而餘日無多。大衛不久即返家休養，他躺在床上讀書。然後他從書本上抬起頭，說：「我想我今天要去拜訪強森先生。」

就在這一刻，一道光突然越過他，並且從他的皮膚上，發散出光芒來。

是誰說過：「從愛的雙眼看出去，一切皆美」？

自這次之後，我還目睹過幾次這樣的現象，雖然我經常只是以一種模糊的、間接的方式瞥見到，在另一個人身上所出現的短暫、快速、瞬間飛逝的光，而且光線來得快，去得也快。然而，那是搖曳著愛意的光芒。

我們偶爾會談論神聖事物，但總是以一對一的方式，至多兩組或三組人，而且都在我們熟悉的團體之中，談論的氣氛既親密又有安全感。某些顯示給我的事情，我無法記錄在這裡，原因如同人們因為有些經驗如此珍貴，而無法向人訴說的情形一般。而這樣的事情，對我們到底有什麼好處？擁有這樣的經驗，如同站在雷雨大作的夜間山坡上，周身籠罩在湧動的烏雲中，一片漆黑，然後，突然間，天空被一片閃電劃開，一時間在你眼前，呈現出整個山谷的全貌，你於是看見了樹林、牧場、溪流與山巒。當閃電消逝，你再度陷入一片漆黑之中。然而，如今你卻知曉了前方那兒的景致，任誰也無法再說服你說，你所見識到的一切，不過是你自己所編造出來的幻象。假設你的友人也跟你一起站在雷雨夜的山坡上，但是當閃電燃亮天際，他卻轉身過去。「哇，哇，」你說：「趕快來看！」當他再度轉回身子，閃電卻已熄滅。如果他說：「什麼都沒有啊」，這是他的錯嗎？對他而言，夜色依舊漆黑如常。兩個人皆是從他們個人對現實的知覺出發，來判斷、來了解、來建構世界，兩個人的說法皆是正確的，因爲我們所能做的，就是去信任我們自己的經驗。

是怎樣的力量在統領這一切？當我回首過往，並且看出其中的模式，我理解到，那已經是我的生命中時時在追問的問題——問題提出的方式有時或有不同，而在不同的時期中，回答的方式也會有所差異，始終必須重新界定。而我目前的答案是，宇宙存在有可見的與不可見的兩個世界。這兩個世界彼此交纏在一起，而且出之以愈來愈可以感知的方式……如果我們有勇氣去感知的話。我現在開始以爲，也許這兩個世界的疊合是如此徹底，使得我們無法將之拆開——我們無法將有形世界與靈性世界一分爲二。兩者紮成一條絲線，是端坐於蓮花座上的梵天的無數夢境——那些狂野的、美麗的夢，變動不居，始終在更新與創造。而這些夢境也能爲我們所夢見；夢、夢中的人物與作夢的人，三者一模一樣、並無差別。

似乎可以藉由思考或靈性練習，來開發這兩個世界的聯繫問題。而有時也會輕易

相信我，所有我們稱作考驗、悲痛或責任的事物，
天使皆在其中伸出援手。
——弗拉・喬凡尼（Fra Giovanni）

達成，彷彿風兒直接迎面吹來一般。

沒有尋找我的，會發現我。
沒有要我來的，會看見我現身。

——〈羅馬書〉，10：20

當兩個世界合而爲一之時，我不知道我們會不會及時發現它，但是，當知覺它的到來時，通常都會伴隨很高的能量，彷彿有不可見的力量從我們的身上流淌而過。依照我的經驗，有三個行動規則可以協助我們達成目標，而其同樣也是讓禱告可以成功運作的規則：首先，我們必須「祈求」；其次是「留心觀察」；最後則是「回應」。然後這一切會再度隨風而逝。

宇宙擁有某種大能，可以神奇地讓我們臣服於它的威力。每個人最終都不得不全心全意跪下來，被迫屈服於天地的原力，並且被迫去「祈求」。我們可能對於自己的財產、事業、婚姻、子嗣、穩定不變的生活沾沾自喜、自鳴得意；然而，可以肯定的是，當太陽升起，就會有某些危機出現，比如，可能有人會在大街上被意外毆打至倒地不起；於是，如果他知道怎麼做最好，他就會「祈求」。若非如此，那麼，一如黑夜跟隨白日而來，他肯定也會被生命追擊至他最終低下頭來。

他之後必定會以謙卑的臣服之姿跪下來，因爲，直到我們在這個宇宙大能之前俯首行禮，直到我們由於苦痛與絕望而屈膝跪下，我們才可能毫無保留相信它，我們的禱告才可能產生較大的效果。

這也是爲何我們很難在一時片刻間，確定何者爲好、何者爲不好之原因。我們會這麼以爲，禱告如同帶刺的荊棘，很難直接拿在手中，而如果還編成一頂荊棘冠戴在頭上，那就更痛苦麻煩了。

所有來到我們面前的天使，都經過僞裝；
悲戚與病痛，貧困與死亡，
一個接一個揭開他們陰沉的面具，
我們遂目睹了其下熾天使的臉龐，
每一位皆散發出見過上帝尊容後
所洋溢的榮光與安詳之情。

——詹姆斯・羅素・洛威爾（James Russell Lowell）

所以，愛是宇宙，如此歡愉，如此堅決，給予我們一切所需，憐愛我們，並且顯示我們生命的道路，以至於我們被擊倒在地，如同衝浪一般，在上帝所掀起的驚濤駭浪中沸騰煎熬。如果我們像個玩具般被甩弄、被戲弄、被摺倒，這是爲了讓這股愛的力量可以將我們收服進祂的臂彎裡，帶領我們來到安全無虞的海灘邊，將我們包裹在溫暖的毛巾裡，讓我們歇息在祂的慈祥無比的懷抱之中。關於這一點，歌德知之甚詳。

眾神，永恆的眞神，將一切給予他們的寵兒。所有的歡愉，所有的悲痛，所有的一切，都給予他們的寵兒。

我在《祈禱之路》那本書中，已經詳細地討論過禱告一事，但讓我在此處做一點呼應，因為，禱告是引導天使協助我們的方法。

很多人並不相信禱告的效用，但禱告只是呈現意念的方式。它是心的渴盼；它是濃縮的思緒，從我們的心中提煉出來，並發送出去；如果我們藉由想法創造了我們的世界，那麼透過禱告這種特別精鍊的想法，我們肯定亦能進行創造世界之舉。箇中的問題是，我們並未被教導，當我們有所祈求之時，如何做出一個得以被聆聽、獲得答覆的禱告；於是，當我們沒有接收到回答——或是說，答案有時並非以我們所期待的形式出現，或是在我們所設定的時間中降臨——我們就認為禱告未被接聽，或禱告無效，或禱告不過是個上天開的玩笑。

然而，禱告，如同重力一般，屬於宇宙的基本法則之一。你甚至不用信上帝，就可以去祈求，但你必須遵照規則來做。首先，去想像在外太空有一座巨大的無線電台，在群星之外的一座接收站，然後你所要做的是，發射出你的意念電波、你的渴望，傳送到接收站去；如果訊息能被「清晰地接收」，沒有雜訊干擾，那麼答覆會立時回傳給你，你瞬間會感受到滿懷的愉悅之情——這是因為，宇宙大能很歡喜給予我們心中所想望的事物。

然而，此中的重點依舊是，我們可以透過怎樣的方式，去傳送出我們的意念，使得訊息能被完整接收。

所以，我告訴你們，若你們有信心，而且毫無疑惑……不管你們在禱告中祈求什麼，只要有信心，必將應驗。

——〈馬太福音〉，21: 21, 22

別懼怕，只要全心相信。

——〈馬可福音〉（*Gospel of Mark*），5: 36

如何禱告

祈求

一、首先，你的話語必須使用「現在式」時態。宇宙大能並不理解未來或過去，因爲它並無時間的概念：一旦我們置身在我們這個小小人間之外，萬事萬物皆是同時發生的。（「時間，是上帝看待事物的方式，其意謂著，事情並非同時發生。」）所以，宇宙大能無法處理使用過去式陳述的想法，它也不處理對於未來的預期性的思索。它只知道「此時此刻」。

二、其次，你必須以肯定句來表述你的禱詞。其理由依然是，宇宙大能不了解所謂「否定」的概念。在宇宙中，並不存在空無或否定等負面概念，所以它會主動刪去這些字句，而只留下正面、肯定的話語。

許多人並不知悉這個規則。所以，某個母親可能跪下來祈求，全心全意禱告：「不要讓我的孩子死去」。但是，在她的禱詞中，出現兩個帶有否定意義的字詞：「不要」與「死」。她最好可以直接說出她心中最渴盼的願望：「請讓我的孩子活下來！」或者，由於宇宙大能並無時間概念，所以，懷抱著感激之情說出「謝謝你讓我的孩子活著」，這樣就更好了。我們務必當心我們在表達想法時所使用的語言問題，因爲，如果我們說「不要讓我的孩子死去」，這個句子剛好與我們的意願背道而馳，我們正想像著我們的骨肉死去，我們已經提前悲痛與哀悼，以至於經由我們的想法與恐懼的醞釀，這反而會成爲較爲可能發生的事。這即是基督在談及要懷抱信心的眞

> 萬軍之主說，測試我吧，看看我是否為你們敞開天國之窗，是否傾注給你們滿盈的祝福。
>
> ——〈瑪拉基書〉（*Book of Malachi*），3: 10

意。

然而，當這名母親禱告說「不要讓我的孩子死去」，在她的心底深處卻也正訴說著無聲的話語：她要她的孩子活下來！所以，那座落處於外太空的無線電台，可能只接收到雜訊：內心的願望與恐懼兩者間的衝突，所產生的嘈雜電波。而如果接收到的訊息是一串雜訊，宇宙大能就無法答覆祈求；只要她的盼望能夠戰勝疑惑，那麼接收到她出自肺腑的禱告的可能性即大增。

三、某些人可以正確地祈禱，謙遜地屈膝跪下，禱詞也無可挑剔，小心地（以感激之心）來表達（已經成真了的）內心願望的渴求……不過隨後卻又滿心疑惑。「我到底在做什麼？」他們會如此打斷自己的嘗試：「我並不相信上帝。禱告是不會應驗的；感謝老天，還好沒有人看見我跪在這裡。太荒謬了。」

如此一來，在群星之外的站台上所接收到的訊息，將是一串雜訊：熱誠的禱告卻被之後的「否定式」的表達所混亂，比如「我不信，禱告不會有回應的啦」等等句子，將折損原先禱告的努力。而且，宇宙大能到底要回應你所表述的哪一個想法呢？如果疑惑與否定的意念遠比精鍊的禱文還響亮有致，它所會回應的將是洪亮的那一邊，即，去回應當事人心中所真正想要的——宇宙大能如此摯愛世人，樂意給予我們一切我們所希冀的事物，甚至是苦痛、疑惑、絕望、孤寂、疏離與恐懼，只要我們想要，它也會成全我們……

四、要維持幾秒鐘專注在以下的「想法」之中：「禱告已經被完整接收、已經被

你們這群人，不要害怕，因為，你們的天父很歡喜將這片王國賜給你們。
——〈路加福音〉，12: 32

以我之名，無論你祈求什麼，我將為你達成……若以我之名進行祈求，任何事情都將應驗。
——〈約翰福音〉，14: 13, 14

答覆了」；然後，再度將禱詞提交給宇宙大能：「願您的旨意暢行無礙」。因爲，比起我們，上天更知道什麼對我們最好。正因如此，人們會說，小心你所祈求的內容——因爲眞的會應驗。有一句阿拉伯諺語是這樣提醒的——上帝說：「取走你想要的，並且付出代價。」

留心觀察

禱告的第二個必要條件是，要留心注意答覆的來臨；許多人禱告，並且收到禱告的回應，但卻視而不見，或否認有所回應，只因爲答覆並非出自所期待的方式。我們如同孩子一般，當好幽默冰淇淋（Good Humor）外賣車經過時，一聽見車子的搖鈴聲，就跑進屋內問媽媽說：「媽咪，我可以吃一球冰淇淋嗎？」

媽媽回答說：「現在不行，都快要吃晚飯了。吃過飯後，你可以吃一球。」

「我不要！」孩子說：「我現在就要吃。」

或者，媽媽會說：「好呀，不過那個很貴。在冷凍庫有一盒，你就吃這個吧。」

「我不要啦！」孩子說：「我要吃車子那邊賣的冰淇淋。」

又或者，媽媽會答說：「好呀，這裡有錢，拿去買。」

在母親的這三個不同的回答中，她都答應給孩子吃冰淇淋，但孩子只認爲其中一種才是答案。

而禱告也如出一轍。我們經常拒絕聽見答覆。我認爲，正是在這一個步驟上——承認有答覆的存在——讓極端理性主義者顯得無法理解這一切。所謂的極端理性主義

直到我們有所遲疑，滋生出撤退的念頭，卻始終對大局無益。有關一切創新（與創造）的行動，存在著一個基本真理，如果忽略了它，就會毀了不可勝數的想法與美好的計畫：此即，當人們百分之百獻身的一刻，上帝也會隨之而來。會出現各式各樣的事情來幫助我們，而這在其他的情況下是絕不會發生的事。一連串的事件皆出自我們的決定，以對我們有利的方式，引逗所有不可預見的事件、會面與物質上的協助，這是連作夢都想像不到會發生的事。
——莫瑞（W. H. Murray），《蘇格蘭人的喜瑪拉雅山遠征之旅》（*The Scottich Himalayan Expedition*）

者，是指那些不承認有物質世界之外世界存在的人；或許，非物質世界會驚嚇他們，會挑戰潛藏於我們每個人心中的無神論、輕蔑、反叛、恐懼等等內在聲音，亦即，在我們費盡心力想持續控制有形世界的規則之時，內心所會產生的種種雜亂情緒。畢竟，事實若非如他們原本所想像的，實在太駭人：如果這一切遠非我們所能控制，那將怎麼辦？然而，當我們年歲漸長，大多數人很快就會了解到，世界還有許多事物，遠非我們所能理解一二。我至今還尚未遇見，陷於困境中的無神論者——在違反他的意願下——沒有出聲呼求「救我」的！

回應

一旦我們注意到答覆已經給出之後，那麼第三個步驟就會自然到來。我們唯有以敬畏與驚喜之情來接納所賜與的禮物，然後，懷抱感激之心，認眞說「謝謝你」。而且試著將這個禮物傳播出去。

・第九章・

我的黑天使與友善聖靈

・1・

天使很早即進入我的生活之中。天使遠在布魯克林區的鬼魂出現之前，而且在我潛心探究上帝的眞相很久之前，就已經是我的生活的一部分。與天使的接觸，說起來，再也沒有什麼會比我的母親所說的話更眞實的了：她會要求我妹妹「做個好天使，把垃圾拿到外面去倒」。或者，天使也會出現在，我們在教堂（與所有一切地方）所聆聽的奇異的聖經故事之中。在那些故事裡，天使無比尋常，而天使長、熾天使、智天使與其他上帝的聖靈部隊也一樣平凡家常。他們吹起號角或手持百合花，經常出現在女性面前（如撒拉、伊利沙伯〔Elizabeth〕、聖母瑪莉亞），來宣布其他女性唯有在晨吐、乳房疼痛或月經停止之後才會恍然大悟的消息。

別為一切煩憂；而應懷抱感恩的心，藉由禱告與祈求，讓上帝知悉你的一切需求。

——〈腓立比書〉（*Philippians*），4:6

我們聽著這些故事，卻從未費心討論。一名天使來到亞伯拉罕面前，告訴他不要殺害自己的骨肉。另一名天使則在埃及，爲猶太人的房子做上記號，以免他們的長子遭到殺害。而也有天使與雅各摔角，或爲了以利亞而現身。聖誕節時，當牧師一次又一次依照〈路加福音〉講述耶穌誕生的故事，我們像驚呆的小牛般聽得兩眼發直。我很喜歡這樣的場景，氣氛極具撫慰人心的效果，我從未以爲所聽到的故事只是神話；這也意謂著，一部分的我，喜歡聽引人入勝的故事，總是願意暫時擱置存疑的心情——當邪惡的後母遞給白雪公主一顆有毒的蘋果……或是，當帕里斯（Paris）把金蘋果判給了愛芙羅黛蒂（Aphrodite）以換取眞愛的回報，遂而引發了一整代人經歷了戰爭的蹂躪與船難等悲劇……在聽到這些故事之時，我都不禁發起抖來。

在聖誕節的故事裡，有三位智者追蹤一名嬰兒的下落，直至在馬廄中發現了他，並對他朝拜。雖然，其中一位智者也許可能這麼想：其實，他們是可以多爲自己的妻子、兒女著想而留在家裡，並且在某個程度上，傾注同樣的感恩之情到家人身上。或者，故事的眞相也可能是，在長長的追蹤之旅後，這三個人深感倦怠，以至於，當他們在旅店中最終同意放棄這場漫遊之際，聽說了一名嬰兒降生的消息，當下就決定：「夠了！我們去送給他一點東西，然後就打道回府，怎麼樣？」在同樣的這個故事中，一群牧羊人由天使引導，遺留下了羊群牲口，徒步進城去探望聖嬰；天使對這群人現身的理由，是要告訴他們不要擔心懼怕。而當他們到達城裡，到處都擠滿了人（所有旅棧皆客滿），聽見消息而來的這群牧羊人，在發現其實也沒什麼大不了的

「若亞敬（Joachim）與天使」，阿爾布雷西特・杜勒的作品，木刻版畫，十六世紀。

事情，就是一名濕潤的、紅通通的新生小男嬰而已，卻一點也無表露失望之色。他們同樣屈膝跪下，進行朝拜，彷彿他們每個人皆無子嗣，在家鄉也沒有兄弟、姪子、姪女、姊妹與許許多多的堂表兄弟一般……

每一個聖誕節，我們都仰著圓臉望著牧師，不帶一絲輕蔑地聆聽這個故事——教堂中並無哄堂大笑，亦無面露驚訝的聳肩，甚至可能想都沒有想過要質疑它。領受聖餐的人正等著吞一口酒，溶掉黏在上顎的薄如紙張的聖餅；而我們這些小孩則努力克制自己不要動來動去，或踢著前面的長椅玩樂，以免媽媽臉色鐵青地瞪著我們。這些事都會吸引我們的注意力。

然而，對比於耶穌誕生的幾十年之後，被吊在十字架上悲慘死去的事，在我的面前的這些大人，並沒有人去詢問，為何降生的那一天充滿榮光，還送出這麼多的禮物，相較之下，耶穌之死可說受到嚴重的忽視。我們想像得到的幾名天使，皆無前去表彰基督的犧牲。就我所知，我的家人或親友，亦全無一人曾經明顯懷疑過天使、天堂大軍令人費解的缺席問題，雖然天使在祂誕生之際皆前來吹響錦上添花的號角——說起來，這並非如此必要。

那麼，天使在哪裡呢？難道他們迴避了悲傷的場景？迴避了他們有機會行善舉的時機？

我們現在就需要天使的降臨。

生命中最令人滿足的一刻發生在，當熟悉的事物瞬間變得嶄新起來，
散發出一股耀眼奪目的氛圍。
——艾德華・林德曼（Edward B. Lindaman），《以未來式思考》（*Thinking in the Future Tense*）

在我遇見天使之時，我並沒有上教堂，我也記得，我也沒有經常祈禱。我當時二十八歲。我丈夫在哥倫比亞廣播公司（CBS），擔任晚間電視新聞的撰稿人；我們住在格林威治村（Greenwich Village）的一棟無電梯的五樓公寓，生活勉強過得去。我結束了我原先的事業生涯，跟隨大衛來到紐約發展。我們剛有了第一個小孩，然後突然間，我發現自己困守在一間公寓裡，抱著一名完全依賴我的嬰兒，而她還不會講話、還無法回饋給我有形或無形的協助。我該怎麼辦呢？在有些日子裡，我只是簡單地幻想著，抓起嬰兒的後腳跟，然後把她的腦袋往裸露的磚牆上砸……我常常哭泣。白天的時候，我不敢留下嬰兒單獨在家；到了晚上，大衛下班回家後，卻因爲據說外頭治安並不好，如果我一個人外出散步，會太危險……我活像個囚犯一般。

我找到一份兼差的工作，我開始寫東西。孩子長大了一點，我也愈來愈堅強。所以，我當時的注意力幾乎沒有轉向神秘事物之上。我正在日常的現實——我的疑慮、迷惑與辛酸——之中掙扎與奮鬥。

有一天，一位友人打電話來，問大衛與我要不要跟著他的朋友們，一起去法國的瓦勒迪澤爾（Val d'Isère）度一個爲期一週的滑雪假期。我們欣然同意。我們把十個月大的嬰兒留給我母親照顧（上帝保佑她！），一起與友人包機飛到法國。

我與大衛兩人都是滑雪好手。我們曾經懷抱著我們對於大多數事情所會投注的紀律與專注，去花時間學習滑雪技術。此外，我在滑雪中，也發現了某些如此純粹與美好的質素，可以讓我從我自己的一團迷霧中脫身而出。搭乘往山上去的單人空中吊

「天使旅人」，古斯塔夫・莫侯（Gustave Moreau）的作品，十九世紀。

椅，悠遊在和風吹撫的寧靜之中，對著冰封林木眨著眼睛，滑雪鏡閃耀著一片淨藍的天空，我的身體遂充滿自由的活力；我認爲，再也沒有什麼可以比擬得上，這樣的知覺感受所帶給人的衝擊。我往山下快速一射而出，無所懼怕，在滑雪道上起起伏伏，投身入那一片冰冷的白色空氣中。

而我在此前，曾經一度在滑雪途中，見到奇特的事情。

那時大衛與我新婚不久，我們前往奧地利，參加一個滑雪課程。我們艱難地跋涉在一段路程很長的Z字形上坡山路上，期間我仰頭一看，就看見天際放射著五彩斑斕的光芒。

「你們看！看看天空！」我指著天空，其上閃耀著粉紅色與綠色的光芒，弄得我目瞪口呆，我在此之前還未曾見過天空會有這種顏色。我們的嚮導、大衛與滑雪班的學員全都仰起頭來，然後旋即轉開，彷彿並沒有發生什麼大不了的事情。他們都沒人看見嗎？或者，因爲陽光使我眼花——可能是我過度運動的關係——導致只有我出現幻覺效應？

「是的，我們在山區裡面，經常會發生一些有趣的現象。」教練如是說著，並且繼續與班上的成員講話。甚至還繼續在教課！但我還是被那片燃燒的天空所吸引，目不轉睛地盯著看。

此後我就忘了這件事，直至在瓦勒迪澤爾，我再度見到七彩天空，才記起那一次的異象經驗。

在瓦勒迪澤爾，你會感覺自己站在世界的頂端。我們所處的位置，已經超出樹木生長線之上，眼前盡是一片白雪皚皚的景致。有時你會穿梭在雲霧之間滑行；有時空氣清透得如同同溫層一般。我們在所謂的雪道（piste）上進行滑雪活動；時不時會有一根紅旗子插在雪地上，作爲雪道標示之用。但我們大抵都跟著其他滑雪者所留下的滑雪板痕跡前進，而且留心不要偏離這些路徑。如此的作法，有兩個理由：第一，因爲不這麼做，你可能從懸崖邊衝下去；第二，你還可能因此引發雪崩。在瓦勒迪澤爾，並沒有巡邏救生隊會在夜間一一巡視所有雪地痕跡，以尋找受傷的滑雪者，如同在佛蒙特州（Vermont）的斯托鎮（Stowe）或科羅拉多州的艾斯本鎮（Aspen）等海拔較低的山區中會有的作法。至少，在當時，那裡的雪警隊並無負擔如此的任務。

其中有一天，我們這群人移師到迪寧鎮（Tignes）去滑雪。那是個需要花上一天的小旅行；首先要搭軌道纜車上到山頂，接著沿著一條長長的斜道往下滑行，大約會花上一整個早上的時間，最後則結束在附近的小鎮上，而下午則在迪寧鎮玩，最後再搭巴士回到瓦勒迪澤爾。

那兒已經數週沒有下雪。雪道被壓得嚴嚴實實，如同給平底雪橇用的滑道。我很快來到一個彎道附近，剛好在路徑的邊緣之上，我摔倒在地，然後發現自己腦袋朝前、背部抵著地面，往山下的方向繼續滑行。當你在滑雪時摔倒，你應該扭轉你的滑雪板，轉到朝著山下的方向，然後試著把滑雪板插進雪裡，煞住下滑的衝力，直至停下來為止。但是不管我怎麼試，我都沒辦法將身子扭轉過來。地面很堅硬，而且路面上還雜有許多小石子。這些礫石起著如同十億個滾珠軸承的作用，帶著我一路往前奔。我還記得當時自己覺得眞可笑，頭朝前，靠著背部滑行，一直感受到一顆顆小石頭的碰擊。我並不害怕，雖然我知道我已經滑離了安全的雪道範圍之外。然而經過兩三次翻轉滑雪板的嘗試之後，我決定不管它，然後不久後，我就撞上了一棵樹，啊不，我應該是撞上一塊大石頭吧，才停了下來。

因為我當時的注意力完全為天空所吸引。美極了的天空啊！它不只是一片藍天；它還散射出藍色、綠色、黃色、粉紅色的光線。我開心至極，感覺心臟好像跳出身體之外，彷彿我的心認出了什麼東西——彷彿覺得自己「到家了」！我正以每小時三十、四十英里的速度往山下衝，但心中充滿著歡喜。一切事物在我眼中皆完美至極，包括這一場腦袋倒栽朝前的瘋狂滑行。如果我因此一命嗚呼，又有什麼關係？我失去理智地想著。死亡也在歡迎之列，眞不可思議。

突然之間，一團黑影掩上眼前——我撞上一位滑雪人士的腿。

站在斜坡頂端的大衛，思索著該怎麼解救我的同時，看到了所發生的一切。他在事發過後告訴我說，有一個「不知道從哪兒竄出來的人」，像個瘋子般，飛快地從他的身邊衝滑過去。這個人彷彿撕裂了斜坡，像顆子彈疾行越過我，然後迅速轉身，固定住滑雪板。我接著就撞上他的腿。但並沒有撞痛我。而且，在一個重達一百二十磅的人，以如此的高速衝向他，他卻沒有因爲衝擊力道而摔倒，或甚至也沒有明顯的腳步踉蹌，而必須抵住自己的重量。

我站起身來，看見這個人從頭到腳一身黑色勁裝，他頭戴黑帽，身穿黑雪衣、黑長褲，使用黑色的滑雪板。這樣的裝束很奇異，因爲，當時的滑雪場上，沒有人會打扮成黑衣人，大家都穿著鮮明的黃色、紅色或藍色的衣褲。

「Merci beaucoup（非常感謝），」——我以法語向他致謝。然後我注視著他的眼睛。他的一對眼睛也是黑色的，如此瑩瑩發光，讓我無法轉開視線。

「Merci（謝謝）！」我再一次向他道謝。我想要聽見他對我的回話。但我不記得他發出任何聲音。他轉過身，開始以人字形的路線往山上爬去，但速度快得驚人！他彷彿擁有巨人般的力氣；他每走一步，即相當我的兩三步的距離，即便我的步伐向來可以與我所遇見的滑雪客並駕齊驅。我跟在他的身後往上爬，不停催促自己動作再快一點。我希望可以再凝視他的雙眼一次。我想問問他是誰，我想聽見他說話的聲音，雖然我當時並無意識到這些心中的想法，但這些願望卻化爲我往上攀登的驅動力。一到達坡頂，他立刻滑了開去，完全無視於大衛的存在，雖然大衛也同樣想趨前去感謝他。他的身影漸行漸遠。一分鐘過後，我也抵達坡頂，大衛扶住了我。

「妳還好嗎？」

但我把他推開。「我還好，我還好。」我一邊高聲說著，一邊繼續沿著黑衣男子留下的滑雪板痕跡快速移動，但他已經消失在山丘的彎道附近，不見人影。

這裡的路雖然寬闊，但很陡峭。路面往山下延伸，朝著左邊岩石裸露的地帶蜿蜒而去，而前方則可以鳥瞰底下整個山谷的景致，是一片寬廣遼闊的空間。

但極目所至，全無任何其他人的身影。

我來到岩石地帶，往左、往右察看，想尋找有可能遮掩住他的行蹤的凹陷地形。視野中可以見到的人，是遙遠山谷中的迪寧鎮上細如米粒大小的人影，看上去只是一些移動的小黑點。要是他可以這麼快越過整個山谷的障礙，下到鎮上去，也完全難以理解。然而還是沒有他的蹤影。

我繼續向前滑行。在往山下的半途中，我整個人嚇得頭皮發麻。在我的左側，是一片懸崖。我稍早正是在這片懸崖之上摔倒的。如果我沒有被攔阻下來，我就會摔下那片懸崖，掉入底下一片碎石岩層之中。不過那位黑衣滑雪人適時讓我停了下來，使我免於摔死的危險。

大衛與我最後滑行至山谷的地面上來，我們感到心曠神怡，歇息了片刻，隨後搭著T型乘坐桿（T-bars）與波瑪吊車（Poma lifts），玩了幾趟滑雪小斜道，直到該搭車返回瓦勒迪澤爾才收拾行裝。我每到一個地方，就會四處察看黑衣人的下落；他的黑色裝束很容易辨識。我告訴自己，我想尋找他的原因，只是想要當面再次謝謝他伸出援手，然而，在乘車返回瓦勒迪澤爾途中，我凝視著灰暗窗玻璃上所映出的黯淡的鄉野景色，卻整個人迷失在對他那雙眼睛的記憶裡。

到了下一週，我還是繼續尋找著他，卻再也沒有見過他。

• • • •

一開始，我並不讓自己去想這些事情，不管是黑衣男子或那一片炫目的天空，我都不讓自己多想。幾年過去了，我再也沒有見過那樣的天空景象，雖然我很確定，那正是畫家提埃波羅（Tiepolo）一心想勉力畫出的天空。然而，我卻無法阻止自己去思考這些事情所指涉的意義。只要我一想到，生命的意義比我原本準備接受的要廣要深，我就陷入一種恐怖的感受中。我倖免於難，保住一命，雖然我無法斷定，原因是來自於陌生人的搭救，或者是奇蹟使然，但是，爲何是「我」可以生還下來？我什麼豐功偉業也無，並不值得別人費力救上一命。如果以人生運作的標準而論，我的生活毫無建樹、乏善可陳；我這個人向來沒有擔當，經常害怕那些加諸於身上的有形與無形的責任。所以，我後來使用了兩個推論把戲，來解決我的煩惱。一方面，我決定這麼來想：也許是因爲我的孩子的緣故，所以我得以逃過一死，尤其女兒才剛出

「天使報喜」，古斯塔夫・多雷的作品，
版畫，十九世紀。

生不久。我就這麼把事情的責任推到孩子身上。另一方面，我卻把這些想法置之不理，不去管它——「我不會瘋了吧！」……「難道我以爲我們的人生都是命中註定的！」……「我怎麼可能相信這一套！」……反正我懷著傲慢的情緒，懷疑這一切；我不相信存在有一個外在的力量，我不相信會有上帝干涉凡人的每日生活。所以，我的生命救星只是個凡人，而非其他力量使然。

但是另一方面，我又始終無法忘懷那片令人感動的天空，或說我當時所經驗到的那種喜悅的感受！如果來救我一命的是一位天使，那麼，爲何我們沒有見到一群天使大軍，前來拯救整個世界？聖靈爲何沒有匆匆掠過我們上空，去解救母親免於炸彈攻擊、去解救孩子免於飢餓或疾病而死？爲何天使沒有一舉接起戰場上被擊中的飛機，並在羽翼之間抱住它，就像母親將嬰兒放入搖籃中一般？沒有，天使均無插手救援：飛機終究被擊落，戰場中的士兵肚破腸流、手斷腳殘，婦女遭囚禁，孩子被扔到車輪之下……如果眞有天使的話，爲何他們沒有去介入這些眞正緊要的大事，防止悲劇的發生，反而在一場無足輕重的法國滑雪之旅中，去搶救一位無用的女人？

我們的血，潑濺在地球之上。

我們的血滋養著大地。

人類因爲人類之故，而血濺四野。是因爲這樣的原因，所以天使無法插手介入嗎？很久以前，他們就沒有阻止耶穌被釘死於十字架上。難道，天使在面對我們的蠻橫暴力，完全無計可施？

天使，現在請望向家園，並懷抱柔軟的慈悲之心。
——約翰·米爾頓，〈李希達斯〉（*Lycidas*）

情況仍無改變。在離開滑雪地之後，我仍舊在思索黑衣滑雪人事件的意義。但是始終想不出所以然。我不免想像，有那麼一天，所有的質疑、疑惑、憤懣、沮喪、絕望、孤寂、恐懼與不安全感通通煙消雲散，那該有多好……然而這些感受卻依舊存在著，如同滑雪後身體的痠疼仍持續存在一般。這些負面的情緒，經常會經由某種方式在你身上爆開，如同暗夜中的歹徒，大半會從你的身後突然伸手勒住你的喉嚨，速度如此之快，讓你無法逃開；你如此訝異，卻讓你更容易遭受苦痛的攻擊。

如果天使無法擊退縈繞不散的昔日幽靈或屢屢發出內在審判之音的鬼魂，那麼，天使又有何用？如果你瞥見神聖事物，卻又滿腹疑惑，最終逐漸自我說服認爲，那不過是化學分子失調，或電流擾動，或燒斷保險絲，才造成你瞬間目睹異象，而當迴路修復後，即不復再見……那麼，能有幸一見聖靈，究竟用處何在？

十天前，當我開始下筆描述這一段前往瓦勒迪澤爾旅行的故事，我的心情旋即往憂鬱的深淵沉落。超過一週的時間中，我經常淚流滿面。我全身疼痛，我的靈魂在黑暗中哀嚎，如同一條盲眼的蠕蟲，匍匐在地獄虛空的邊緣之上。

我遭受失落與空虛的重擊。一個星期以來，我一想及那些與我關係親密的親友，他們或已離世，或與我分開，每每悲從中來——我與丈夫離婚、我的父親去世、我的事業失敗、我與一位摯愛戀人的分手，這一切如同一層又一層的陰霾，掩蓋在我的生命的天幕上，愈疊愈高，直到匯合成一股眞正的萬丈虛空。我仍然難以忘懷那個異國

正是在持續不懈的呼求中，在永不止息的耐性中，在從質疑轉成同情的目標中，天使才得以顯現。

——愛默生

的天空，還有那雙深邃的眼睛。走筆至瓦勒迪澤爾的這個旅行故事，正好提醒了我，一直以來，我如何把這件事置之腦後的愚蠢態度。我的心嚐到苦澀的陰暗滋味，感到自己一事無成的挫敗；一次又一次，我獲得了珍貴的禮物——宛如一場盛宴在我眼前展開——但我不只不配擁有它，我也沒有做出相應的任何努力來作爲回報。其他見過我所見識過的異象的人，要不是投身至宗教性團體進修、組織婦女照護團體，不然也去設立醫院、教堂，或成立專爲服務街友、窮人的庇護機構。

罪惡感的重擔，壓得我喘不過氣來。

我想著：比起因爲這種種責任而來的折磨，最好不要再懷抱任何有關天使的想法。我所碰到的那個救命恩人，就是一介凡人，別無其他；他不過是一位身穿黑衣、裝扮與眾不同的人而已。他很可能剛剛來到瓦勒迪澤爾，對於黑色裝束已經過時十年之久毫無所悉。他後來也許往下滑行至迪寧鎮，直接走進一家滑雪設備店鋪，爲自己買了幾件比較適合的衣服——這就可以解釋，爲何我在那個星期完全無法再瞥見到他的怪事。或者，當時是他在假期中的最後一趟滑雪，當他停下來擋住我的身體，免得我摔出懸崖之後，他必須趕快動身去搭火車。所以他根本沒有時間稍作片刻停留，來跟我簡單聊上幾句話。他反而不得不把握時間往下滑行至鎮上，解開滑雪板，趕緊搭巴士回巴黎或里昂，回到他比如說櫃台收銀員的工作上去也說不一定……

因為，善天使會跟隨他前行，他將成功地完成這次旅行，安然無恙返家。
——《多比傳》，5:21

• 2 •

我最後要講述的故事，與其他的故事有所不同，它並非實際發生的事件，並無相件的實體有形證據。在某種程度上，它可以說是以夢境的形式到來。

一位友人提議帶我去體驗看看，所謂的「前世」經驗。我並不相信轉世投胎的說法，也找不出任何理由去相信，在這類操作中所浮現的影像：它看起來比較可能是來自於，平常無聊閱讀時所留下的殘餘幻象，而並非在我們降生前即儲存在細胞裡的記憶。不過，「前世之旅」，聽起來好像頗有趣。而我同樣也不相信，我可以在別人的指導下，想像自己靈魂出竅、離開身體，盤旋在房子上空五百英尺的地方，然後飛出去尋找細微的光點。但是，我的好奇心讓我對許多事情都想嘗試看看。

我躺在一張長椅上。馬克（Mark）則坐在我的身後一張椅子裡。我們花了許多時間在安放一台錄音機，這是爲了紀錄之用，然後他引導我進入靜默的冥想狀態。在爲時兩小時的心靈之旅中，馬克指導我、問我問題，並導引整個過程的發展。他首先要求我，想像自己就地直接向上騰空而起，並且穿越屋頂，飛到屋外。

馬克問道：「妳看見了什麼嗎？」我於是描述出喬治城的市街景觀，不過帶著嘲笑的口吻，心裡知道任何具有鳥瞰圖想像力的人，皆能建構出我所描述的樣子。我雖然可以說出街路的情況，但這完全無法說服我相信，接下來所浮現的影像皆是眞實的。馬克接著指示我，朝著某個想要前往的方向飛去。我選擇了河流，感覺自己愉快地一路飛了過去。

「喜悅的閃光」，威廉．布雷克的作品，爲《夜思》（*Night Thoughts*）一書所做的版畫，十八世紀。

「如果妳看到一個小光點，」他說：「就朝它飛去。」他此話一出，就出現了一個光點。「到了光點所在位置之後，告訴我一聲。」

「喔不，」我答說：「你會告訴我要下到那個洞去，對不對？」因爲那個光點已經變成一條隧道的入口。馬克笑了一下，指示我走進那個洞裡去。

四周感覺很柔軟，我快速往下降。

「當妳著地時，告訴我一聲。」他說。不過，他根本無須要求，因爲我著地時的力道如此之大，使得我的雙腿在長椅上猛然抽動了一下。（他們說，就好像眞的出自身體的力量。）

當我站穩之後，馬克指示我往下看我的雙腳，並且描述我所看到的樣子，然後將視線往上移動到腿上，看看我所穿的衣褲。等到我建立起新的自我感受之後，就環視四周一遍。開始出現一個場景，裡頭有許多其他的人，然後我走入這個夢境般的意象中的一條條街道上；你可能會改變性別與社會階級，變成與你在這一世中完全相異的人；你會遭遇到一些事件，然後時間一分一秒消逝。這可以說是一場相當引人入迷的經驗。

我並不打算在這裡解釋如何進行前世之旅。在馬克導引我穿越好幾世的探訪旅程之後，他問我說：「妳想看看自己下一世的樣子如何嗎？」

「你是說未來的我嗎？」我笑著說：「當然，我很想知道。」

我再度穿越黑暗飛行，尋找一個光點。我再一次看見一個光洞，然後再度滑行入內……如夢的影像掠過眼前。我全然沒有主張，所發生的一切爲眞，我也完全不認爲，所謂的「轉世輪迴」容有某些事實基礎。躺在長椅上，就看見這些夢境浮現，而因為這一回發生在一個未來的人物之上，讓我們改以「她」來代替「我」，來描述這個故事。

「當妳著地時，告訴我一聲。」馬克如同之前一樣低語著。但她並無降落下來。

「妳已經著地了嗎？」

「嗯，我人在這裡，」她答道；心中卻了解自己不知身處何地，而且周身籠罩在一片模糊的棕色雲霧之中。

「看看妳的雙腳。告訴我妳所看到的樣子。」

「喔，腳嗎？你要『腳』嗎？」她格格笑了出來。她開始想像「雙腳」！這個想法雖然很荒謬，不過如果馬克想要「腳」，那麼她就能給他「腳」；於是出現了一雙棕色的裸足。遵照馬克接下來的指示，她把視線往上投向腳踝與小腿。他還想要「衣服」嗎？於是出現衣服，是某種料子粗糙的棕色服裝，下擺懸在膝蓋之上。實在太荒謬了，她止不住笑個不停；不管目前到底處於何種狀態，情況著實非常有趣。她感覺很神奇；在下一刻，她身體打平、雙腳朝前，呈螺旋狀旋轉，在空中穿梭，這只是爲了玩樂一下。她可以或停或動，可以加速，也可以減速。這個螺旋飛行的動作如此神妙，可以劃破大氣破空而行。她還可以以腦袋爲支點跳動，而笑聲一直從喉頭震動傳出。她笑得停不下來。

「妳在做什麼呢？」馬克滿懷困惑地問道。

她忍住笑，試圖解釋，但幾乎無助於馬克的了解，因爲他無法以那樣的方式移動身體，也無法想像如何能夠做得到。

「妳是來自其他星球的外星人嗎？」馬克問。

「喔不，不是，我人就在這裡。」她很確定這一點：「我只是在學習如何飛翔。」這也意謂著她尚未著地下來。就飛行而論，她還是生手，而其他人則已經知道怎麼做。

「妳有翅膀嗎？」

「沒有。」翅膀？她並不覺得需要翅膀，不過，如果馬克需要翅膀，那麼她也能給他翅膀；於是，在她的肩膀之上，噴長出覆蓋羽毛的巨大雙翅，感覺相當笨拙，而且毫無用武之地——這只要想想她可以如流體般，在這片無時間性的空間中移動即可知。然而，以「流體」來形容，並不準確；流體意謂著尚有一個實體的存在，然而，有無形體卻不是她的重點所在，因爲她能隨心所欲創造出自己的形體出來。

「那麼，請停止螺旋式飛翔，」馬克堅定地說：「直接在地上行走。然後，告訴我，妳所看見的樣子。」

她的第一個反應是驚惶失措。「如果我走下去，我會壓扁那裡的東西。」因爲她的身形無比巨大，她的身體占滿天際。而且她立刻意識到，她不太確定該如何把身體縮小的方法。然而這個問題一浮現，答案也隨即自動顯現出來。

「哦，我知道該怎麼做。」她說；她瞬間了解了如何伸縮身體到任何大小的方法。所以，在下一刻，她已經變形成功，一如馬克所希望的，她站在地面上，而身邊周圍則是所有的小人兒；他們無法看見她，在她四周移動，甚至穿越她的身體而過，就好像她並沒有站在那裡。一直聽見流水般格格的笑聲，自她的喉頭一波又一波傳出（錄音帶上充滿著笑聲）。她眞的難以自制。當馬克再度開口說話，她可以聽出他的話語中的困惑。

「現在發生什麼事了？」

「我正用我的腳底板在走路，」她笑了出來：「你完全無法想像！他們也用他們的腳底板在走路！」她笑得前仰後合。她可以感覺到腳底所踩的地面；當她一步一步使用腳底推進自己移動，她能感受到地面接觸到腳後跟、腳掌的肉與腳趾。要將她的漂浮的身體一直保持貼近地面，著實很困難，因爲身體會自然而然地跳向空中飄動，但她堅決地要嘗試以雙腳攀附在地面，練習走路一陣子，之後再彈向空中，盤旋在頭頂之上的天空。

現在她有機會來觀察那些小人兒，了解他們的生活情況。而這讓她更加開懷大笑，雖然這一次是因爲，她感覺到這些小人兒是多麼可愛之故。他們匆忙地到處走來走去，成群結隊在街上的建物間穿梭來去。同樣有趣的是，他們住在昏暗的建物裡面，開了一些小洞可以進進出出，而位於較高處的洞，則是用來採光與通風，但是他們的建物卻必然會阻隔開日光與空氣。這讓她覺得荒謬可笑。但是，所有與這些小人兒有關的事物，在在使人著迷，比如，他們始終關注著一些不是問題的問題。他們鎮日群集議論著不值一談的蜚短流長，彼此對彼此生氣、嫉妒、傷害、不耐煩，或者，短暫地照顧彼此，然後他們無法持久的注意力又很快轉往下一波情感焦點，或下一個關心對象。她感到內心湧起一股對他們的愛意：這些小人兒是多麼令人愛憐，他們無能分辨眞假的傻氣，看上去是這麼可愛。他們擁有所有的慾望與善良的意圖——但因爲他們無法堅持太久，善良經常走味變質，不過，他們很喜歡遭受恐懼或失落感的打擊，他們甚至樂在其中！

她是如此摯愛他們！

耳際響起馬克的問話，但實在難以將所有這一切，描述給他知道；有許多內容，她甚至沒有嘗試去好好說明，而也還有許多事情等待她去觀察與了解。她現在知道自己是一位年輕的聖靈，在她可以完整控制自己的能力之後，她就會被交付任務，去協助這群小人兒——她依舊稱呼這些小人爲「他們」，她尚未爲他們命名。她的工作將會是梭巡於他們四周，等待出手相救的時機，雖然，除非有人求救，不然她也難以插手。比如，如果兩個小人之間，決定捉對廝殺或發動戰爭，由於這是他們所意圖要做的事情，所以她無法介入調停。她所能做的，就是開心地在附近等待，看著他們之間繼續無聊爭鬥下去。

「在那個地方，有其他跟妳一樣的人在嗎？」馬克問道。

她答說：「有啊。那些大聖靈都在那邊。」這是說，那些聖靈皆位在離這些小人兒的居所一定距離之外的地方。這些大聖靈是有點微微吃驚於自己高人一等的優越性（她目前還不是「大」聖靈，但指日可待）。她並不清楚他們所負擔的工作內容。

「過去他們那裡，」馬克說：「過去與他們在一起。」

為了完成這項指令，她首先必須變成「大聖靈」，否則她在那兒無事可做；在朝向大聖靈所在之處移動時（如果這樣的說法，可以應用在毫無時空指涉的地點的話），她發現自己逐漸喪失了喜悅與不斷吃吃笑著的笑聲。她已經沒有興趣繼續玩樂，反而感覺到心中逐漸升起一股寧靜的沉寂感受。大聖靈負擔有許多的任務與工作。

然而，在她整個沉浸在新出現的嚴肅感受（「安詳」毋寧是更好的用語）之前，再度響起馬克的聲音，指示她進到冥想的最後一個階段。她於是從這些前輩聖靈的身邊轉開，並持續移動。馬克想要了解有關這些聖靈的事情。而她繼續遊蕩，她感覺心中深沉的靜寂與時俱增，寧靜無邊無際瀰漫。她的形體也已改變：她如今無形無狀。她獨自坐著，聽見馬克提問的聲音。很難可以找到適當的語句來回答，她停了好長好長一段時間之後，才嘗試摸索出一種方式，使用馬克可以聽懂的語言，來描述她所了解的事情。有一些經驗完全無法翻譯給馬克理解——甚至連「存有」這個概念也已經起了變化，更不要說那裡沒有性別、沒有自我與他人等的區別與分化。

她獨自一個人在那裡，雖然在這個層次上也還有其他的靈體存在，與她有所分別，卻又一模一樣。她緩慢地回答問題，期間常有悠長的停頓，因為她努力思考著該如何遣詞用字，而且在那裡，時間並無任何意義。「慈悲大能」的運轉，是坐落在既非黑暗亦非光明的場域之中，它是純粹的存在，輻射出靜默的聲響。它經由萬事萬物傳送出一連串的震動，一股自純粹存有所發放出的嗡嗡和諧之音，無有時間先後，亦無地域劃分。對於聖靈而言，並無所謂卑下的生命，雖然在其他地方的人們認爲，他們是比較具有意義的存在體。但這對於聖靈來說，卻完全無關緊要。這種空無之境，如此絕妙，難以言語形容；她全然沉浸在純粹之愛所發出的和諧嗡鳴之中。聖靈如此純粹，如此無所分別，全宇宙無一處沒有經受到那股震動音響；當她嘗試回答馬克的那些來自無知、偏離重點的不相干的問題時，聖靈也依然照單全收。慈悲大能接納眾生，所以聖靈會努力回答疑問。但是答覆的過程困難重重。迄今好幾億萬年都未曾說出口的語言，如何從中覓得適當的語句？除了很難將這些渺小無謂的問題，翻譯成聖靈本身的語彙之外，要將她所了解的浩瀚無邊的奧義，轉譯進人類貧乏的語言之中，亦非唾手可成之事，她經常找不到字眼來表達那必然的眞理。

會如此困難的原因，主要是因爲，不管聖靈回答與否，均無關宏旨。重要的是——愛，那靜靜散發而出的聲響。

「妳是上帝嗎？」馬克問道。

在聖靈的語彙中，這樣的問題不具任何意義。她沉默不語，停頓的時間如此之長，致使馬克再次重複提問：「妳是上帝嗎？」

這一次，她開口了，她以低沉深長的聲音答道：「我不是。」

「天使樂師」，梅洛佐・達・佛利（Melozzo da Forli）的作品，十六世紀。

但這樣的答案並非完全正確。聖靈可以立即上前告知，她同樣能回答「是」。但選擇否定的答案，是因爲，她從提問者的角度來答覆這個問題；她是依據提問者所理解的上帝之意涵，來回答詢問。而在這個層次上，可以肯定的是，她不是上帝，但也因爲上帝並非如提問者所相信的是一個實體的存在；事情遠比一個單一的上帝還複雜許多。不過，如果回答「我是上帝」，則是由於萬物皆由上帝所造；神性藏在一切事物之中；宇宙是一個整體，擁有同一個中心。而回答「是」，也因爲上帝存在於形塑一切的力量泉源之中，而這一切皆可一一解釋清楚，如果提問者有耐性的話……因爲上帝無始無終、循環往復。

然而她回答說：「我不是。」這是由於她認爲還有一個更高、更廣的層次，她稱之爲「力量泉源」。而如果回答「是」，則因爲神性無處不在，神性也在她的身上，而她的任務則是傳送靜謐之音、傳送慈悲之心——此即上帝——至上帝轄下的所有領域，如同上帝降臨在萬物之上，而萬物即是上帝，或將變身爲神。

「不，我不是上帝。」聖靈開口說話，但沉吟半晌，想要和盤托出永恆和諧的秘密。不過此時響起了馬克的問話聲，他不想等待。

「過了這一世後，會發生什麼事？妳會死嗎？」

聖靈守在那裡已經好幾億萬年了，在她繼續漂移之前，也將會經過好幾億萬年的時間，她會留下空間給其他聖靈來繼續執行任務。在她的理解中，她可以看見在一切終結之處，自己傾倒在一片漆黑的邊緣之上。在一片空無之中，一切如此臻於完美——她找到字眼來答覆了。

「在這一世之後，就是一片空無。」她開始思考如何去描述，捲入宇宙虛空之中的無形無狀的過程，並且去解釋，如此的運作之所以合理的原因；她也想要闡述，無關欣喜或抱憾，一切皆無高低貴賤之分，只是全部合而爲一，沒有終結的境界……而在此同時，她只聽見充滿和諧的嗡鳴聲。

「妳必須回來了，」馬克說：「時間到了。請往前移動，去找到一個洞。」

承受著一世又一世的重壓，聖靈緩慢地思索著。然後聽見這樣的答覆：「爲了回去，我必須穿越所有先前經過的狀態；我無法直接跳回到最初的形式之中。」

「那麼，就先穿越所有之前經過的狀態再回來。」馬克指示說。聖靈於是緩慢地（並充滿感傷的情緒）離開了那個美好的寧靜狀態，然後折返到大聖靈的層次中，她開始加速通過，幾億萬年轉瞬即逝；然後來到不停發出格格笑聲、在太空中翻轉的階段，再一次開懷大笑，對於燦爛的光芒頻頻驚呼，也再一次因爲觀察那些受她照料的小人兒而歡喜讚嘆——他們所流露的愚昧無知，是如此令她著迷。

「他們眞是可愛！」她出聲大喊，心中充滿對於小人兒的憐愛溫情；他們還是一副急急忙忙的樣子，從建物上的門洞穿進穿出。然後，她被往後吸進一個隧道中去，在加速之中失去方向感……最後終於降落至長椅之上。

她花了一點時間恢復；她睜開眼睛，恍恍惚惚地醒轉了過來。

「土星」，古斯塔夫・多雷的作品，版畫，十九世紀。

• • • •

走筆至此，這就是我所知的有關天使的一切。我了解多少，就寫下多少。每個人皆會有自己的經驗與看法，而你們的某些見解也可能與我或有衝突或矛盾之處。但我每每想及法國教士、哲學家德日進（Teihard de Chardin）所說過的話：

在我們能夠控制風浪、潮汐、重力之後，未來我們也許可以爲了上帝去運用愛的能量。而屆時將是人類史上第二度發現「火」的存在！

而我對本書所寫下的內容，也感到有點難爲情。即使遭受人們嘲笑，如今也沒有關係了。猶如葉慈（Yeats）所言：

我將我的夢境鋪在你的腳下；
請輕一點走，因爲你踩著我的夢境前進。

第四篇

天使書信

在我爲寫作本書所進行的研究期間，許多人寫信給我，談及他們遇見天使或神靈的經驗。某些天使出現的方式，是經由聲響、夢境或耳語；而有些天使是以能量或光團降臨；其他的天使則可以說是以肉身的方式現身。這些天使或是捎來訊息，或是前來救人一命。我把其中一些來信的內容刊載於後，希望可以對讀者有所助益，一如它們曾帶給我許多啓發。

我的長子出生在明尼蘇達州（Minnesota），在他剛生下來時，心臟上有一個洞。病因是因為我的妻子服藥過量以致。兒子出生時，身體呈青藍色，而心臟缺損，導致血液外漏。我們每個人都非常擔心。醫師與我們在當時都不知道為何心臟會出現破洞的原因。由於心臟無法讓血液按照既定迴路前進，我們心中皆以為，兒子將不久於人世。

在兒子出生當晚，住在紐約州的水牛城（Buffalo）的我的父親，被窗簾輕拍窗戶的聲響吵醒，然後他聽見一個聲音說：「別擔心。約翰會沒事的」。他當時全然不知意指為何。他只認識一個約翰，那是他的哥哥，已經過世許久。我的父親睡意全消，反覆琢磨這個訊息的意義。

我每次談起這件事，都忍不住流下淚來……

當我打電話過去時，他還未重新入睡。我告訴他：「約翰出生了，不過他的心臟缺損，有個洞在上面。目前接著氧氣管，維持他的生命。」

「別擔心，」我的父親說：「他會沒問題的。」他說完話即哽咽起來；他說他現在無法解釋他如何得知這個訊息，但完全無須為此事擔心。然後他拿起電話，打給一位醫師，請他商請明尼蘇達大學第一位心臟專科博士，隔天一早穿上高爾夫球鞋後，即先趕往醫院。這位博士來為約翰進行檢查，並查閱病歷，發現在生產過程中曾經給過兩次鎮靜劑。博士說：「不用擔心。你的兒子會沒事的。」在嬰兒心臟中有一個特別的小瓣膜，剛好讓小孩可以活下來；六個星期過後，這個瓣膜就消失不見。這個瓣膜使血液可以流經心臟與腦部，雖然身體其他部位的受血量偏低。

而約翰安然活了下來。

——馬許・瓦德，華盛頓特區

• • • •

我要講述的故事，發生在我曾叔公凱文・瓊斯的身上；而且這件事幫助我下定決心，選擇神職工作來作爲我的志業。由於我跟他一向很親近，我想我是唯一一個聽過他說這個故事的人。

一九八九年，凱文就要過九十六歲的生日了。他一直住在阿肯色州（Arkansas）的歐薩克山脈（Ozarks）北邊的伊澤德郡（Izard）內的伯斯威爾鎮（Boswell）。這個地方算是美國境內極偏僻的窮鄉僻壤，甚至沒有公路可以通往凱文的農場。他的住處面向一條河，而不是面向公路。所以他過著與世隔絕與安定至極的生活；他也沒有收音機或電視，完全不會受到國內發生的大小事的侵擾。職是之故，他信賴自己所見到的與所聽到的事物；他的經驗僅侷限於他親身感知的經驗。自他的妻子十年前過世之後，他就獨居至今；他們在一九一二年結婚。如此的獨處生活，影響了所有的事情。他一直是位虔誠的基督徒，但是山裡的居民向來並無集體的禮拜儀式；所以他的宗教並非是社群取向的宗教。

當他聽見聲音的時候，是在一九八四年秋末至八五年春初，從初次下霜到冰雪初融的期間，那時是休耕時節。而我聽到這個故事是在八五年的夏天。凱文起初是聽見一些歌曲、一些演奏的音樂；他聽見男人、女人、小孩的歌唱，他們唱著聖歌或通俗歌曲，不過當他想要記下歌名時，他只記得其中一些而已。比如，其中一首是〈花梨木小盒子〉（*The Little Rosewood Casket*），而另一首則是〈舞會之後〉（*After the Ball*）——這些算是室內歌曲類型的曲子；也聽得到一些福音歌，如〈微聲盼望〉（*Whispering Hope*）。每天清晨都可重複聽見這些歌曲的樂聲，而且始終都由同一批人演唱，所以他已經可以認出他們個別的聲音；他說：「其中一名男人唱歌的聲音，是我這輩子所聽過聲音最粗獷豪邁的了。」

他並無看見什麼異象，他只是聽見歌聲：從天際的一支演唱隊伍所傳來的樂音；大約是從地平線往上三十五度角的地方傳來，而且從南往西移動——不過並非是聲音在移動，而是如同溫度計中的水銀一般延展開來，直到充滿整個西南方向的地平線上。

他住在群山環繞的山窩裡，所以演唱隊伍繞著一個山脊移動，就在房子的正前方，沿著蜿蜒的白河（White River）而來，從一扇扇窗傳入歌聲。

他從未自覺頓悟到天使的存在，他從未以天使來解釋歌聲的出現，他從無這樣說過：「哦，孩子！我聽見天使的歌聲喔！」他反而以自然現象來理解它，而完全沒有向誰透露他聽見歌聲這一回事；他可能會問問路過的人說：「眞冷啊，這附近有來露營的人帶著收音機嗎？」或者，他所聽見的是水聲嗎？但他從來沒有問過：「難道這是超自然的現象？」

然後有一天，一位進行口述歷史計畫的大學教授，帶著一台錄音機來拜訪凱文。他想著，「我的機會來了」，因爲他相當敬重受過大學教育的人。當歌聲響起，凱文問說：「你聽見有人在唱歌嗎？」

「沒有。我沒聽到。」這位歷史學者答道。

「那麼，請按下錄音鍵好嗎？」凱文說。

「我想，你一起跟著唱看看。」學者說。凱文於是開始哼起〈舞會之後〉。

在合唱的歌聲漸漸停止之後，他們一起聽著剛剛錄下的錄音帶；凱文覺得好驚訝，他只聽見自己的歌聲而已。他深感困惑。他的耳朵聽見整場的歌曲演出，但錄音帶上卻只有一個老人的哼唱而已。

他發現自己很享受跟著他們一起歌唱的感覺。

他從未想過要找找這些人或跟他們講講話。但他也不認爲自己瘋了。沒有遭受二十世紀文明侵犯的人，絕不會認爲自己瘋了。對他而言，大自然是如此不可思議，所以如果大自然會唱歌，一點也不是奇蹟。

某日，天氣已經夠暖和，可以開窗，當時天色還是一片昏暗，凱文終於首次開口詢問。

「你們是誰啊？」他之前從未想過要來問看看。

有著粗獷嗓音的男人以凱文這邊的歐薩克山區的方言，回答說：「歌聲是從天堂傳來的。並非每個人都能聽見。」

這個答案讓他很滿意。還是可以不時聽見歌聲，但已經不像之前那麼經常。既然問題已經圓滿解釋，凱文就把天堂歌聲視爲理所當然。他不時可以注意到它，但並沒有仔細思索它的意義。

不過卻因此改變了我的生命。

「天堂有七個國家。」凱文告訴我說：「我們知道各式各樣的歷史；我們知道美國的歷史，我們也知道阿肯色州的歷史。而這些天使會告訴你天堂的歷史。」

然後他跟我辭別：「如果我不再可以在這個世界看見你，我會試著到下一個世界找你。」

——馬克・路易斯，華盛頓特區

・・・・

我當時住在荷蘭，有一天傍晚，我約好六點半要去我弟弟家。我走路過去，身上沒戴手錶，一直在想著現在幾點鐘。突然之間，我抬頭一看，就看到天空中吊著一個大時鐘，顯示時間是六點二十分。而在附近地區，一個時鐘也沒有。

在戰爭期間，我人在荷蘭，也是某天傍晚，天色已黑，我在路上騎著腳踏車。我騎得很快，然後，突然間，我聽到天際傳來很響亮的一聲：「停下來！」我立刻停下腳踏車。如果我繼續往前騎上一公尺，我可能因而摔死也說不定。那兒有一座橋，已經被德軍炸毀，但我並不知道。橋身距離地面至少有三十英尺。

——馮・德・艾爾絲特女士，南非，尼爾斯普魯特（Nelspruit）

・・・・

我從前是位於印地安納州（Indiana）布隆明頓市（Bloomington）的印地安納大學的學生。在我大二那一年快要學期末的時候（四月下旬），某個週五下午，女朋友跟我一起把我的一大堆東西盡可能地塞進我那部老舊的道奇（Dodge）大車裡面，然後開上五十英里路去印地安納波利斯市（Indianapolis）那兒的媽媽家。

當我們到達我媽媽家，已經是黃昏時分。我們把所有東西從車子裡搬出來，然後說，之後再搬後車廂中的東西。

我們接著吃晚餐；吃飽後，我送女朋友回家。週一早上，我看見媽媽出門上班；而一個鐘頭後，我朝車子走去，但並沒有穿越那截短短的草坪，走到車子駕駛座的一側，就像我經常做的那樣。我改以走到乘客座的這一邊，然後繞到車尾過去。然後我凝神細看，我想我看到車子的後車廂「慢慢地往上抬起來」，離地好幾英寸。我就這麼站在那裡盯著看，然後我慢慢打開後車廂，裡面是我在上週五下午塞得滿滿的東西，直到週一早上還在那兒，我根本忘了這檔事。

如果沒有善良的靈魂守護著，並且影響我的身體，讓我從車子一邊改走到另一邊，使我看到我的疏忽，那麼，我就會帶著原封不動、滿滿的後車廂一路開回學校去……總是會有個小聲音說：「注意，這扇門為你打開了。走進去吧！」但是直到那個週一早上，我才第一次親眼看見一扇門為我打開。

我相信每個人都有天使、善精靈、心靈導師、精神嚮導在關照著我們，只要我們依照這個方式過日子，當我們眞的聽見聲音、有了奇妙的感覺，或者得到警告的徵兆——只要我們停下來思考一下這些訊息意謂為何——我們就能自己決定這是否是出自一個善的來源所提供的幫助，然後使用那個訊息，讓我們生活得更平順一些。

——貝齊・甘迺迪，印地安納州，印地安納波利斯市

・・・・

我今年三十二歲。當我還是個小女孩的時候，我的父母會帶著我跟我的三個兄弟，一起去沙加緬度（Sacramento）拜訪媽媽的姊姊，瑪莉阿姨。瑪莉與她的丈夫強尼姨丈，一起維持著一個大家庭，生活很窮苦。不過我們年紀還小，並不了解他們的生活狀況。我們家的小孩都會跟他們的孩子一起玩；我們一群小孩子會在田野中跑來跑去，撿雞蛋或追著山羊玩。在我十二歲的時候，我的爸媽離婚。大約一兩年後，瑪莉阿姨死於酗酒的毛病。一直到那個時候，我們還是跟阿姨與她的孩子們保有聯繫。阿姨的最大的小孩叫克利夫，他在十幾歲時，就開始有違法犯紀的問題。我們曾經前往位於加州惠提爾市（Whittier）的奈爾斯少年之家（Nelles Home for Boys）探望過他，因為他當

時年紀太小，不能直接關進監獄。等到他比較大一點後，最後果真進了監獄。當他被關在加州的索勒達鎮（Soledad）與佛森市（Folsom）等地的監獄時，我也曾給他寫過信。他所犯的罪，比如開立空頭支票、偷竊等等。不過，在瑪莉阿姨過世之後，我們就與他們一家人失去聯繫。

時間過得很快，在一九七八年時，我去位於加州波莫納市（Pomona）一家基督教廣播電台工作。而我已經跟我的表兄弟一家人有十年的時間未曾聯絡。有一天，我休假去沙加緬度玩，去拜訪一位姑姑。到了姑姑家後，我決定自己開車出去繞繞；我跟姑姑說，天黑前我就會回來。當時正値夏天，所以我有長長的一天可以瞎逛。我開上高速公路，打算自己一個人去探險一下。在我開車接近山區的時候，我看到預告出口的標誌上寫著「佛森水壩」（Folsom Dam），我腦子想著可以開去水庫邊看看——突然之間，我聽見一個清晰無比的說話聲，彷彿說話者就坐在我旁邊的乘客座上，說著：「妳有一位表哥關在監獄。」然後我突然想起了表哥克利夫，我已經好多年好多年沒有他的消息，也沒寫過信給他了……我甚至記不起來他是姓什麼的了。但那個聲音繼續對我重說一次：「妳有一位表哥關在監獄。」好，我對自己說，我有個表哥在監獄，但他可能關在佛森市這間監獄裡嗎？怎麼可能！我奮力回想，想要記起克利夫的姓氏；我知道我必須去監獄查上一查。我不知道爲何我要這樣做，這聽起來像是一件瘋狂的事。如果我去到監獄，他們一定會想我是一個想找表哥的瘋女人。他怎麼可能這麼巧就關在這間監獄裡！但是那個聲音不肯放我一馬，我知道我不得不去查看一下。然後我突然記起了克利夫姓什麼了。

我跟著出口標誌下了高速公路，並且循著路標前往佛森監獄。路程並不太遠。我現在還記得，當我要抵達監獄時，整個人緊張得一顆心怦怦跳的感覺。當我看到監獄的監視高塔與石牆，還有沿牆掛上的電線網，我立刻做了個一百八十度大迴轉，加速離開那裡！我開到距離最近的一個公共電話亭，位在一個加油站上。由於時間上才剛剛下午不久，我決定以打電話到監獄的方式，問問克利夫是否關在這那裡就好。但這個作法聽起來又愚蠢又可笑。即便如何異想天開，他果眞人在此地服刑，但是，難道我們就可以這樣打個電話到監獄問說：「我可以跟誰誰誰講電話嗎？」這可不像隨便打到普通人家一樣。不過，我必須服從我所聽到的那個聲音的提示；那個聲音還一直跟著我，所以我的心裡也不再對今天該怎麼度過，懷有任何疑問。

我走出車子，走進公共電話亭去。我還記得，在那個夏天午後，天氣有點熱的感覺。我先打電話到查號台詢問監獄的電話號碼，然後再打到監獄去。當總機小姐接起電話，我向她解釋了一下我的情況。我只是很簡單地告訴她說，我剛好在旅行途中，看到了監獄的路標，想起了我可能有一位表哥在這裡服刑……不知道他是否人還在這裡？我告訴她表哥的名字，啊老天……他眞的關在佛森監獄裡！

我詢問總機小姐，是否我可以跟表哥講電話；她回答說，她先把電話轉給一位輔導員，請我問問他。我於是跟一位親切無比的先生講話，我也再一次解釋了一下我的情況。這位輔導員說，這個下午，克利夫在廚房工作，他會去找找他，然後再回撥電話到這個公共電話亭給我。他說，也許要花上一個多鐘頭的時間。我回答說，只要有任何機會，我都願意等，在這麼多年後，我眞的很想跟他講上幾句話。

我於是給了輔導員這個公共電話的號碼，然後走回我的車子去，有點恍恍惚惚地坐在那裡。經過這麼多年後，我找到了克利夫。我隨身帶有一本《聖經》放在車子裡，既然還要等上一段時間，我決定來讀讀經文。不過，至多才經過十分鐘後，電話就響了起來！我跳出車子，跑回電話亭。當我接起電話，正是克利夫打來的！這樣的重新相會多麼奇特啊！實在很難表達，在這麼多年之後眞的跟表哥講上電話的感覺；他完全難以相信，我竟然可以找到他！在不到兩小時之前，我還在姑姑家聊天，但現在我卻感覺自己，彷彿已經開車開到無人知曉的天涯海角上來了。我整個人感動不已。我們在電話上簡短聊了一下，感覺眞好；我們交換了彼此的聯絡地址。我想如果媽媽知道我找到了克利夫，她不知道會有多高興。她一直感覺跟瑪莉阿姨的孩子很親，而阿姨過世以後，她也常常爲這群孩子擔心，不知道他們身在何處、過得如何。

我向表哥說再見，我告訴他要謝謝那位跟我講上電話的輔導員，我們並且答應要彼此通信。當我轉身要走出電話亭，我從眼角瞥見我的右邊那裡有個什麼東西。它看起來像一張紙或什麼廣告傳單，貼在電話亭外面。這眞有趣，我兩次走進來使用電話，卻沒有注意到它。於是我走出電話亭，轉過去讀讀這張被午後微風輕輕吹起的紙張。我一看到上面寫的字，頓時全身起了雞皮疙瘩，呆呆站在那裡，只是盯著字瞧。紙張上寫著：「故障待修」。

對我來說，電話亭絕沒有「故障待修」！我先前開車經過時，就沒有任何標示。如果有故障標示，我怎麼可能走進去用電話呢？只要我們知道電話故障，我們就不會走進電話亭的。而我使用了兩次電話，而「那兩次都沒有標示招貼」。在這整段時間中，只有我一個人在電話亭附近；也就是說，當我人在這兒時，並沒有人前來貼上故障標示。然而，如果這張標示一直都貼在那裡，那麼，肯定有某個人或某種力量，讓我看不到它，以便讓我能使用電話，打了一通奇蹟電話。

——潔莉恩・布魯爾，加州，阿汝塞鎮（Azusa）

• • • •

我鮮少將發生在我身上的事情告訴別人，原因有兩個：第一，有關事件的記憶如此珍貴，我感覺自己想把它藏在心底深處，一如小孩會將特別的玩具藏在自己床底下一般；第二，那一刻的強度與威力如此深刻與巨大，以至於我很難將自己所受到的衝擊，完整描述給別人聽。一般上，我講到最後都會啞口無言的樣子，只是不停重複說著：「你無法想像！你無法想像……」

然而，我卻在心底一遍又一遍回想它、滋養它，唯恐隨著時間流逝，我可能或早或晚忘記了其中一個小細節，而導致永遠遺失了那個時刻中的某些玄妙感受。此外，在我壓力特別大的日子裡，一邊回想那個事件，一邊沿著院子裡的花圃平靜地散散步，可以帶給我很大的安詳感……

事情發生在六年前，當時我的女兒珍妮才七歲大。當天是下午兩點鐘左右。我帶著珍妮開車到市區的銀行辦事。我們正在一條熟悉的路口等紅燈轉綠。這條路在我這一側有四線道，我的車停在第三條車道上。在我的右邊，並沒有車，而左邊有一輛白色的凱迪拉克停在第二條車道上，另外一輛像是爲商店載運家具的那種貨車，停在最左邊的車道。我們三輛車排成一列等著紅綠燈，而我們後面都沒有其他車輛。

當號誌閃動黃燈，突然間，有一朵沉重的、烏黑的「雲」竄進我的腦際。但是那種「沉重」並非重量上的感覺，而「烏黑」也不是指涉顏色；它比較像是一種預感，一種有關危險的直接警示，而其所傳遞的訊息卻是再清楚不過了——「多加小心！」然後，在我的心中，領受到一個更爲直接的訊息，雖然我並無聽見任何聲音，但它顯示說：「別動！」我領略這個訊息，差不多花了兩秒鐘的時間，接著就出現第三個（也是最後一個）的訊息：在我的心中，我看見一輛車從右側駛入這個十字路口，闖了紅燈（而我的燈號已變爲綠燈），繼續往前駛去。

在接收這些訊息之後，我大概坐在那裡有個幾秒鐘，因爲我的女兒——顯然沒有收到任何警告訊息——對我說：「媽咪，妳可以開車了。妳怎麼不開呢？」我告訴她：「我想我要等一下。」然後就在那一刻，一輛福斯從右邊衝入十字路口，從我們這些停著的車子前呼嘯而過；那輛車的駕駛是一位媽媽，後座坐著她的兩個兒子。這位女駕駛完全不顧燈號與其他車子的安危，就這樣疾駛過十字路口。如果她撞上我們這排車，首先遭殃的就是我的車，而且還是撞入右邊乘客座，我的女兒正坐在那兒。再加上她開車的速度如此之快，如果發生車禍，後果將難以設想。我注意到，在我左手邊的兩輛車，他們也同樣沒動。難道他們也如我一般接收到警告的訊息？我禁不住這麼想，他們確實也收到了，不然燈號一變，他們理該往前開進十字路口才對。但是，我們這三輛車反而在綠燈下停了個十到十五秒的時間，並沒有隨號誌而動。我眞希望能認識他們，這樣就可以問出事情原委。

我感覺自己屬於幸運的一群人，可以擁有如此的經驗，不只因爲我的女兒與我能免於一死，而且也因爲，我並不相信如此的奇蹟可以經常發生在人們身上。我自己並不會傻到去認爲，我會發生這樣的事情，是因爲我屬於過著神聖純潔生活的「上帝的選民」的一分子。相反地，我擁有活躍的生活；我的事情滿檔，根本沒有餘裕可以進行傳統正規宗教活動。不，我很肯定，我之所以被揀選出來的原因，就只是在那個警告中很清楚透露的訊息：「這不該發生，時候還未到！」這個訊息讓我現在相信，人生的大多數重要事件都攤開在我們眼前，而意外扔進命運機械裝置中的任何一把扳鉗，都必須盡可能地及早拿開。

——卡琳・安德森，伊利諾州（Illinois），羅克福德市（Rockford）

• • • •

大約一年之前，我「夢見」自己突然置身一個地方，注視著一大群人擠在門口要走出去——看起來很像一群人要離開電影院或其他什麼地方的樣子。然後我抬頭看到一名體型魁梧的男人，年約四十幾歲，蓄著一把鬍子，完全不像是我認識的人。我行擁抱禮，並對他說：「請不要讓我回去，我實在好想你！」他笑了起來，而我感覺自己的靈魂砰然回到我的身體裡面，然後醒了過來。我一直等著再去那兒一次，但如果成行，我將不記得這一切。

——瑪麗・芙利門，新墨西哥州，阿布奎基市（Albuquerque）

• • • •

我記得有一陣子，我的壓力特別大。那時我剛剛辦妥離婚手續，孩子都跟著他們的爸爸住，而我的父母責備我發生了這些事，人生很失敗，讓他們很丟臉。在絕望之中，我站在廚房的洗碗槽前，手中拿著一把刀，一部分的我——就是我心裡頭的想法，會發出聲音的想法——說：「動手吧！朝手腕割下去，另一邊的世界更美好……」但我拿刀的手卻一動也不動！它並不想服從那個想法的指令。然後出現了另一個也會發出聲音的想法，它說：「別傷害自己。妳很可能不會成功……最後妳會被送到醫院去急救，妳會因此拿到更多的帳單，產生更多的難題，妳會看起來可笑至極無以復加，而且，相信我，如果妳自殺，妳並不會得到平靜或解脫；妳只會痛苦纏身——正好就是妳原本所想逃避的痛苦。」

我放下刀子，哭了起來。那是一九七九年的事了。當時我三十六歲。三個月後，我換環境到以色列去生活。我如今寫下我的故事，是期待處在苦惱中的人，能夠理解自殺並非萬靈丹。

不久之後，我經歷了另一個遠遠更爲不可思議的經驗。我是個心思敏銳的哀傷女人，某天傍晚五點左右，我走出我的公寓門外。我當時很生氣。我已經做了所有教堂裡交代給我的事情了，我想我是個「好人」，但是爲何……爲何會有這樣的難題降臨到我的頭上！？當我離開公寓，我聽見從某個人的家裡所傳出的音樂。可以聽見那首歌的部分歌詞：「破碎的夢……全交予耶穌手中……」

我一想到我所奉行的基督教的「美善」夢想，就怒火中燒，我於是大聲怒吼：「我才不要，這一切都不是眞的，祂什麼事都沒做，祂才不是上帝。」

我全身內外都感受到一股力量，而這股力量推搡著我，把我推回到我的公寓去。我站在家中，再度陷入深深的、失去一切的絕望之中，掩面哭泣。

然後我獲得了完全難以置信的「療癒」——這是我會用來指稱我所經受的經驗的唯一字眼。彷彿有人輕拍著我的頭，但並無他人在現場。我頃刻心底充滿著平靜的感受，就像有羔羊毛撫過心頭一般，我的體內如此柔軟舒服。它如同一股安詳的暖流穿過我的周身。我瞬間「目睹」了我自己以及與我來往的人們的「內心動機圖像」。我看見我自己想要贏得認可；我一直注意聽著別人的說法，卻不信任自己；我把所有的不愉快都歸咎到上帝……這一切，我都看得一清二楚。

接著有一個聲音，一個宛如水晶般清澈的聲音說：「請感覺我。我如同羔羊般溫馴，我並不會傷害人。」我看見自己想著那讓人疲憊無力的上帝，我將自己人生中的所有挫敗全歸諸於祂。

然後我看到——我想那是天堂。從過去到現在，它始終如此浩瀚遼闊。它比天還高，無邊無際。我所獲得的訊息是，那個聖靈或那個龐大的造物主，是千眞萬確存在於萬事萬物之中。世界充滿愛與關懷，難以言語表達一二。它超越了城市、國家、民族的界限；它比任何一位猶太教導師、教士、聖人都還崇高。我看到，人們想要所有人都遵循單一的詮釋與想法，但這個「愛之聖靈」卻全無藩籬之見。它愛佛教徒、道教徒、基督教徒、猶太教徒、回教徒……以滿滿的愛傾注眾生。它無始無終，沒有界限。人們會爲自己的愛設限，並稱其爲「上帝的意志」。人們想要「占有上帝」，並且聲稱上帝只眷顧一個偉大的民族，而其餘的人對上帝的理解都是錯的。而我那一夜所遇見的那個聖靈，卻在愛的長流中，無一不納進其懷中……我看見，那個聖靈所看到的一切——人們槍殺彼此、嗑藥與虐待自己的情景。如果他們懂得眞正能穿透人心的深切的愛與關懷，那麼世上將不會有虐待情事的發生。無須競爭、無須毀滅、無須幻滅。只會擁有純然的滿足，對自己、對別人、對周遭一切都感到開心……

我還可以繼續寫下去，但也許只消這麼說就已足夠：那是眞實不假的；那是自由；那是一種心理狀態，而且得來全不費功夫。

我所了解的那個鬼魂或聖靈，是眞誠可靠的，必要時也會降下懲罰，能啓發人心，也能傾身聆聽、照護、創造……我還可以繼續羅列出它的優點。我想，我所能提及的有關它的重點是，一個人的所思所想將會形成他所走的道路，而這條道路將永遠指引他前進；而他也能改變跑道，他絕對有足夠的時間可以如此做，但這經常不爲人所知。

——蘇珊．卡拉絲，內華達州（Nevada），里諾市（Reno）

• • • •

一九七一年十一月一日，我的一位終生摯友離開人世，穿進了來世的次元之中——雖然許多人質疑著死後世界的存在。情人之死讓我驚愕不已，完全無法去理解這件事背後的種種意義。我的男友在一場大學校園槍擊事件中，遭到意外波及喪命，他當時才剛從海外服完兵役回國不久。

自此以後，我在房子裡到處皆能感受到他的存在。我經常不時回頭查看一下。然後我就聽到一個溫柔的聲音在喊我的名字。我先走進她的媽媽與妹妹的房間，去看看她們是否在叫我。但她們並沒有在找我。我於是自忖，是自己的想像以致。

葬禮過後的一個星期，我播放一張他最喜歡的音樂專輯，躺在床上聆聽。他來到我的身邊，我以爲自己在作夢。他告訴我，我不應爲他的離去哀傷，因爲他很快樂、很平靜。他還說，我們未來會在他所來到的新世界裡再度相遇，他要我耐心等待，而且我們的愛情永遠不會褪色。我所記得的最後一件事是，他要我聽聽那首屬於我們兩人的很特別的一首歌，就在我躺下前所放的那張專輯裡面。當我醒來，我感覺自己的心裡很平和安詳。而直到我注意起錄放音機正在播放B面——屬於我們的那首特別的歌曲即在這一面上——我才恍然大悟，剛剛並不是夢。我開始哭泣，知道了他剛剛眞的跟我在一起。

這個經驗在靈性上與理性上喚醒了我的知覺，自那回之後，我還經歷過兩次其他的事件。而這兩次，我皆從睡眠中醒來，並目睹了神祕的現象。我坐在床上，不斷確認自己不是在作夢。

在我的右邊，在離地五英尺左右的地方，盤旋著一團亮晃晃的能量，是一個混合著黃色與橘色的球形團，直徑約有六英寸。我閉上眼睛，又重新張開來。我甚至捏一捏自己，以確定我眞的看到在我眼前的光團。而這個光團一直停留在那裡，直到我再度入睡。

我眞的備受震驚。大約過了一年之後，又在同樣的狀況下，出現同樣的光團現象。不過這一次我下意識地問了一些問題，並且都有得到答案。我所詢問的問題，皆是有關我的離世的男友。而這一切所帶來的結果是，我不再害怕或擔憂了，因爲我時時受到關注與照護。雖然他的形體已經消逝，但來自他的保護與照顧，來自他的愛，卻從不間斷。

最近一次發生的異象，是在一九八四年七月，當時我參加了一次家族團聚的聚會，拍下了許多照片。而在其中一張照片上，我注意到在我的肩膀之上，有圓圓的一團粒子。起初我嚇了一跳，我想那只是在沖洗照片程序上所發生的瑕疵。但是現在我已經接受了我是受到保佑的人，有幸能夠看到那另一個次元的事物。

——泰莉・畢勒，肯塔基州（Kentucky），路易斯維爾市（Louisville）

・・・・

在一九七七年十一月一日那一天，母親打電話給我說，有一位爸爸的同事打電話來告訴她，爸爸突然病發，刻正在救護車上接受醫護人員的急救處置。我趕快離開辦公室，先去接媽媽，然後再一同趕往醫院。在前往媽媽家途中，我感覺這次病發應該很嚴重，而且，我以爲，即便我們趕到醫院時爸爸還活著，他很可能也將不久於人世。不過，我並沒有時間可以多想這件事，我必須專心在開車上頭。我除了必須進出兩條大型高速公路外，車外的天氣也愈來愈惡劣，一直下著冷冷的雨。我在距離媽媽家不到一英里的地方，車子開到公路的彎道上，我因爲寒冷與恐懼而發起抖來。我在身體上具體地察覺到，肩膀一帶有著什麼東西（能量嗎？）的撫觸的感覺；然後我整個人就洋溢在一股神奇、平靜、歡喜的感受之中。我就在這一刻，知道父親已經過世了，並且領悟到完全沒有理由需要去悲傷，因爲他很自由、很快樂。我所獲得的感覺，並沒有任何可資證明之物，我也沒有見到任何異象。

在母親與我抵達醫院之後，醫護人員告訴我們說，父親在救護車上過世了。自此以後，這麼幾年來，我反複思索我那一刻所發生的事情不下幾百次。那種感受究竟是什麼？難道是天使嘗試讓我對於接下來會發生的事情，先有所心理準備嗎？或者是，我的父親前來對我辭別的徵象？他希望可以將他在垂死時刻中，所感受到的平靜與安詳的感覺，傳達給我知道。

我多希望可以這麼告訴您，我現在可以隨自己的意願來重溫當時的感受，可惜我無法做到。不過，有關那一刻的回憶卻能給我力量。彷彿我當時「瞥見」了下一世的世界。

——喬依斯・史萊特，德州，達拉斯市（Dallas）

・・・・

我向來認爲，可以理解「死後生命會持續下去」的說法，不過在過去一年半的時間裡，我對這項說法可說已經徹底信服、毫無半點疑問。而這一切是源自，我對靈魂轉世的說法產生濃厚興趣之後。我持續閱讀有關這類主題的書籍，然後我開始與自己的靈魂，同時也與我的守護聖靈或性靈嚮導（不管你怎麼稱呼他們）產生接觸。他們已經向我證明他們是眞的。他們出現的方式，如同一股不斷移動的電流，幾乎就像一團陰影；只有在黑暗中才看得到他們，不過，不管是白天或晚上，我皆能感受到他們的存在。當他們現身時，不只可以看到異象，而且空中也會出現令人驚嘆的電流團。他們以愛、慰藉與安全感，連通到我的心底。有那麼三次的機會，我實際感覺到他們擁抱我，並非如同一般上我們以手臂環抱對方的擁抱，他們是整個全部包裹住我；我感覺札札的針刺感，而一股純愛電流湧進我的周身上下。

最近這次的經驗，發生在一九八五年五月十日凌晨兩點的時候，當時我躺在床上，室內已經熄燈。我才剛上床睡覺，卻一點都不睏。我看見在我的房間的遠端，浮起一片灰色的東西，它並無特定形狀，但看上去，幾乎就像有幾百萬個小分子不斷在律動。我立刻感覺到他們的存在。那團東西開始朝我移近，而愈接近我，就變得愈明亮一些。那團小分子穿越房間朝我而來，在空中欣喜地舞動著，一路快樂地接近我。我專心地凝視著這團東西，即便我此前未曾見識過，卻感覺對眼前如此嬉戲的景象毫不陌生。它最後整個變得更大，而且發散出亮白色的光芒，我可以感覺它來到我的面前；我不只可以看到，它來到我的臉前面一英寸的地方，而且我可以感覺它。這開始讓我感到有點不舒服，因爲，這麼近的距離對人類來說並不太舒服。所以我抹了抹我的臉，然後說：「不要這樣」。我話才剛說完，立刻察覺嘴唇上有電流觸及的感覺，不過僅僅維持一秒鐘的時間；身體各處都沒有，僅有嘴唇上有感覺。然後，這團亮白色的小分子開始往後退去，並且轉爲淡灰色，最後變爲原本的灰色，也變得較爲小團，直到消失不見。這次的經驗一點也沒有震驚我；能體驗到這樣的事情，讓我很興奮。

——泰莉・珮姬，加州，拉莫納（Ramona）

• • • •

嗨，我的名字叫維琪・依斯瑞爾。我媽媽看了妳的信，建議我要寫信給妳。發生的事情是這樣的：在我要升六年級的暑假，我們接待了來自朝氣基金會（Fresh Air Fund）的小朋友，來我們家住兩個禮拜。有一天晚上，當我跟瓊塔在睡覺，我醒了過來，看見兩位天使站在我的衣櫥前面。我並沒有感到很害怕，但我記得，他們並沒有翅膀，並不像我們一般會想到的天使。他們是男的，長得很高，他們輕輕地在講話。我會永遠記得這一個美麗的夜晚。

——維琪・依斯瑞爾，紐澤西州，索美塞特（Somerset）

• • • •

我無法明確指出事件發生的日期與相關的證物，但我始終清楚記得事情的細節。而直到最近，我才能開口講述這個故事。

一九四七年時，我才只是個三歲大的小孩，我感染了痲疹。我的體溫高得嚇人，幾近華氏一○七度這麼高，我的父母趕緊將我送到醫院去。我還記得我躺在病床上，看見護士與醫生跑來跑去，將我包裹在一件涼冷的濕毯子裡。母親後來告訴我說，在我還沒裹上毯子之前，我已經因爲高燒而胡言亂語，但突然之間，我開始可以清楚講話。我說著尼西亞信條，並且重複誦念我們（路德派的）禮拜儀式中的祈禱文。母親說，這讓她很吃驚，因爲她不知道我懂得這些內容，可是我說得一字不差。然後我開始談起天使，讚美他們有多美。我現在還記得非常清楚，我在病房的角落裡往上漂浮起來，我的兩邊各有一名天使，而我看著護士與醫生在處理病床上的（我的）身體。直到今天，我閉起眼睛，就能聽見當時環繞身邊的音樂，難以描述的優美樂音，而我也能看見那兩名身穿白衣的天使，周身籠罩在一片金色的光暈之中。在天花板上有一個開口，通往一條長長的發光小路，一切事物皆金光閃閃，而繚繞的樂音也愈來愈響亮。天使問我想要留下來，或者跟他們走；我清楚記得我回答說，我要媽媽。於是我退回到病床上，而他們也隨後離去。

我想，這一次的經驗對我所產生的最深遠的影響是，它帶走了所有對於死亡的恐懼。我知道死後還有生命延續，因爲我曾經見識過它。

母親告訴我說，在我開始談及天使之後，我就昏迷過去，他們非常擔心我的安危，因爲我的生命跡象快速下降。然而在臨床上，我尚未死亡，雖然也已臨屆垂死邊緣。緊接著，突然之間，我的高燒開始減緩，身體情況逐漸好轉。當我幾乎恢復過來，母親問了我有關我說過的「美麗的天使」

的事情，不過我並不想多談，雖然有關他們的印象仍歷歷在目。我很開心接到您的來信與詢問——我很少對別人談起這件事，而且，一般上，大多數人多半抱持懷疑的態度。

——瑪麗・伯恩斯，愛荷華州（Iowa），滑鐵盧市（Waterloo）

• • • •

一九〇五年，我媽媽莎莉還是位住在喬志亞州的科爾奎特郡（Colquitt）上的小女孩，有一天，一名天使在明亮的光芒中對她現身，並且說：「總共會有八十二個。」於是她一輩子都在思考這句話意謂爲何。她是一個經常忙裡忙外的女人，除了有一大家子要照料之外，她也盡其所能參加慈善工作，毫不吝惜付出，但她從來沒有忘記這則謎語，常常跟人談起天使跟她所講的這句話。她將這個故事鉅細靡遺地講給一位小孫女聽，孫女於是畫了一幅畫，目前掛在我家牆上。

當她愈來愈老，我們開始在猜，那會不會是指她的陽壽歲數，但是當她往八十三歲挺進，她只好不斷去計算每一樣事物的數目，包括她的子孫總數——但很遺憾，子嗣已經累積到八十三名，而且還有兩名即將呱呱落地。在媽媽要過八十三歲生日前不久，我們談起了她的天使，她說：「我想，他正等著要告訴我，我加入他的行列的時間喔。」

在慶祝媽媽八十三歲大壽前兩週，我的第一名孫子出生了。在媽媽過了生日之後的某個星期天，我們帶著她去探望她的這名曾孫女。而隔週的週二，媽媽就與世長辭了。由於是我負責保存家族的紀錄文件，我把如今還健在的所有親族列在一張表上，以便行政文書之用，卻意外被名單所震驚——因爲，媽媽的兩名孫子，其實是收養來的！而我的孫女是她的第八十二名子嗣，也是媽媽所看見的最後一名子孫！

我告訴我的妹妹說，眞希望媽媽能夠知道這件事。不過她回答說：「喔，妳認爲那會是誰告訴妳的？」媽媽實際上已經將這個訊息透露給她，並且告訴過我，只是我忽略不察而已。十七個月過後，爸爸相繼過世；臨終前，爸爸說：「我看見莎莉了。」

謝謝您讓我可以與您分享這個故事。我的媽媽的全名是莎莉・泰勒，她嫁給我爸爸托瑪士・肯迪。

——珍・奧格爾比，喬志亞州，希爾韋斯特鎮（Sylvester）

・・・・

我名叫波任娜・卡立尼奇，今年二十七歲。我出生在南斯拉夫，但住在南非，是一位女性白人。

在我十三歲的時候，我與父親、妹妹生活在一起，而妹妹與我共用一個房間。事情發生在有一晚的十一點鐘左右。我因爲某種力量的作用而醒來，在床上坐起，就看見我的梳妝檯上站著一個人。那眞是一幅很美的畫面，雖然我同時也很害怕。我看見一名活生生的男人站在桌子上，四周環繞著燦爛的光芒。他的身高大約有六英尺。他有一頭及肩的棕色鬈髮，身穿藍白相間的長袍。而在他的頭頂之上，則有個奇怪的東西。看上去像是懸著一塊金色的岩石。他的臉上掛著微笑，並且張開雙臂，周身散發出五顏六色的光線，「盤旋」在我的桌子上。唯獨沒有看見他的腳。我完全被這幅景象嚇得目瞪口呆，而就像小孩子會有的反應，我整個人躲進被子裡藏起來。過了好幾秒鐘後，我從被子底下偷看，我鬆了一口氣，因爲他已經不見了。

那個晚上，我的妹妹睡得很沉。我告訴身邊每個人我看見「天使」，但沒有人相信我。我的家人說，那八成是我的想像力作祟所捏造的幼稚說法。我直到現在還在思考，天使那次的訪視意謂爲何，而且爲什麼是我看到？

——波任娜・卡立尼奇，南非，波克斯堡（Boksburg）

・・・・

我個人擁有一些奇特的經驗。顯而易見，當事人並不太願意重新講述這些經驗，因爲唯恐被貼上瘋子的標籤，所以我也甚少跟別人談到屬於我個人的天使，或那一股奇異的玫瑰花香，或是那一束紫羅蘭的出現，以及，我在十七歲時，非常強烈感受到父親突然死去的預感等等事情。

我出生在一個信奉羅馬天主教的家庭，並在一個修道院中受教育，生活中充滿著（對我而言）可怖的道德戒律。我讀著有關聖人與聖母瑪莉亞顯靈的事蹟，對於見到異象的人所受到的拷問、懲罰，甚至折磨的情節，常常感到很震驚。至於降靈術，或是對於死後世界的興趣，這就不用多說了，這些都是惡魔之道。

我的第一次的婚姻，因爲丈夫的酗酒問題而備嚐艱辛，但由於我謹記我的婚約誓詞，我維持婚姻直至十六年後「死亡將我們分開」。在這一次婚姻走入尾聲的時期，我成爲一位「自由的思考者」——因爲想不出其他更好的用語，姑且如此稱呼。

當我還陷在第一段不幸的婚姻中努力掙扎，而且經常祈禱可以得到指引與協助，讓我脫離如此痛苦的狀態，我當時想到一位親切可愛的聖人，有一天下午，我改以向她禱告。然後我聽見花園的籬笆門軋軋作響，我的丈夫腳步蹣跚地朝屋子走來。我在臥室中迅速從原本的「冥想」狀態恢復過來，匆匆走向過道，心裡想著要把廚房裡的燒水壺放到火上。突然間，我停了下來，因爲在我的背後，「有個人站在那裡！」我很清楚那是誰，只要我向後轉身，我非常肯定可以看見「她」。我忽然感覺自己籠罩在一片彌天蓋地的玫瑰香氣之中。而強烈的氣味刺激著我的鼻子，以至於我不得不捏著鼻子避免這種嗆香的衝擊。彷彿我被包裹在時間之流中。然後，門鈴響了起來，而這神奇的一刻也立即消失無蹤。我現在說不準到底香味持續了多久的時間，但是，幾個月以後，我把臉埋進一束玫瑰花之中，卻完全無法重溫當時那種濃烈的芬芳，此後也再也沒有這種經驗了。當我把這個經驗告訴一位天主教教士，他以一種「神恩降臨」的語氣說：「妳已經是特別受到祝福的人了！」而且我們的對話就此打住，他連一句話都沒有再多問！我感覺自己像個貨真價實的「怪胎」，而且我也再一次感覺沒有人相信我的遭遇。

幾年過後，當時我已經再婚，則發生了一次最神奇的經驗。直到今天，我還是不了解為何會發生這件事，而且我只能說，自己何德何能，居然可以獲得如此美妙的經驗。事情是發生於一九七八年十一月的一個星期二的晚上（我住在南非，這個月分是夏季）。天氣溫暖無風，而且那是一個沒有月亮的夜晚。

我的母親跟我們一起住，她當時已經上床睡覺，我的丈夫也已回房休息。我則有幾封信要寫，寫完後，我也跟著去睡覺。一股微風掀動床單輕拍我的臉頰，我於是醒了過來，而當我完全甦醒，我再一次經驗到神靈的存在，我知道有某個人現身在房間裡。

不過，我的第一個反應是，盡力避免往那個方向看！我先是轉了一下頭，瞧了瞧床頭燈、菸灰缸，我甚至連床頭櫃腳座上的白漆裂痕也看得一清二楚。然後我把頭轉到另外一邊，同樣清晰地看見我丈夫靜靜沉睡的身軀（他側睡，背對著我）。這一切都彷彿沐浴在一片漫射開來的美麗光線之中。但是，那一晚並沒有月光，也沒有微風吹拂。

然後，我無法再堅持下去，我的雙眼溜轉，最後目光投向房間那只大型的白色梳妝檯之前的一點。「她」就站在那裡！如同眞人一般的血肉之軀，直直站在那裡。

她一動也不動地站在哪兒，我因此得以鉅細靡遺地觀察她的外貌與服飾。我心裡浮出貝娜蝶特（Bernadette）這個名字。對她的初步印象是，她（可能向來就是）既聾又啞！

她的身形嬌小，像一名少女，年紀也許是十七歲，有著一頭美麗非凡的銅金色的頭髮，髮質濃密，梳著及肩內捲的髮型，還繫著一條寬邊的綠色髮帶越過小巧可愛的頭頂，而且完全沒有一絲凌亂飛翹的頭髮！

她穿著一襲棕色的無袖洋裝，下擺微微敞開，而底下搭配一件奶油色的短上衣（感覺像是絲質的質料）；圓邊衣領的正面下緣，可以看見一排細小的珍珠鈕子，而沿著羊腿形衣袖的寬邊袖口外側上，也縫有一排同樣的珍珠鈕子。小腿上穿著的長襪也是棕色的（感覺像是羊毛質地），而腳上則踩著一雙我所見識過的，最閃亮耀眼的、小巧的厚底皮鞋，上頭端正地繫著鞋帶。

她的神情甜美，不過並無微笑。

我持續注視她很長一段時間，然後，讓我驚訝的是，她朝床邊走過來，接著屈膝跪在我的旁邊，請我（似乎是以心電感應的方式傳出指令）伸出手給她！

這時候，我的心怦怦跳得好快，主要是由於對這一切奇異的景象感到恐懼之故，不過我還是從被子底下伸出手臂來，並把手放在床鋪的邊緣上。她還是跪在那邊，她把自己的兩隻手搭在我的手臂上，我於是望著這一雙完美至極的手，而且十片指甲修整得無可挑剔。她往上抬起臉來，宛如在進行禱告，我則得以近距離地審視她圓圓的美麗臉龐。

她的皮膚完美無瑕，除開短短的鼻子上點綴著幾顆雀斑；而在她端正漂亮的眉毛底下，一雙淡褐色的眼珠顯露出一些微小的暗色斑點，如同眼色較淡的人有時會呈現的樣子。她的紅豔豔的嘴唇，感覺應該是自然原色，如此飽滿，如同丘比特的弓箭，但似乎也不盡然如此。

直到她站起身來，離開我的身邊，往牆那邊的方向移動，去到梳妝檯的側邊上，我才大起膽子說話；不知何故，我知道她即將離去。

「我還會再看見妳嗎？」我問道，語氣上非常希望她不要走。

「不會了。」她回答說，一臉天使般的美人神情：「不過，有一天我會來告訴妳，接引妳的母親的時間。」她現在看起來，彷彿站在一扇平板玻璃窗的後面，而且在她的下方，有水流不斷湧出。她變得愈加模糊不清起來，然後就消失不見！信不信由你，房間這時重新沉入全然的黑暗之中！只剩我杵在那裡驚訝萬分，整個人十分清醒，無法重新入睡。我沒辦法主動去跟家人談這件事；隔了一天，我的腦子裡還是一直想著她的身影，以至於我一而再、再而三努力要把她畫下來。然而我始終畫不出她容光煥發的姣好樣貌。即便是現在，我對她的描述，也不過是出自人類平凡的話語。

而這個故事也還有後續的部分。在同一週的週四，我受邀參加一個靈性聚會。在照例的禱詞才剛說完，其中一位通靈導師就上前跟我談起話來。（請注意，異象發生之後，我都尚未跟人談起這件顯靈事蹟，而且還不時認爲只是自己做了一個夢而已。）

「派翠西亞，」這位老師說：「那一晚，妳大吃一驚，對不對？」

我嚇了一跳，答說：「喔，對呀，我確實很吃驚。」

「不要擔心，」他立即對我說：「會來看妳的，一定是善類！」

「但她是誰呢？」我問。

「一位法國女孩，」他說：「名字叫貝娜蝶特，她是上帝的一名天使。」

在顯靈事件過後不久，我們舉家從普利托里亞（Pretoria）搬到傑佛瑞灣（Jeffreys Bay），我的丈夫隨即過世。而貝娜蝶特對我的承諾，也得到應驗，她前來接引我的母親離世——在我的丈夫去世後短短幾個月內，媽媽也隨他而去。

——派翠西亞．史蒂文森，南非，傑佛瑞灣

．．．．

我如今已經爲人祖母了，並且罹患了關節炎，如果您有興趣的話，我願意談談一些我所知道的天使與鬼魂。

在我八歲的時候，我把我母親從死亡裡呼喚回來。當時我們兩個同時住進一家私立醫院中，我是爲了進行扁桃腺切除手術，而她則是要動某個「大手術」。她死了——由於與媽媽同住一間病房，於是我聽見醫師這麼說。他們將床單覆蓋在母親的臉上，然後就不再理睬她。我尖聲哭叫：「媽咪！妳回來！」護士把我拉住，而我的母親坐了起來。她說，她已經離開她的身體，但聽到我大喊大叫，所以折返回來。

在我二十三歲的時候，我一心所愛的丈夫，同樣很年輕，有一天他的靈魂來到房間的窗前——他在兩天前死於利比亞（Libya），不過我們還未收到消息，時值一九四一年——敲了敲玻璃，吹了一個飛吻給我。當時我在房間內跟我的妹妹露西講話，我們兩個於是跑到外面，很開心地喊他的名字，但他卻沒有在那裡。他之後還出現了許多次，在我悲傷痛苦的時候，帶給我很大的慰藉，對我來說，他證明了死後還有生命延續下去的事實。

我的母親最後在露西的家中過世，享年八十六歲。我們兩個在她的好丈夫的幫助之下，一起照顧母親。露西很悲傷，一心期待媽媽能夠康復，但她的丈夫與我都知道希望不大。有一天晚上，我感覺自己幾乎必須推開群集在房間中的鬼魂，才能走到母親的床前。我一句話都沒提，但是當露西的丈夫走進來，他說：「妳們可以感覺到房間裡所有這些鬼魂的存在嗎？」露西無法感覺有無鬼魂，但我可以。母親平靜地又再床上躺了兩天，然後來了一名身形無比龐大的天使，他身穿一襲兼有朱紅色、橘色、金色等的華麗衣飾，率領一群身形較小的天使前來。他們完全無視於磚牆與窗簾的存在。這些天使一個個排列著直達天際，露西的丈夫與我兩人皆目睹了這壯觀的行列。當時已經入夜。母親在清晨之際「離開」，但她的身體還持續「活」了三、四天才死去。那些天使是來接引她的靈魂。她在臨終之際並無疾病纏身，也沒有痛苦。她的死，猶如秋天的樹木飄落樹葉，如此美麗與溫柔。

——依麗莎白・羅蘭德，南非，東倫敦市（East London）

• • • •

一九一八年十二月，在聖誕節的那一週，我的祖父過世了。我當時才五歲大，是六個兄弟姊妹中的老么。有關祖父的葬禮事宜，已經在準備之中。我還無法了解死亡的眞正意義。我不斷吵著媽媽帶我去找阿公，不然就嚷著要媽媽去把阿公帶回家。

在葬禮的前一天晚上，我記得自己牽著堂弟的手，跟他說：「我們一起去阿公的臥室看看，他可能會在那裡。」我們打開了門，看見在房間的中央，一片令人炫目的燦爛光芒裡，站著一位天使。他的一頭金色長髮垂在背後，身穿一件飄垂及地的白色袍子，而一雙可愛的輕盈翅膀則微微展開。當我們既敬畏又迷惑地盯著他看時，他並沒有移動或轉頭朝向我們這邊。他的美，眞難以筆墨形容。

我們跑去告訴我的媽媽，要她一起去阿公的房間，看看那名天使。她跟著過來，應該完全不相信我們所說的吧，我並不是很清楚。但是房間裡不再見到有什麼天使存在，無論是媽媽或我們都沒有看見。

——海倫・羅芙，北達科他州（North Dakota），拉穆爾（La Moure）

・・・・

在我的一生當中，我擁有過許許多多的經驗。但最近發生的那件事情，卻對我意義深長。一九八五年八月三日那一天，我打算在面朝公路、屬於我這邊土地範圍的溝渠上，種植一些野花，而一位女友人願意前來幫忙我，載我去收集野花。匆匆忙忙搭上友人的車子，我忘記取下我當時所佩戴的一條項鍊；它由兩枚我所珍愛的黃金質地的墜子，串在一條細緻的鍊子上。我們開車來到一片開滿野花的野地，然後我就動手挖掘這些美麗的植物。當天陽光耀眼，天氣很熱。當我收集好一定的量，我們就開車回去，然後卸下植物，趕著在它們被太陽烤焦之前，轉種進土裡面。然後，我感到很疲倦，走去捲起爲了防止車子變髒所鋪的塑膠布，這才發現，我那兩枚金墜子不見了；而鍊子斷成兩截，黏在我汗濕的脖子上。一股沉重的失落感淹沒了我。我徒勞地在車道、草坪、野花區，還有車子附近的所有地方尋找墜子的下落……我流著淚告訴女友人說，我的墜子不見了；我人站在外面，非常專心地默默在禱告，期望墜子可以失而復得。

我整個人感覺孤獨無依，我坐下來，不停流著眼淚，打算放棄。然後我大聲地唸出我的禱詞。一名來自另一個次元的朋友接著就出現了，而且我可以「看見」他。他以手示意我保持鎮定，然後他在我的心底留下一則強烈印記：「重新回到妳挖掘植物的地方。回到那片野地去。要有信心！我會幫助妳的。」我把這則訊息告訴女友人，她說她願意載我回到那邊去找。而那名現身的朋友果然遵守承諾，就像他向來一樣，他跟著我們一道前往。當我們走出車子，他再次在我心底留下訊息，指示我該往哪裡走，並且說：「喬瑞塔，妳要有信心」，然後告訴我往我的左邊方向走五步的距離。我依指示照做。他之後就沒有發送訊息。我站在那裡長達一分鐘之久，接著我便低下頭注視我的腳邊。

我於是看到，那枚鑲著貴氣藍邊的小巧可愛的「大衛之星」墜子！而離它幾英寸遠，就是我的迷你金質「生命之符」（ankh）手工墜子。我的身體發起抖來，我感覺我的靈魂嚮導離我而去。我整個人僵在那裡。這兩個墜子對我所代表的意義是，我多年來的靈性研究獲得結業的證明。我回到車子裡坐下，一句話也說不出口。我的內心洋溢著無法言喻的歡欣，我禁不住喜極而泣。我的女友人問說：「怎麼樣了……？」我低著頭，心底充滿未曾感覺過的恭敬之情，我只能打開我握著的手，讓她看一看。她的臉色頓時紅了起來，只能脫口而出——「哇哇！」我們於是一言不發開車回家。到家後，我衝進臥室，將這兩枚墜子放進小盒子中，並發誓我以後在工作中絕不再冒險佩戴。

突然間，我那位威力十足的靈魂朋友又出現了，他語氣溫柔地對我說：「墜子事小，妳的愛才是眞正讓人看重的價值。喬瑞塔，那是給妳的，而且也不會是最後一個」。他對我打了打手勢示意。那天深夜，我獲得了一個異象：他的手再次在我的臉上移動，然後他說：「活出它的價值，才是重要的事情。」在我的胸口之上，出現了一只巨大的、漆著堂皇藍色的「大衛之星」。它銘刻進我的細胞、我的內心之內，這才是最重要的事。

• • • •

天使，可以是「光」，也可以是「愛」的化身。這兩種天使，我皆曾遇見。那些精熟於分內工作的天使，我可以看見他們以某種形態現身，並且帶著助手前來。而……也還有那些歷史上的「偉大心靈」，這些人物是「心靈」與純粹之光，無形無狀……

•••

當天使在危機時刻伸出援手，首先會感覺到全面性的身體感官的「中止」現象，但是下意識裡仍會感覺到恐怖，而等到天使離去，則會感到全身上下，有時也包括心理層面，產生「放鬆」的身體反應。而且，天使會把健康飽滿的身體當作接收器，而這是最重要的事！另外，感到快樂的下意識會因此獲得小小的回饋，享受生命喜悅的一刻。另外……一個人必須要以天眞無邪的態度去看待天使、與天使講話。「天眞無邪」，意謂著全心地信賴與信任。大多數成人都已經喪失了這種態度——一個個都被學校、家庭、教會、朋友、日常生活給模式化起來。我們要培養對於其他次元的世界，保持「開放」的態度。但我也曾被一些喜歡挖苦、嘲諷的人嗆聲：「妳在跟誰開玩笑啊」，更差勁的甚至會說：「妳瘋了吧。」

我記得唯一一次我失去了我的天使，是發生在，我對人們的愛使我鬆動了原本的立場，開始會先考慮其他人的感受與想法，而把天使的指導放到次要的位置上。他們「離去了」，而我自己眞眞實實地知道，如果他們沒有縮短那次教訓的時間，讓我重新回到相互的愛與平和的境界，我可能早已死去。

——喬瑞塔，伊利諾州，格雷斯萊克鎮（Grayslake）

•••

大約在十年前，我來到新墨西哥州，想看看這個地方是否是個適合我居住的好處所。我跟著我的兒子（當時二十六歲）與他的女友一起開車，從遙遠的聖克里斯托包爾村（San Cristobal）東邊一處偏僻的地點，回到他們所居住的陶斯鎮（Taos）。那一天是個週五，天氣涼冷、路面泥濘。我當時的心情並非特別不開心，但或許心中有所憂慮，因爲，我始終在思考著，如果我的丈夫與我搬離紐約的漢普墩地區（Hamptons），那麼後來應該落腳何處的問題。不過，我主要還是不停地在注意著這一條沒有護欄、九彎十八拐的泥巴路。在我慢慢駛向聖克里斯托包爾村的途中，我注意到前方有一個人，孤獨地站在道路的左手邊上。他一頭金髮，看上去像一位模特兒。車子漸漸接近他，我看見他身穿全套的牛仔服飾。他在打扮上的水準，幾乎像是出自勞夫・羅倫（Ralph Lauren）或其他設計師之手：完美的牛仔褲、皮靴與襯衫，帥氣逼人，而儘管遍地泥巴，他卻完全沒有一絲髒污。他的造型，正如同某個人所說過的：「當你來到牛仔國度，你就要穿成這個樣子。」

我還記得自己當時在想：「他站在那裡幹什麼？他的卡車或馬匹在哪兒呢？他需要搭便車嗎？」而他看著我的樣子，則充滿著愛意。

在他的附近，並沒有其他公路或小路，也看不到任何的交通工具：沒有馬、沒有車，也沒有腳踏車或其他運輸器械。當我開車經過他時，他只是站在那裡，從他那一雙深邃銳利的藍色眼睛，放射出不可思議的愛意，凝望著我。

越過他之後，我想到，我應該停下車來，問問他是誰。但是在他那道目光的凝視之下，我感覺自己備受疼愛、如此受到關照與保護，以至於，我覺得自己並不需要知道他的身分。

不過，我還是放慢速度，轉頭回望他。但他不在那裡，沒有人站在那裡。我的兒子說：「媽，我想那是妳的守護天使。」他的女友也看見了那名男子。

我的兒子會知道有關我的天使的事情，是因爲，我曾經告訴過他，幾年以前，我做過一個清晰無比的夢，夢見天使下凡來訪視：天使屈膝跪在我的床鋪右側注視著我，而我也直直望進他的眼睛裡，之後我還數度與他「直接」在意識上溝通。在那一段時期，也是我的生命進入靈性覺醒、喜獲恩典、擁有無限喜樂的轉捩點；我首次對於此前並不相信的事物，敞開了心胸。而在這個夢中，天使當時的外型與後來的扮相並不相同。

我想，他以牛仔現身，是想肯定地告訴我，我們應該遷來這個地區安身立命；他當時彷彿在說：「我就在妳的身邊，我愛妳」。自我在路邊見到他迄今，已經過了十五個年頭，但我始終知道，他一直陪伴在我的身邊。

——娉特琪．墨瑞，新墨西哥州，陶斯鎮

•••

我駕駛著我那輛嬌小的福斯金龜車，一個人行駛在加州的文圖拉（Ventura）高速公路上。我剛剛離開在韋斯特萊克（Westlake）一地的「心靈科學」（Science of Mind）週日聚會的現場，然後去了一家附設點心吧的健康食品商店，買了超大杯的香濃椰棗奶昔，接著就開車上高速公路準備打道回府。要離開高速公路時，我駛進位於一座相當險峻的山坡上的出口匝道。在我的右手邊，是一個開闊的空間，可以讓我往下看到位於右方的下一個交叉口，但是，在我的左手邊，則是一堵十英尺高的厚牆，完全阻擋了我對於接近我的車流的視線。

當我正以時速大約四十英里的速度駛向出口，我聽見從我背後的車子後座上，傳來一聲說話的聲音。一記聲如洪鐘的斷喊：「停車！」我嚇了一大跳，視線往上看向後視鏡，發現鏡子裡映出一個坐在後座上的人影。這個「人」長得像個天使，他有一頭輕盈的長髮、一雙大而銳利的眼睛，穿著某種有垂墜感的白色衣裳，而他正在大喊：「停車！」

我盡我所能用力踩下煞車。

不消說，那杯椰棗奶昔灑得到處都是，連我的臉、我的頭髮都沾到。車子於是停在距離幹道不過幾英尺的匝道上。當時路口號誌亮的是綠燈，但我知道我不能開動車子。那個人還坐在我的身後。

我整個人嚇呆了。

然後，不到千分之一秒的時間，一輛巨大的老舊美式房車以時速八、九十英里的速度，從左方朝路口飛馳而來。想當然爾，我是直到開上幹道後，尾隨這輛自殺車的毀滅之路，才看清楚它的式樣爲何。當時在幹道遠遠那一邊，停著一輛等紅燈的車子，於是那個車主與我同時看到這部超速車在下一個交叉路口，撞上路面上的減速丘，彈飛至空中，然後衝進一家肯德基炸雞速食店。現場有許多人去幫忙處理。而那個車主與我雙雙嚇得目瞪口呆。我們搖下車窗說：「喔老天，怎麼會發生這樣的事啊！」我們兩個皆同意，如果那輛車先撞上我這部金龜車，我八成會沒命。在我的印象中，肇事的這位車主是屬於不修邊幅的類型，髮色很淡。

在觀察過這場讓人心驚膽跳的車禍事件後，我看了一下車子後座，那個人已經不見蹤影。在我回到家後，我仔細在車子裡尋找那個人所留下的任何線索，但並無所獲，不過他的影像已經深深烙印至我的心底——上帝派他來到我的車子後座，以出聲警告的方式，以確保我遵行無誤，得以及時停下車來。

至於那杯椰棗奶昔，我花了好幾天才把掉在車子裡面的殘渣清理乾淨。

（這封信件的寄件人接下來所講述的故事，與前一篇寄自新墨西哥州娉特琪．墨瑞的信文內容很相似，所以此處略去不表。而兩篇的差異點僅在於，娉特琪的「牛仔天使」只是深深愛戀著她，而本篇中的牛仔天使則是前來傳送救援的訊息。）

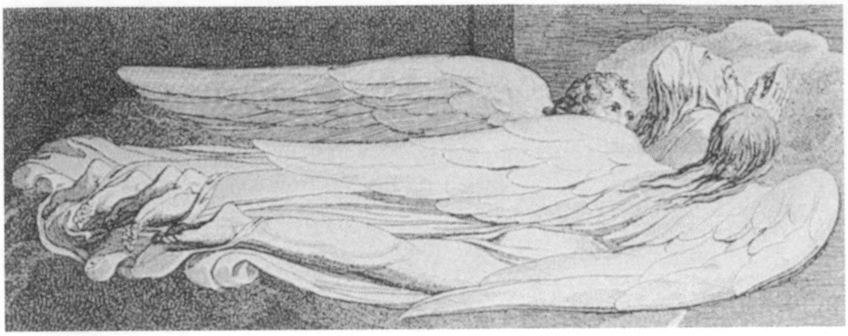

「天使引導靈魂上天堂」，取自飾有彩圖裝飾的手抄本，十五世紀。

• • • •

一九九六年的一月，我從洛杉磯搬至美國東岸地區。在一位友人的建議之下，我賣掉大部分的家具，以縮減搬家的費用支出，只保留小箱子可以裝下的東西。我先把車子托運至紐約的弟弟家，然後自己帶著狗，以及我隨身能帶的好幾只皮箱，搭飛機飛到紐約。在元旦那一天，我在冰雪天中駕車八小時，從紐約開到華盛頓特區附近，屬於維吉尼亞州（Virginia）的郊區地帶；我車子裡載著狗，而皮箱與雜物則全塞在後車廂。

在我離開紐約之前，我已經預定了所租的新公寓附近的一間旅館房間。不過在我抵達華盛頓特區附近地帶，我卻迷了路。我找不到預定的那家旅館。我急得流下淚來，在車子裡尖叫，一邊慌慌張張在環線公路（Beltway）上亂開（那個年代還沒有手機），尋找正確方向。我在接近一個出口匝道時放慢了速度，期待可以重新獲得方向感，然後就看到某個人站在路邊，很誇張地大開大闔對我揮手，示意我趕快開走。這個人戴著一頂帽子，穿著一件小夾克，但在他的身旁並沒有車子停放。我感到迫切要離開那裡的衝動。當我駛離，我從後視鏡裡張望，但再也看不到那個人的身影。

在出口匝道的上方不遠處，有一棟占地很大的飯店，我決定開車過去。飯店的職員說，他們僅剩一間空房，而且還是剛剛有人取消預約才空出來的。不消說，我當下立刻進住，心中萬分感激仁慈的上帝與那一位招手的神奇人物。

隔天早上，我發現，這間飯店其實也距離我所租下的那棟公寓不太遠。而故事並沒有就此打住。

那間公寓住起來並不舒服——我在這裡就不多細述因由了。管理單位同意讓我退租，但需要遵守一個條件：我必須在該月最後一日的子夜之前，將所有的東西搬離現址，否則我就要再繳交下一個月的租金，而且我不能有異議。

這給了我幾週再去找房子、再度打包所有物事、再度搬家的時間。我只有一份兼差的工作，已經沒有餘裕可以去租大公寓；我最後找到一間社區型的小公寓，甚至不用支付押金。我於是用車子開始來載運我的三十幾只箱子與其他東西。我的車很小，所以一趟也無法搬太多。再說，因爲我還有工作的關係，所以我只能在下著冷雪的夜裡來進行搬家事宜。

到了最後一天晚上八點，我的兩隻手臂都已經發疼，痛得讓我胡言亂語起來。外頭下著雪，我坐在通往公寓大樓的階梯上，開始掉下眼淚。我沒有人可以來幫我。而我正是因爲要離開家人才搬往東岸這邊來，所以他們也沒辦法幫我。

當我一個人坐在雪夜裡，一位身形高大修長、有著深色頭髮的男士走上小路，朝我走過來。他的手裡只拿著一張小型的運動用板凳。他穿著皮鞋，而不是靴子，沒有戴帽子或手套。我望向他的身後，看見一部車身上寫著「自助搬家，每日十九美元」的有蓋卡車，就停在我的車子後面的人行道邊上。在幾分鐘之前，並沒有看見這部車，所以我猜想他就是開這部車子來的。

我問他說，他要搬進來嗎？他回答是，他要搬進二樓那一戶，想要先搬點東西進去。我知道管理單位刻正在整修那一戶，我很難了解爲何他這個時候要搬東西進來，而且外頭還下著雪。而我也禁不住注意到，他手裡的那個運動用板凳，對我來說都已太小，遑論對於一位身高大約六英尺四英寸的男人，不知道他是怎麼用的？

「他要拿這個板凳做什麼呢？」——我納悶著；不過他講起話來溫和親切，人又高高瘦瘦的。

我於是跟他講起我的困境，講我怎麼搬家搬到精疲力竭，此刻已經不再能搬動任何箱子。

我於是詢問他，我能否付他二十元現金，借用他的卡車來把我剩下的東西一舉搬走。他說當然可以，不過卡車必須在晚上歸還到自助搬家公司的停車場，並且不能晚於八點五十五分，否則他又要留下車子過夜，如此一來，要再多付一天的租金。那個公司的停車場，離我的新公寓只有兩個街區的距離，我知道它在晚上九點關門休息。

他往回走到卡車去，我以爲他要把運動用板凳放回去。我之後就沒有再見到這只板凳——我也沒有見到他的其他東西，如果他眞是要搬家的話。兩名拉丁裔的男人從卡車前座跳下來，跟著他一起朝我走過來。他們三個走進我的公寓，然後在我的門到卡車之間排成一列，在我的幫助下，以接力的方式把我剩下的十五只紙箱搬上車子去。沒花上多少時間，就完成了工作！（多疑如我者——我早年也是個紐約客——卻完全沒有想過，他們可能偷走我的東西。）

這名男士跟著我開了幾英里路，來到我的新公寓。我們很快在社區後門卸下所有的東西，放進手推車裡面（那是專門給住戶用來搬運食品雜貨的推車）。我向他致謝，並付給他現鈔，然後他就離開了，而幾個附近的鄰居好心地幫我把箱子搬上樓去。當時是八點四十五分。最後的搬家過程，前後花不到半小時就完成了。

很奇怪地，那兩名拉丁裔男人在整段時間中皆一聲不吭，他們沒有跟我講話，他們彼此也沒有交談。

我感覺有什麼催促著我，應該前往那家自助搬家公司的停車場，並再次向那位男士道謝。我跳進我的車子，把剩餘的幾只箱子先暫時放在社區後門，直接開去那個停車場，我希望剛好可以發現他在櫃台結帳——或至少可以看到他租用的那輛卡車，如果找不到他的話。我走進那家公司的櫃台，老闆正準備關門。我詢問他是否剛剛有人把卡車還回停車場。他說：「沒有啊」；他說，好幾天以來都沒有人租車或還車，更不要說今天最後這半個鐘頭了。

我接著問說，會不會這個人可能把車還到他們公司的其他停車場去？他回答說，離這兒最近的另一個站點，在好幾英里開外，而各個分公司皆在九點關門。我於是思索著，我的那位救星會不會決定再多保留卡車一天？不過，這個站所的老闆說，已經一段時間沒有人從這裡租車了，而且，他還說，在這一整個地區，也沒有其他卡車可租了，因爲目前的需求量很高，都租光了。所以，幫我解圍的那位男士與那輛卡車就這麼消失不見了。

我的兩隻手臂與雙手，由於搬運紙箱而緊繃疼疼的現象，花了好幾個月的時間才恢復過來。我鮮少求援，因爲我已經失望過太多次了。但我現在相信，那名男士與另外兩名拉丁裔助手，都是上帝派來幫助我的天使，讓我安然度過生命中最痛苦、最悲傷的時期。對我來說，這也是教我學習如何求助的一堂課。

附帶一提，那名男士始終沒有搬進我之前承租的那棟公寓大樓的二樓。

——蘿絲瑪莉・菲卡摩拉，維吉尼亞州

・・・・

我今年四十二歲，已婚，育有二子，分別是十六歲的崔斯坦，以及三歲半的約翰內斯・亞歷山大。我還在大學就讀，我想成爲殘障孩童的教師。

我想要告訴您，一件發生在兩年前的事情。在那個時候，只要任何一位家人離開屋子，我就會立即變得神經兮兮並且心中充滿恐懼。

在那段時間，我的丈夫必須每天清晨離開家去工作，是這麼地早，天色都還漆黑一片。有一天的清晨，夜色仍未退去，我聽見他自臥室走開的腳步聲，他接著關上了大門，然後發動車子離去。在他離開臥室之前，我會感覺到他在我的臉頰上輕輕一吻，他每天都會這麼做；但是，那一天，在聽見車子開走的聲音後，我閉上眼睛不過幾秒鐘的時間，我突然又感受到另外一記吻。我知道我是清醒的；我還感覺到肩膀上掠過的撫觸。我以爲這是我的丈夫折返回來的關係，或許他忘了帶什麼東西出去。我轉過身來，期待看到他，但床邊一個人都沒有！可是，我眞的感覺到那另外一個吻啊！

我再度閉上我的眼睛，幾分鐘過後，我感覺手臂上有輕輕的愛撫。雖然這次我不敢睜開眼睛，但我知道在我的身邊並沒有壞人。然後我的耳際響起一個陌生男子的聲音：「艾爾可，『我們』要離開了。」

我就只聽到這句話。我張開眼睛，四處張望，並沒有人在那裡。

我所害怕的，僅僅是這個情境的奇異性，而我對那些陌生人，則一點也無恐懼之感。在我的內心深處，我知道「他們」是來給我安慰的。

——艾爾可．瓦切斯—貝克，德國，雷克林豪森市（Recklinghausen）

• • • •

故事發生在西維吉尼亞州一個稱作麥唐諾（Macdonald）的地方；那是一個在我的家鄉蒙荷普鎮（Mount Hope）之外的一個小小的郊區地帶。在事情發生之際，我的阿姨艾利希雅．波特才五歲大左右。她實際上是我的表姊，但我叫她阿姨，就像南方人的習慣一樣。我想，當時大約是一九○一年，因爲艾利希雅出生於一八九六年，而在一九二○年左右結婚。

他的父親是新河（New River）煤礦公司的老闆；有一天，小艾利希雅生了病。醫生來到家裡診視（這是那個年代的作法），告訴他們說，小女孩罹患了猩紅熱。當時對這個病，完全沒有藥方，艾利希雅倖存的希望渺茫。旁人告訴她的媽媽，可以開始爲她準備葬禮事宜。由於這個病具有傳染性，所以全家人必須進行隔離，這也意謂著，波特先生必須留在家裡，不能去蒙荷普鎮上的公司辦公。他們爲艾利希雅製作了一副小棺材，並且縫製壽衣。

在小女孩等待死亡降臨之際，有一天，一位男人去辦公室要找波特先生。不過祕書小姐告訴這名陌生人，波特先生在自己的家裡，與家人一起接受隔離，因爲他的女兒得了猩紅熱，命在旦夕。這個男人說：「我有很重要的事情。我直接去他家找他。」

祕書小姐說：「他們不會讓您進去的，不過您可以試看看。」

所以這個人來到波特先生家，來應門的是一名女僕；他請求與波特先生見上一面。女僕說：「不行，您不能見他。他的女兒不幸得了猩紅熱，即將死去，每個人都接受隔離處理。不會允許他們見任何人的。」

「是的，我了解，」他說：「你們都試過了所有方法了嗎？」

「對呀，我們嘗試了所有想得到的作法了，但猩紅熱並沒有解藥。您也愛莫能助的。」

「我有一個建議，」他說：「你們願意試看看嗎？」

「我不知道。」

「你們家裡有養雞嗎？說不定有一隻公雞？」在那個時代，每戶人家都會養雞。「另外，家裡有紅色的法蘭絨布嗎？喔好，先把水煮開。然後把紅色的法蘭絨布剪成長條狀，大約六英寸寬左右。接著去抓來一隻公雞，盡可能拔幾根雞尾巴上最乾淨的羽毛。然後把法蘭絨布條浸入滾水中，拿出來後，貼覆在小孩的喉嚨上，熱度以小孩能忍受的程度爲準。然後在此同時，以羽毛去擦拭她的喉嚨裡面，並一直持續這麼做。你們可以做看看嗎？去試試。」

猩紅熱這種病會讓人窒息而死，喉嚨上會有很多濃痰阻塞呼吸。今天我們可以用盤尼西林來治療這個病。而陌生人所提供的方法，那個紅色的法蘭絨布條可以讓濃痰加溫，從而從喉嚨往上推，而羽毛則可以擦痰，把痰勾出來。

他們照這個方式處理，艾利希雅因而得以痊癒。而她後來活到八十七歲。

波特先生之後直到去世之前，不停想方設法想找出這名男人。這個人並沒有留下姓名給辦公室的祕書小姐或家裡的女傭；他當時很固執不想報出自己的名號，隨即轉身離去。這著實奇怪。他出現時，是一個全然的陌生人，之後就消失不見。

艾利希雅逐漸康復之後，她有一天穿起她的壽衣來到主日學的課堂上。那件衣服縫著白色的花邊，相當可愛。但那也顯示出，死亡曾近在咫尺。他們爲一位五歲的小女孩預先做了一件壽衣，而她卻被來到門口的陌生人救了一命。

——南・史奈德・孟青，馬里蘭州，波多馬克鎮（Potomac）

・・・・

我所要講述的事情，只是有關一只遺失的手套的小故事。事情是如此微不足道，就像是一個實驗而已，目的是向我顯示，只要你祈求協助，就會應驗的道理。有一回，我的丈夫與我帶著兩歲大的兒子，來到科羅拉多州的基斯頓（Keystone）一地的滑雪場度假。我剛讀完一本有關天使主題的書；書上說，無論遇到怎樣的困境，無論你的需求重要與否，皆可以祈求天使的協助。而且該書強調，只要你祈求，天使就會前來相助。

我們在斜坡上租用裝備、到處在雪地上跋涉來去，然後我的兒子開始變得很煩躁。已經到了他的午睡時間，於是我把他帶到巴士站，搭車回旅館，然後我發覺自己掉了一只皮手套。我決定來尋求天使的協助。「請指引我回到我遺失手套的地方」，我如此禱告著；但我的兒子愈來愈吵鬧，我了解到此時沒有時間去找手套。「好吧，天使，」我說：「我收回這次的請求。而且這件事也不重要。」

我們於是待在旅館休息，而我的丈夫在滑雪滑了幾個鐘頭後，也開車返回旅館與我們會合。由於我們還有一些待辦事項需要處理，所以一起回到車子邊，我突然發現乘客座上擺著我的那只手套。

我以爲是我自己掉在這裡，但我的丈夫說：「喔不，關於手套，可有個特別的故事。當我從滑雪場下來，要走到停車場取車時，我看見有一對老夫婦站在我們的車子邊，手裡拿著妳的手套。他們說：『我們知道這只手套屬於這部車子的主人，我們想要拿給您。它從乘客座那邊掉出了車子之外。我們怕您會沒有注意到，所以我們就站在這裡等您。』」

我知道這並非是一件大事，但它如同是個徵兆。我只要想像一下那對老夫婦站在停車場等著要還手套給我，我就覺得以後我再也不害怕禱告。

——阿德瑞娜．P博士，馬里蘭州，北貝什斯達鎮（North Bethesda）

・・・・

我今年三十三歲，是四個小孩的媽媽。我的婚姻關係已經宣告破裂；而我深受憂鬱症的困擾，已經持續一年左右。我目前接受我的家庭醫師與一位臨床心理師的治療。我的家人曾經認真考慮過，把我送到精神病院接受治療的事。

有一天早上，在我的孩子已經去上學、丈夫也出外上班之後，我也起床梳洗。我計畫在這個早上自殺。我們當時的房子坐落在中西部一個小鎮的鄉間，四周環境寧靜安詳。我拿出鎮靜劑「煩寧」（Valium）擺在桌上，爲自己倒了一杯伏特加酒。然後我去沖了澡、洗了頭髮，穿上我最好的睡衣，並且剪了指甲。我已經準備好了！我坐在床邊上，沉思著。

突然間，我屈膝跪在床邊。我的頭埋在膝蓋上，雙手抱著頭，一股愛意、平靜與希望瀰漫在我的胸臆之間。我一點也不想動，我想要永遠維持這個狀態。

我從未見過「天使」，但我知道這就是遇見天使的感覺，而且我在那一刻也知道自己已經好了起來。

——楚迪・布萊德索，新罕布夏州（New Hampshire），基恩鎮（Keene）

• • • •

我是一位康復中的酒癮與強迫性暴食症的患者。足足有五十年的時間，我努力要控制我的毛病：只要我開始吃喝，我基本上就無法停下來。我彷彿生活在地獄之中。我最後找到了「匿名戒酒組織」（Alcoholics Anonymous）以獲得協助，而在兩年後，也參加了其姊妹單位「匿名暴食戒除組織」（Overeaters Anonymous）——專門針對食物成癮者而設立的團體。

現在，只要我時時警戒，不要把任何會讓我成癮的食物放進嘴裡，而且只要我遵守該方案所教導的十二項靈性「步驟」，並切實去做，那麼，我就會感覺既快樂又自由，而激烈的情緒高低變化、渴望、恐懼、孤獨與憂鬱等等負面感受，通通一掃而空。我打從心底以爲，如果沒有上帝的協助，我根本無法達到這樣的目標。不過我想先跟您談談一開始所發生的事。

當我在「匿名暴食戒除組織」經過六週毫不費力的節食之後，我變得有些懶散起來。我已經減了好多磅的體重，但我發覺自己漸漸開始很難抗拒美食起來。或是說，我必須以全副的意志力咬緊牙關來說「不」，而非早先那種已然獲得的自由與輕鬆的心境。

一天早上，我有個公事上的約會，我打算處理完後，要前往「匿名戒酒組織」參加午間聚會。在前往約會的途中，我停下車買兩個貝果當早餐，不過我後來買了四個。我告訴自己，另外兩個則當午餐來吃。

然而，當我吃下第二個當早餐的貝果時，突然想要狼吞虎嚥第三與第四個貝果的衝動，彌天蓋地而來。我靠著純粹的意志力抵禦誘惑，心裡相當清楚，如果我吃下第三個貝果，我就退回到過去的「狂吃與節食」的循環模式行爲裡。（我當時還不知道，白麵粉與糖可以啓動腦子裡的化學反應，讓我無法在已經吃飽時發出神經傳導訊號。）

我繼續往前開車，但失去了所有的平靜感。我的心中充滿恐懼與自憐：我的事業一塌糊塗，我的家庭關係則一團混亂。我好想吃。就在我處於重重的困惑當中，突然腦子裡跳出好幾篇禱詞：有小時候死記的舊時的禱文，還有比較新的禱文，通通都讓絕望中的我可以進行呼救！

然後就發生了一件事。

就在我要開往主要公路之前，一位街頭流浪漢站在路邊，等待搭便車的機會。我的理性的一面說：「載他是愚蠢與危險的行爲，繼續往前開。」而直覺的一面卻催促我：「載他吧，沒問題的，你百分之百安全無虞。」

我發覺自己把車停到路邊，給這個人搭便車。

他是黑人，年紀與我相當，大約五十歲，頭髮黑白相間，鬍鬚則有兩三天沒刮，已然發白，襯著他黝黑的膚色。他的神情流露著恬靜的尊嚴，並無街友通常會有的令人生厭的奉承他人的態度，或者是傲慢的自大。他的衣衫襤褸而且處處髒污，彷彿好幾個月以來，他都穿著這套衣服睡覺。他身穿一件老舊的斜紋軟呢外套，全都端正地扣上釦子，裡頭則是一件色澤黯淡的厚棉衫；而褲子是一條暗藍色的棉質休閒長褲，而腳上則是一雙沉重的黑色工作鞋。他的右手提著他的鋪蓋捲，那是一件小尺寸的、柔軟的雪白色嬰兒用毛毯！

當他坐進車子裡來，我試著與他眼神交會，但他似乎心不在焉。我伸出手打招呼：「嗨，我叫比爾。」他停了有個半秒鐘，然後伸出他的手。當我握上他的手，我注意到他的手掌看起來不像上了年紀的人，而且很乾淨，就像是小孩的手，但他的手背卻骨瘦如柴、歷經風霜，皮膚感覺如同皮革般粗糙。我的身體開始溫熱了起來。

我問他要到哪兒。他回答說：「丹佛市（Denver）。」要去一個兩千英里外的地方？我想著：眞奇怪。

我的手下意識地接觸到棕色的紙袋，我聽見自己要請他吃個貝果——那不過是幾分鐘之前，讓我著魔到想哭的貝果。我還是不時往他那邊瞥視，希望可以捕捉到他的目光。起初我注意到，他那副三天的鬍渣看起來還在臉上，但一轉眼，就什麼都沒有！他的臉龐光滑無毛——只看得到氣色與膚質。然後我觀察起他的頭髮。他的髮型可說完美無瑕、梳理得很柔順。我盯著他的側臉，我忽然覺得他既比我老，又比我年輕。我感覺我的血液愈來愈沸騰，混合著一種高度覺醒的感受。他如此俊美、如此容光煥發。如果我是個雕刻家的話，我一定會請他來當模特兒。

他接過貝果。而當我專心開車之際，我聽見他喃喃說著什麼話。

「你說著什麼呢？」我問道。

他以確切、自然的口吻說答覆說：「我正在做我的餐前禱告。」

我感到心底湧上暖流，而幾分鐘之前，才要將我吞噬而去的衝動，在這一刻，卻已然消失無蹤，取而代之的是滿心的喜悅與平靜。

隔了一分鐘，車子裡充滿著一股很重的、但並非那麼難聞的沒洗澡的身體氣味。我口氣謹慎地請他搖下車窗，希望不要打斷這一刻的美好狀態。他順從地開窗，然後他說：「現在是我該離開的時候了。可以麻煩你停車嗎？」

我在路邊停下車來，雖然我們朝著他要去的方向，才沒開了多少距離。

當他這麼說的時候，我理解到時間到了，他的任務已經完成了。並非是我伸出援手給他搭車，而是他拉了我一把，免得我沉淪。一無所有的他，捧著那個簡單樸實的貝果禱告，而衣食無缺的我，卻擺脫不了想吃貝果的頑念。我想他是我的守護天使，回應我的呼求而現身。他來教我該如何應對我的慾望。

一股驚奇與敬畏的感受，持續縈繞在我心中數日不散。有兩件事，我百思不得其解：爲何他會拿著一床尺寸這麼小的、嬰兒用的白色軟被？其次，爲何最後車子裡會充斥著他的體味？

但一位友人提醒我，在我當初處在絕望與恐懼中，而去尋求「匿名戒酒組織」的協助時，我曾經感覺過自己籠罩在一層不可思議的白光安全網內，周身被包裹在濃濃的愛之中。而嬰兒用毛毯會不會是這個溫柔時刻的象徵？

至於那股味道，我想它是在提醒我，這個經驗雖然看起來如此非比尋常，但它卻不是我個人的妄想，它是眞實發生的事。

——比爾·B，馬里蘭州，羅克維爾市（Rockville）

• • • •

我逢人便講的一個故事如下：有一天晚上，我走路穿越一個家裡附近的停車場，突然間就出現了那種美妙時刻才有的感受。我感覺內心有暖流淌過，而且獲得了某種令人愉快的訊息：「我真喜歡這個停車場」——我一邊走，一邊如此想著。

然後，我隨即感覺到，某種混合著豐沛的感情與一點點尷尬、困惑的奇怪情緒。那不過就是個「停車場」而已。直到我往地上一看，發現我腳邊有一張二十元的紙鈔，我才恍然大悟，理解了這一切。

這只是一件小事，但感覺很妙。

——瑪姬・莉朵芙，華盛頓特區

・・・・

我的父親之前是腦癌第四期的病患，在波士頓市的布萊根婦女醫院（Brigham and Women's Hospital）接受某種實驗性治療。我當時定期地從華盛頓特區飛到聖路易市（St. Louis）的父母家，接爸爸去波士頓市做治療。由於他的平衡感發生問題，已經改用輪椅代步。而腫瘤也已經影響了他的溝通能力：他無法讀寫，雖然可以講話，但他的腦部功能異常，導致他無法說出他想說的話。而依靠文字溝通，也同樣困難。在他那兩年生病期間，我學到很多有關其他溝通形式的可能性，而在這些前往醫院的旅途中，我們彼此的相伴時光，對我來說彌足珍貴。不過，同時間，這些旅程也讓我精疲力盡：首先，我必須處理我們兩個人的情緒狀態，其次是如何操縱那輛輪椅，也對我的體力形成挑戰。

布萊根婦女醫院位在一座陡峭的山坡上。爸爸的治療行程，有一回剛好排在冬季的一個特別多風而寒冷的日子。我們從醫院出來，要往山下去。我不小心在一片結冰的地面滑倒，結果放開了輪椅。我驚嚇地看著輪椅載著無助的爸爸，往山腳急衝而下，而且衝力愈來愈大，就要直直往底下交通繁忙的十字路口衝去。

我急著求救，但四周一個人也沒有。我開始拔腿狂奔，卻沒辦法追上輪椅。一想到輪椅會衝進車流之中，我當時心裡頭所升起的恐慌感受，我這輩子都不會忘記。

突然間，出現兩名衣著光鮮的男士，宛如作夢一樣，不費吹灰之力，就把輪椅拉住，把它停在一個角落上。兩人各站在輪椅的兩邊。幾乎沒有跡象顯示，停下輪椅曾花上任何力氣。輪椅原本跳動著往前衝，但隨即被阻擋下來。我之前並無看見這兩名男人走來，否則我就會向他們呼救。我隨後也跑到輪椅邊，先彎身探詢父親的狀況，因爲爸爸肯定嚇壞了。「你還好嗎？」

當我抬起頭來，想謝謝那兩名男子，他們卻已消失不見。那兒一個人都沒有。稍遠處有幾個行人，但完全沒有圍觀人群在觀看這場意外或者前來協助，所以，那兩個人並無法藉機消失在人群中。他們前一刻前來幫助我們，下一刻就不見蹤影。

我在當時完全難以理解這件事。他們來自哪裡？他們又迅速跑去哪裡了？會停下來幫助別人的路人，肯定也會看見我的父親身體不好，與我整個人驚慌失措的樣子，而且，應該也會留下來確定我們是否完全沒事。顯而易見，我們剛剛才步出醫院。那兩個人甚至沒有留下來，讓我們有個幾分鐘去向他們道謝。沒過多久之後，我在書店中意外看到您的著作，讀過之後，我沒有一絲懷疑，那兩個人就是我們的天使。

——莎夏・米爾史東，科羅拉多州，博爾德市（Boulder）

• • • •

在我還是七、八歲的小女孩時，當時推出了一部電影《萬王之王》（*King of Kings*）。這是首次在電影中搬演耶穌的故事。我獨自去看這部片子。在劇情演至耶穌被釘上十字架時，我開始掉眼淚，而且此後數天也動不動就流下淚來。我在自己的房間裡哭泣，我很愛祂，難以相信人們會對祂做出這樣的事情。

數年過後，當我十六、七歲時，我認爲宗教只是一場騙局，是有錢有勢者控制窮人的手段。我成爲一位無神論者。在我進大學讀大一的時候，有一天，我躺在床上讀書，準備生物學的考試。天色昏暗，我正複習到羊齒植物的繁殖原理，然後我轉頭望向窗外。

忽然，一朵溫暖的雲開始往我的身體移過來，並且逐漸充滿了我的全身。我的腦海閃過百萬種事物。一個「男性」的聲音插了進來，問我說：「爲何妳遺棄我了？」我在腦子裡立即道歉，並且開始流淚。祂自此始終和我在一起。我經歷過許多次的神靈經驗，但是沒有一個比起底下天使來訪的經驗更爲戲劇性。

儘管我已經獲得了所有的祝福，但在三年前，我陷入極度的沮喪之中。那時我住在亞特蘭大市（Atlanta），有一天我躺在昏暗的臥室之中，心裡思索著某個需要抉擇的問題。突然間，出現一個豌豆大小的神奇亮光，來到我閉著的雙眼之前，並且對我說起話來：「繼續閉上妳的眼睛，因爲我們眞的會讓妳瞎掉。」

亮光愈移愈近，放射出難以置信的光芒。即便我盡我所能緊閉雙眼，但這束光燒灼著我的眼睛，我想著如果讓能再多一層眼皮就好了。它最後圍著我闔起翅膀，完全把我包覆在它的擁抱之中。我整個人感受到全然的平靜、眞愛與保護。

經由我閉上的雙眼，我可以「看見」我的天使。它既非男性或女性；它有翅膀。它告訴我，聖母派它來讓我知道，我備受關注。我感覺很遺憾，因爲我成長在聖公會的環境中，我們並無奉獻太多時間向聖母禱告，或對她也沒有太大的興趣。她指引我走出黑暗，遷往新墨西哥州，展開新生活。自我到達此地之後，有更多的新的靈性之窗對我敞開。

如您所見，儘管擁有這些經驗，卻無法排除考驗生命的事件，不過這些經驗多少能給予我力量與平靜。

——格溫・史考特，新墨西哥州，阿布奎基市

・・・・

幾年之前，我的父親過世。有一個晚上，我淚流滿面，在屋裡來回踱步，心中無比思念父親。突然間，我受到指引，走去打開放在書架上的《聖經》。書中夾有一封舊信件，是我父親在去世前幾年寫給我的信。信中談到，他在上帝的眷顧中，發現平靜之道。讀著這封信，給予我非比尋常的平靜感受，我感到與父親非常親近。

——MTZ，華盛頓特區

・・・・

事情發生在幾年前，在感恩節前的一個寒冷的夜晚。當晚我們已經就寢。在十一點鐘左右，狗吠聲把我從熟睡狀態中喚醒過來。我試著重新入睡，但狗兒持續吠叫。

我躺在那裡，想著那是誰家的狗？我家住在小鎮的主要幹道上，街區附近出沒的狗兒，都屬於有人豢養的家犬。

最後我決定起床查看一下。天際掛著滿月，當我走上門廊，我看見一隻大型的德國牧羊犬站在我家的大橡樹與公路之間。好一隻漂亮的狗兒啊！當牠發現我，牠的吠聲緩和下來，轉爲較爲溫柔的叫聲。

就在這時候，我看到了一位小女孩。她只穿著一件長及腳踝的睡衣，一邊啜泣，一邊因為寒冷與恐懼而發抖。她有著一頭金色的鬈髮，很惹人憐愛的小女孩。而且，她才兩歲大。

當我用手抱起她時，狗兒就停止吠叫，注視著我直到我打開家門，然後才慢慢小跑離開。我把小女孩帶進屋裡，在她腳上套上一雙拖鞋，把她裹在一件毛毯裡，然後去叫醒我先生。在喝完一杯熱巧克力之後，她跟我們解釋她住在哪裡，約略是離我們一個街區遠的地方。

不到一個小時，小女孩的媽媽就與女兒重逢。這位媽媽計畫要到夫家過感恩節；她的丈夫的工作地點，距離我們小鎮有一百英里遠。她先把這名已經睡著的兩歲小女孩抱去放在車子後座，然後進屋去帶另兩名小孩出來。結果在媽媽帶其他小孩回到車子之前，小女孩醒了，一個人走出車外。而媽媽把另兩名小孩放在前座，就直接開車離開。開了三十英里後，她停下來加油，才發現小女孩並沒有躺在後座上，整個人驚慌失措起來。

在這個事件過後好幾天的時間裡，我的先生與我在附近街區找來找去，到處問人是否見過或養著那隻漂亮的牧羊犬。我們之前未曾看過牠，而之後也不再復見，沒有人知道有關這隻狗兒的下落。

——帕琪・克瑞格，伊利諾州，賀林鎮（Herrin）

・・・・

（下一封來信的寄件人，全文以第一人稱複數的「我們」，來指稱他自己。他說，「這是用來含括這一世的有形軀體，所沒有顯現的一個人的其他所有面向」。）

我們有兩個故事可以跟您分享。

我們就讀於拉法葉學院（Lafayette College）工程學系，在要升上深具挑戰性的大二那一年的幾週之前，我們陷入嚴重的沮喪之中：舉例而言，在物理學中所學到的有關衝擊速率的計算公式，剛好可以應用在計算，我們自三樓窗口往外跳下，撞到地面上的嚴重性。

有一天晚上，我們想方設法要跟某個大一的交際花做朋友；有一位豔光照人的美女讓我們驚豔連連，她對我們很友善，甚至對我們很有意思的樣子。我們之後彼此通信，我們稱呼潔妮（Janie）爲我們的「天使」。當然，這位天使是活生生的眞人，稱她爲天使，只是比喻性的說法而已。

不過，這眞的只是一種比喻嗎？難道宇宙不會在我們處於危機的時期中，送給我們這樣溫柔可愛的人兒嗎？今日我們還活在這個世上，這一切都要歸功於數個月之間，一位天使走入我們的生命之中，與我們相伴而行。但是，另外一個有關天使的故事，就沒有涉及人類的介入。

我們與一位友人一起開著車齡六個月的雪佛蘭新車，趕在保固期到期前，進行道路測試。我們開上八十一號州際公路一段尚未開放的路段，猛踩油門，讓車速飆到每小時一一五英里。突然間，在黃昏的模糊光線下，我們看見一排樹遠遠地出現在這段水泥路面之前，可是，我們在稍早前卻被告知，這段路可以延伸數英里之遠（顯而易見，這是一個錯誤的訊息）。路面的水泥鋪面已然消失，我們在時速一一五英里下，行使在潮濕的碎石路上。而前方那一排樹近在眼前，我們愈來愈快朝它們接近中！

由於我們對這個地區的地形十分清楚，我們知道要不了多久，車子就會衝出百英尺高的懸崖之外，而底下淙淙流淌著康乃朵逵涅特溪（Conodoquinet Creek）。

我們的心中同時浮現兩個念頭：第一，如果不急轉方向盤，車子就會翻滾而下；第二，一旦我們掉進溪流之中，我們的皮夾就會浸水濕掉（沒錯，我們正是這麼想著！）。

而接下來的事情，我們只知道，我們的臉從方向盤上往上抬升。引擎發出尖銳的嘶鳴聲；位於前座中間的排檔裝置卡住，動彈不得。我們完全沒去問自己是生是死，第一刻只想去看看友人是否沒事。我們鬆了一口氣，友人回答了我們的詢問。

我們兩個陸續從乘客座那邊的車門爬出去，因爲駕駛座這邊的門卡上了一棵樹。我們兩個站在懸崖的邊坡上。

我們爲何得以倖存下來？安全帶應該是其中一個因素（這是我們乖乖扣上安全帶的少數幾次時機）。其次是，如此不可思議，車子的兩個前照燈居然分別同時撞上兩株樹——這使得車子在飛出懸崖邊緣前被攔阻下來，落在險峻的斜坡上。如果只是撞上一棵樹，很可能造成車子掉下時頭尾翻滾或兩側翻滾的後果，而這絕對讓我們必死無疑。

最後一個因素則是，「奇蹟！」——把以上兩個因素同時結合在一起，並且讓我們全身上下只有嘴唇割傷與幾處皮肉擦傷，手腳健全地走離現場。如果有人需要一點提示去了解，我們的大限之日尚未到來，生命對我們還有所期待，那麼，這個故事就是最好的見證。

——賴利．阿諾德，超科學國際協會（ParaScience International），賓夕法尼亞州

．．．．

有關介紹「我與常人無異」的背景資料，我不會以過多的瑣碎細節來煩擾您。只消說我並不容

易受外在影響，就已足夠。

我今年二十七歲，已婚，育有兩名幼子。長達九年的婚姻瀕臨破裂，我痛苦萬分地體會其中辛酸。有一天晚上，與我的丈夫激烈爭吵後，我負氣出走，投入一位我們所共同認識的友人——一名男人——的懷抱中，以尋求慰藉。請暫且容忍我。這聽起來可能如同一場告解，但卻是去解釋我遇見我的聖靈或天使，所必須予以說明的故事背景。

隔天早晨，我被右肩上所感受到的冷熱交替的刺骨電擊痛感所喚醒（我是趴著睡覺）。我快速起身，不自覺轉頭，想看看右邊是誰在戳我。當時還很早，但室內充滿著亮光，而在房間一角，有一個全身裹著陰暗大衣的人物在望著我。我不知道持續了多少時間，但似乎有一分鐘之久。然後我轉頭看向我的友人，想知道是否是他在跟我開玩笑，不過他正在熟睡中。

我再轉過頭來，與那個人物面對面對望著。然後我收到一則訊息；很清晰、很簡潔的訊息，而且還是一則警告我的消息。

我被告知要即刻換好衣服，去找我的孩子，因爲我的丈夫已經知道我外宿約會，要把孩子從我身邊帶走。可想而知，孩子們一定不在家裡。我最後在另一個友人家裡找到他們。她告訴我說，我的丈夫怒火中燒。

在接下來處理離婚事宜期間，他確實試圖爭取孩子的監護權，但並沒有成功。我回想這段經驗，還清清楚楚記得那個奇異的早晨，以及前來警告我的那名天使。

——應當事人要求，姑隱其名

• • • •

（在本書稍早的段落中，我曾指出，天使可以改變宇宙的物理法則。而在相關汽車的事件中，天使爲何特別頻繁違反物理法則的原因，我並不清楚。在底下兩封來信中，皆談到汽車突然失去形體的現象。這些車子眞的可以彼此穿越而過嗎？）

我有一回在一條兩線道的鄉間狹窄公路上開車，突然間，有一輛車從我的右手邊的公路開出來，並且要左轉，也就是說，直接轉進我所行駛的路線上，我幾乎要整個往那輛車的側邊撞上！當時在相反方向上，有一輛大型的運動休旅車（車頭朝著我）已經煞住車，要讓那輛車開出來；我還記得那名駕駛一臉驚恐地望著我這邊，然後就發生了下面的事情。

我突然全力向左轉，以閃避那輛來車，然後我沿著它的邊緣轉向右邊——感謝老天，我擁有如此高超的駕駛技術。所以有驚無險，我沒有攔腰撞上那部車。但在我喘了幾口氣後，我開始回想這個事件，卻發現，在我向左轉規避那輛轉彎汽車的同時，應該會迎面撞上那部停下來的休旅車。在那個當下，那兒並沒有足夠的空間可以讓我繞過它。而在我們就要相撞的那一刻，我卻馬上就到了另外一邊。我完全不知道發生了什麼事。

——HL，馬里蘭州，巴爾的摩市

• • • •

（而底下這個故事，發生在密西根州。）

那是一個陽光燦爛的秋日午後。我與妻子卡蘿並無特別的事要處理，只是開車去辦幾件小事。

然後我們就遇上了一件非比尋常的事情。完全無法以邏輯來解釋事發源由，於是我們兩人雙雙獲得了相同的結論：必定是上帝之手介入其中。

當時卡蘿開車行將左轉進入一條五線道的繁忙大街。一輛卡車放慢速度向右轉經過我們身邊，駛向我們原先開過的路面。我們將車子往五線道的第一車道上開去，但當我們避開了卡車，卻看到第二車道上有一輛汽車疾衝而來。我們之前的視線完全被卡車擋住，以致沒有發現這部車。卡蘿猛踩煞車。我們已經來到第二車道的中間，而那輛車以時速四十五英里的速度朝我們衝過來，而且它並沒有試圖轉向，因爲根本沒有時間反應。卡蘿那一側的車門，剛好正對著那輛車往前衝的方向……但是，那輛車並沒有撞上我們，而車子的駕駛沒有按喇叭，甚至也沒有踩煞車。那輛車朝我們車子的一側駛來，但下一刻就到了另一側，繼續他們的路程開去，彷彿他們完全沒有看見我們一樣。

那輛車並沒有從我們前面駛過（即開上第三車道），而卡車則擋住我們身後的車道。所以，看起來那輛車是「穿越我們而過」。

我很驚訝我們居然沒有被撞個正著。我對於那輛車坐了多少人，或他們的長相，都沒有任何記憶。

——羅伯特・納瓦爾，密西根州，蘭辛市（Lansing）

・・・・

在一個晴朗冷涼的星期天，我蓋著一床毛毯，閱讀著您談論天使的著作，我開始在想，如果祈求天使現身，天使是否會出現在我的面前？我閉上雙眼，進入冥想狀態，心中持續觀想一位身形巨大、讓人眷戀的天使形象。經過一段時間之後，雖然我沉浸在寧靜的平和感受之中，但並沒有天使現身，我不禁感到有些失望。

在此同時，太陽即將西沉，而我卻還沒帶狗兒出外散步。所以我套上靴子、穿上外套、戴上帽子與手套，領著好幾隻狗往林中漫步而去。

我們住在一片占地廣大的家族土地之上，周圍有好幾英畝的林地。在半路上，我看見我丈夫的舅舅喬在不遠處開著一輛牽引機。我當時並不想走過去跟他聊幾句，我想要自己一個人走走就好。於是我們相互揮手打招呼，而當他轉往另一條路開去，我覺得正合我意。

幾天之後，我跟這位舅舅在一次家庭生日派對上碰了面。「那天跟妳走在一起的那位大個子是誰呀？」——舅舅問道。

「誰？我沒有跟誰一起走啊。」

「誰說的？那個人眞的很高大喔！他的身高應該超過六英尺，也許都有個七英尺也說不一定。他是誰呢？」

但我當時確實是一個人在散步。我只能這麼想，那個人必定是位天使；而這麼一想，全身竄過一股寒顫。我知道，我不是孤獨一人。

——東妮安・羅比諾，俄亥俄州，姜辛城（Junction City）

・・・・

在我十七歲的時候，我住在麻薩諸塞州的洛威市（Lowell），我是當地的聖三一教會（Holy Trinity Church）唱詩班的團員。

有一天晚上，我接到一通另一個唱詩班成員的電話。她要我在我的住處的街角等她來，因爲她並不知道我所住的房子的正確位置。當我站在街角的路燈柱下，大約二十分鐘過後，我看見兩名男人從街道的另一頭走來；其中一位是年輕人，另一位是中年人。他們兩個從我面前走過去，然後，他們突然轉身，朝我走過來。我當時還很天眞無知，不過，我感覺他們並非善類。

我很害怕，於是開始向聖母禱告。我並不知道該怎麼辦。我不能跑，因爲街道很暗，只有那盞路燈亮著，而且兩邊的房子都沒有亮光照向街面。我奮力一遍遍禱告。突然之間，有七名年紀大約五歲的小孩，從我左邊的一條巷子裡跑出來，每個人手裡都拿著一根大棍子。他們繞著我走著，並且出聲唱著「啊、啊、啊……」。這些孩子的眼睛又大又深，就像是瑪格莉特・琪恩（Margaret Keane）的畫作裡的那些眼睛。我問他們這麼晚了在外面做什麼——當時已經是晚上九點——但他們沒有人回答我，甚至也完全不看我。他們只是持續繞著我走路，口中發出「啊、啊」的聲音。

我忽然又滿心懼怕，我還記得那兩個人，於是轉頭查看他們人在哪裡。不過，我左看右看，一個人都沒看見。夜晚如此寧靜，沒有人在附近走動。我又回頭注意這些孩子們，卻只看到最後一個孩子的鞋跟——他們往回走，消失在巷子的暗影裡。我感到困惑不解，於是跟上去看這群小孩要去哪裡。讓我吃驚的是，這條巷子是一條死巷，並沒有其他出口。

——瑪莉・考士托羅斯，加州，舊金山

・・・・

事情發生在一九五一年的感恩節的前一天。在那一天的大部分時間裡，我們幾個小孩子都在幫忙媽媽準備感恩節大餐。在下午三、四點時，能幫忙處理的事情都已經做完，我們於是都被叫出去到外面玩。

在那天稍早，八歲的姊姊凱瑟琳（Kathleen）、四歲的弟弟約翰（John）與我（當年六歲）一起從雜貨店買完東西後，在回程上，看見我們那條街的街角上，有一大落一大落的秋天落葉，被耙成高聳的一堆，煞是好看。我們幾乎等不及要跳進那脆脆的枯葉堆中，把自己埋起來玩。但當我們下午走近我們曾見過枯葉堆的那個街角，卻發現，清潔人員已經把靠近我們家這一邊的東側街道，清理得一乾二淨。而在街道西側那一邊，則還有好幾大堆落葉等著過幾天進行清運。雖然我們不被允許穿越街道，不過我們決定違反規定，要把堆在西邊的枯葉搬到我們這一邊來。我們兩手空空走到對街，然後抱著滿懷的枯葉折返回來。

經過幾次搬運之後，我們就達到了心目中所期待的枯葉堆水準。就在我們幾個小孩要往上一跳之時，我突然看到我的手帕掉在街道中間。然後，我最後還記得的事情就是，我跑回到街道上去撿回手帕。

後來大人們告訴我說，一輛急馳而來的凱迪拉克撞上了我，我隨之被撞飛到半空之中，畫了一個大弧形才重重摔下，然後那輛車再度撞上我一次，隨即駕車逃逸。

凱瑟琳與約翰接著跑來我最後落地的位置，努力想幫助我，但卻沒辦法讓我恢復呼吸。在驚嚇中四處走來走去，經過半個鐘頭左右，他們才告訴一位鄰居剛剛所發生的事情。隨後一輛救護車來到現場，醫護人員在查看之後，宣告我不治。而其他大人則趕緊叫凱瑟琳回家去找媽媽過來。

媽媽剛剛沖澡出來，就聽見這個消息。她一邊跑一邊穿上衣服，奔到那條街上去，神情驚恐地看著躺在擔架上的我，已經沒有生命跡象，而我們四周圍著好大一圈圍觀的路人。媽媽經常告訴我，在那一個悲慘的時刻中，有一位氣宇非凡的男人向她走來，問媽媽說，是否可以讓他與她一起禱告。媽媽向他道謝，說她感到很榮幸可以與他一起爲女兒禱告。

我的媽媽接下來揭開覆蓋在我身體上面的防水布，把我抬向空中，出聲呼喊：「請把我的孩子還給我」。就在那一刻，每一個人都看到我活了過來。

事情過後，我的母親問旁人，他們是否認識那一天主動提議與她一起禱告的那名男子。我們的一位鄰居說，她認爲那個人是被分派至我們家附近那間聖公會教會的牧師。當我脫離險境，我的父母前往那間教會，想要對那位讓人如沐春風的牧師致上萬分謝意。但那裡沒有人曾見過有這樣的一位牧師。

——艾倫・柏金斯，華盛頓特區

• • • •

在我還是個小女孩的時候，我住在密西根州，我當時罹患了雙肺炎。我想那時我大概是八歲大，上小學三年級。大人們認爲我將不久於人世。我記得當時聽見恩格爾醫生（Engle）在門外說，我應該熬不過那一晚了。然後一位天使翩然出現在我的床邊。她是這麼得美麗，她有一張姣好的臉龐！即便這麼多年之後，我還清晰記得她動人的美。而我只要想到這件事，還是感覺非常感動。她有一頭金色的長髮，而她的翅膀，根根羽毛分明，每一根都是乳白色，但整個看上去，卻閃耀著五彩斑斕的顏彩。她站在我的床邊，以她的手臂或美麗的翅翼，從腳趾到頭頂，撫觸我的全身上下。我感覺自己的身體往上浮了起來，並不是出之於那種所謂靈魂出鞘的方式，而是以某種方式離開床面。我永遠都不會忘記這個經驗。啊，她是這麼美麗。

然後我沉沉入睡。高燒不久即消退下去，隔天早上，我似乎完全痊癒起來。但我被囑咐要繼續躺在床上幾天的時間，但事實上我已經可以起身下床。即便不被允許，我也會自己坐在床沿上。而過了幾天之後，我就可以外出玩耍了。

我這輩子都不會忘記那名天使。

在我搬到維吉尼亞州住的時候，這位天使再度現身降臨。我之前犯了一個可怕的大錯誤，我嫁給了一個對我的小女兒伸出魔爪的男人。這個人地位很高，受人敬重。我們的婚姻僅維持一年而已。當時我知道事有蹊蹺，但不清楚究竟爲何。有一天晚上，當他人在紐約、不在家裡，我打開女兒房間的門，清楚聽見他說話的聲音，他大聲說出他意圖對女兒所做的事情！我深受震驚。我想是聖靈模仿他的聲音來警告我。

我看著女兒的房間，在她的床上，有一道光線橫過，然後照亮了一整個房間。所有原本陰暗的角落，都變得亮晃晃的。我抬頭往上看，在那束光的頂端，我看見那位多年以前曾經造訪過我的天使。啊，我今生今世都不會忘記她的！她那美麗的容顏與金色的長髮，完全難以筆墨形容的超凡絕塵之美。她身穿白色的衣裳，那是最極致之白，而她的翅膀放射出彩虹般七彩的光芒。

我知道我必須改變我的生活。我很幸運可以及時獲得警告，讓我的小女兒得以免於遭受眞正的傷害。

——安・吉蔓，維吉尼亞州，春田市（Springfield）

致謝

本書是許多人同心協力的成果，我要對他們一一感謝：首先是，已經過世的、我的摯友珍・馮內果；本書的大部分內容，均寫作於她位在鱈魚角（Cape Cod）的大房子裡；她的睿智與熱心，引領我安然度過本書的構思時期。其次是，在一開始協助閱讀草稿的艾麗諾・芙絲與湯姆・凱利；以及，在我沮喪莫名、擲筆興嘆之際，讓我得以重拾寫作興味的安・馮・蕾斯勒；以及，我的經紀人安・艾朵史坦，她具有感染力的愉快個性，爲本書覓得了出版商；以及，我的編輯史蒂凡妮・馮・賀煦伯格與依麗莎白・蕾波柏特，她們兩人的優雅與細緻，具現在本書的每一頁、每一行之間。另外，我還要感謝艾倫・科內克、依麗莎白・普契尼、依麗莎白・米勒與瑪莉・莫妮克・史泰，以及，許許多多鼓勵我、提供我案例與某首詩文或某段歷史掌故的友人，還有那些謙虛地講述自己與神靈相遇經驗的朋友。其中有許多故事，我因篇幅所限，無法一一寫進書裡，不過，這些朋友很清楚知道自己所目睹的事物，雖然並未收入本書，但絲毫無損於其眞實性。

最後，我深深感激所有協助本書完成的人士。

◎誠摯感謝以下單位允許引用業經出版的文章：

艾德娜・聖文森特・米萊協會（Edna St. Vincent Millay Society）：艾德娜・聖文森特・米萊所寫作的〈蘋果樹芽，而我不〉（The Appletrees Bud, but I Don't）一詩，選自《全集》（Collected Poems），哈柏出版社（Harper & Row）。Copyright 1954, ©1982 by Norma Millay Ellis. 該文之引用，已經取得版權許可。

《嚮導月刊》（Guideposts）：勞夫・哈洛所寫的〈看見天使的那一天〉。Copyright © 1963 by Guideposts Associates, Inc., Carmel, NY 10512. 該文之引用，已經取得版權許可。

哈庫特公司與費柏公司（Harcourt Brace Jovanovich, Inc. and Faber & Faber Ltd）：〈愛召喚我們擁抱世間萬物〉一詩，選自理查德・威爾勃的《新詩暨全集》（New and Collected Poems）。Copyright © 1956 and renewed 1984 by Richard Wilbur. 該文之引用，已經取得版權許可。

企鵝出版集團（Penguin Books）：〈直直墜下的脆弱屍體〉一詩，選自史蒂芬・多賓斯的《速度》（Velocities）。Copyright © 1980 by Stephen Dobyns. 該文之引用，已經取得版權許可。

克諾夫公司（Alfred A. Knopf, Inc.）：有關選自《法句經》上的經文，係出自湯瑪斯・拜倫（Thomas Byron）的譯文。Copyright © 1976 by Thomas Byron. 該文之引用，已經取得版權許可。

藍燈書屋公司（Random House, Inc.）：有關選自《萊納・馬利亞・里爾克詩選》（The Selected Poetry of Rainer Maria Rilke）的詩文，係出自史帝凡・米契爾（Stephen Mitchell）的譯文。Copyright © 1982 by Stephen Mitchell. 該文之引用，已經取得版權許可。

而本書中所引用的葉慈的詩句，摘自〈他希望擁有天堂綢緞〉（He Wishes for the Cloths of Heaven）一詩，原出處爲《新版葉慈詩集》（W. B. Yeats: A New Edition），由李查德・芬納蘭（Richard J. Finneran）所編輯（New York: Macmillan, 1983）。

◎本書圖片版權與出處：

10. Department of Painting, Uffizi Gallery, Florence; *20.* Collection of the Library of Congress; *30.* Cathedral of Autun, France Copyright 1990 ARS N.Y/SPADEM; *38.* Collection of the Library of Congress; *46.* Department of Painting, Uffizi Gallery, Florence; *58.* The Metropolitan Museum of Art, Robert Lehman Collection, 1975 (1975.1.283); *71.* Granger Collection, New York; *87.* Collection of the Library of Congress; *89.* Collection of the Library of Congress; *92.* New York Public Library Picture Collection; *95.* Basilica of San Marco, Venice; *96.* Collection of the Library of Congress; *103.* The British Library; *105.* National Gallery of Art, Washington. Samuel H. Kress Collection (1039.1.229); *107.* © Smithsonian Institution. Courtesy of the Arthur M. Sackler Gallery, Washington, D.C. 20560. Rights of reproduction and publication reserved; *109.* The Metropolitan Museum of Art, Gift of the Humanities Fund, Inc., 1972 (1972.145.15); *115.* From *Black Elk Speaks* by John G. Neihardt, originally published by William Morrow and Company in 1932, now published by the University of Nebraska Press. Copyright John G. Neihardt Trust. Reproduced courtesy of Western MSS. Collection, University of Missouri, and the John G. Neihardt Trust. Joint Collection, University of Missouri, Western Historical Manuscript Collection-Columbia State Historical Society of Missouri; *120.* The Metropolitan Museum of Art, Gift of John D. Rockefeller, Jr., 1932 (32.143.14); *126.* Collection of Susan and John Magee. Photo: Rand Hendrix/Richard Basch Studio; *128.* The Metropolitan Museum of Art, Rogers Fund, 1938 (38.158.2a–g); *130.* Collection of The National Museums, Paris; *133.* The Metropolitan Museum of Art, Bequest of William Christian Paul, 1930 (30.75.34); *136.* The Collection of the Library of Congress; *139.* © Smithsonian Institution. Courtesy of the Arthur M. Sackler Gallery/Vever Collection, Washington, D.C., 20560. Rights of reproduction and publication reserved; *143.* Collection of the Library of Congress; *168.* Collection of Gertrude and Herbert Friedman. Photo: Rand Hendrix/Richard Basch Studio; *172.* Collection of the Library of Congress; *194–95.* The Metropolitan Museum of Art, Bequest of Edward Fowles, 1971 (1971.115.1 and 1971.115.1b); *204.* Courtesy of Edie Vonnegut; *221.* Freer Gallery of Art, Washington, D.C., 20560. Rights of reproduction and publication reserved; *233.* Collection of the Library of Congress; *238.* Bridgeman Art Library/Art Resource PHD 465. Musée Gustav Moreau, Paris; *252.* SCALA/Art Resource. Vatican Museum; *261.* National Gallery of Art, Washington, D.C. Index of American Design (MASS-ME-19); *266.* Author's collection. Photo: Rand Hendrix/Richard Basch Studio; *272.* Metropolitan Museum of Art, Seymour Fund, 1957 (57.52.1) (detail); *284.* Collection of the Library of Congress; *297.* SCALA/Art Resource. Basilica of Loreto, Italy.

國家圖書館出版品預行編目(CIP)資料

天使之書／蘇菲・柏涵(Sophy Burnham)著．沈台訓譯．
二版．台北市：商周出版：家庭傳媒城邦分公司發行，民108．04．
368頁；17 x 23公分
譯自 A Book of Angels：reflections on angels past and present,
and true stories of how they touch our lives
ISBN 978-986-477-648-1(平裝)
1.天使

215.62 108004551

Fantastic 020

天使之書：引領當代天使學風潮的傳奇經典

A Book of Angels：reflections on angels past and present,
and true stories of how they touch our lives

作　　者／蘇菲・柏涵（Sophy Burnham）
譯　　者／沈台訓
選　　書／何宜珍、周怡君
責任編輯／韋孟岑

版　　權／邱珮芸、翁靜如、黃淑敏
行銷業務／張瑛茜、黃崇華
總 編 輯／何宜珍
總 經 理／彭之琬
發 行 人／何飛鵬
法律顧問／元禾法律事務所 王子文律師
出　　版／商周出版
臺北市中山區民生東路二段141號9樓
電話：(02) 2500-7008　傳真：(02) 2500-7759
E-mail：bwp.service@cite.com.tw　Blog：http://bwp25007008.pixnet.net./blog
發　　行／英屬蓋曼群島商家庭傳媒股份有限公司城邦分公司
臺北市104中山區民生東路二段141號2樓
書虫客服專線：(02)2500-7718、2500-7719
服務時間：週一至週五上午09:30-12:00；下午13:30-17:00
24小時傳眞專線：(02)2500-1990；2500-1991
劃撥帳號：19863813　戶名：書虫股份有限公司
讀者服務信箱：service@readingclub.com.tw　城邦讀書花園：www.cite.com.tw
香港發行所／城邦(香港)出版集團有限公司
香港 灣仔 駱克道193號東超商業中心1樓
電話：(852) 2508 6231　傳眞：(852) 2578 9337　E-mailL：hkcite@biznetvigator.com
馬新發行所／城邦(馬新)出版集團【Cité (M) Sdn. Bhd】
41, Jalan Radin Anum, Bandar Baru Sri Petaling, 57000 Kuala Lumpur, Malaysia.
電話：(603)9057 8822　傳眞：(603)9057 6622　E-mail：cite@cite.com.my

內頁設計／張士勇工作室
封面設計／廖韡
印　　刷／卡樂彩色製版有限公司
經 銷 商／聯合發行股份有限公司　電話：(02)2917-8022　傳眞：(02)2911-0053

城邦讀書花園
www.cite.com.tw

2010年（民99）10月初版
2019年（民108）04月9日二版
定價420元

ISBN 978-986-477-648-1
Printed in Taiwan